シリーズ生涯発達心理学④

エピソードでつかむ
青年心理学

大野 久 編著

ミネルヴァ書房

はじめに

青年心理学はスリリング

　青年心理学を講義することはスリリングです。なぜなら，青年心理学では，研究対象が青年自身であり，講義を聴いている学生たちも青年自身であるからです。そのために，講義のなかで「現代の青年の特徴は～」と話したり，「これが青年期特有の心理現象です」と話した途端，「先生，僕たち違います」と，受講生たちから否定されてしまったら，その瞬間に講義が成立しなくなる危険性を絶えずはらんでいます。研究対象に対してその心理を講義するという状況は，他ではあまり起こりえません。

　こうしたことは，講義される心理学の知見が現代の青年の変化についていけず，もはや時代遅れになってしまったという原因もあるでしょう。また，目の前の青年たちと違う状況で収集されたデータに基づく知見が原因かもしれません。しかし，逆に数十年前の理論書に描かれた知見が，現代青年の心理を的確にとらえているという場合もあります。したがって，講義する側は絶えず，その知見が目の前の青年たちに妥当するものであるか否か，吟味する必要があります。

　そこで本書では，執筆者たちがそうした吟味のなかで蓄えた多くのエピソードを各項目の冒頭に置くことにしました。それぞれのエピソードから具体的なテーマのイメージをつかんでもらうこと，さらに，自分自身の問題とも重ね合わせて，心理学的な解説を読んでもらうことで理解を進めていただけると幸いです。

巨人の肩に乗ったこびとは遠くが見える

　2つめのポイントは，これまで培われてきた心理学の理論を大切にすることです。心理学の領域では，実証的な研究が非常に数多く行われています。科学としての心理学を推し進めていくためには，当然こうした営みが必要です。しかし，ややもすると事実を確認することだけに終始してしまい，多くの知見を体系化し理論化することに関心がおよばない研究も少なからずあります。過去の偉大な心理学者たちは，一生をかけてそれまでの研究知見を総合しいくつかの理論を立てました。その理論のなかには，確認された事象の他にも多くの仮説も含まれています。したがって，過去の理論書をよく研究することは，現在の状況を理解する

上でも大きく役立ちます。またこれから研究を進める上でもヒントが満載されています。たとえると，地面に立った研究者一人（こびと）では遠くまで見通せませんが，過去の偉大な研究者の理論をよく学び，理解すること，すなわち肩まで上ることによって，遠くまで見通すことができるのです。

本書の構成

　本書の構成は以下のとおりです。序章では，青年期の発達に関する概観と青年期までの自我発達について解説します。第1部第Ⅰ章では，青年期のアイデンティティの発達について，第Ⅱ章では，恋愛の発達について解説しています。

　これらの章および終章は，エリクソン，E. H. の自我の生涯発達に関する漸成発達理論にその基礎を置いています。この理論は発表されてから50年以上経過していますが，その解明は一部にすぎず，その全体像は未だ検証されていません。本書では，非常に重要な概念でありながら誤解されることも多いアイデンティティという概念について，さらに，ほとんど解明が進んでいない青年期の恋愛について，心理学的分析が述べられています。

　また，第2部では親子関係と友人関係について，第3部では学校における問題と社会化するプロセスについて取り上げました。いずれも青年期には重要な問題としてクローズアップされているものばかりです。これらの章は，我が国の青年心理学のそれぞれの分野のオーソリティに執筆を依頼しました。それぞれの領域について最新の心理学の知見と考察が述べられています。

　終章では，自我発達における成人期と老年期の問題を取り上げました。青年期のまっただ中にいる皆さんにとっては，遠い将来の問題のように思えるでしょうが，人生全体を考えるという視点をもって将来を考えるか否かは，今後の生き方に大きな影響を及ぼします。自分が最期に納得して死んでいける人生を歩んでいけるのかどうか，今の段階から少しだけ考えてみてください。

　このように，本書はこれまでありがちな単に知識を伝達するだけのテキストとは違った意図と試みをもって出版されました。単に知識を得るだけでなく，それぞれのテーマの具体的イメージをつかみ，さらに皆さんの問題として考えていただきたいと思います。

　　　　2010年3月

　　　　　　　　　　　　　　　　　　　　　　　　編著者　大野　久

目　次

はじめに

序　章　青年期を理解する　　1
- 序-1　一生のなかの青年期 …………………………………… 2
- 序-2　社会的地位の変化の特徴 ……………………………… 6
- 序-3　身体発達の特徴 ………………………………………… 10
- 序-4　知的発達・道徳性の発達の特徴 ……………………… 14
- 序-5　信頼感と不信感 ………………………………………… 18
- 序-6　自律性と恥 ……………………………………………… 22
- 序-7　主導性と罪悪感 ………………………………………… 26
- 序-8　生産性と劣等感 ………………………………………… 30

第1部　青年の自我発達と恋愛　　35

第Ⅰ章　青年期のアイデンティティの発達　　37
- Ⅰ-1　アイデンティティとは何か ……………………………… 38
- Ⅰ-2　アイデンティティの実感としての充実感 ……………… 42
- Ⅰ-3　姓名の意味とアイデンティティ ………………………… 46
- Ⅰ-4　職業としてのアイデンティティ ………………………… 50
- Ⅰ-5　発達的なアイデンティティ ……………………………… 54
- Ⅰ-6　否定的なアイデンティティ ……………………………… 58
- Ⅰ-7　歴史的なアイデンティティ ……………………………… 64

Ⅰ-8　アイデンティティ選択の方法 ……………………………… 68
Ⅰ-9　アイデンティティ・ステイタス …………………………… 72

第Ⅱ章　青年期の恋愛の発達　　77
Ⅱ-1　タイプと初恋 ………………………………………………… 78
Ⅱ-2　アイデンティティのための恋愛 …………………………… 82
Ⅱ-3　愛情の発達差，男女差 ……………………………………… 86
Ⅱ-4　より親密な関係へ：愛的な交際 …………………………… 90
Ⅱ-5　愛の本質的特徴：無条件性と相互性 ……………………… 94
Ⅱ-6　愛する能力，愛を活性化する「子どもの笑顔」と「感謝」…… 98
Ⅱ-7　恋愛と性 ……………………………………………………… 102
Column 1　配偶者選択を考えるヒント：赤い糸20本説 ……… 106
Column 2　成就しなくても愛は成立する ……………………… 108

第2部　青年期の人間関係　　111
第Ⅲ章　青年期の親子関係　　113
Ⅲ-1　心理的離乳：依存と自立の葛藤 …………………………… 114
Ⅲ-2　親への反抗 …………………………………………………… 118
Ⅲ-3　愛　着 ………………………………………………………… 122
Ⅲ-4　親子関係の発達的変化 ……………………………………… 126
Ⅲ-5　親子間のコミュニケーション ……………………………… 130
Ⅲ-6　家族システムとライフサイクル …………………………… 134
Ⅲ-7　青年期の子育てと親の発達課題 …………………………… 138
Ⅲ-8　親子関係と友人関係のつながり …………………………… 142

第Ⅳ章　青年期の友人関係　　147
Ⅳ-1　友人関係とは何か …………………………………………… 148
Ⅳ-2　現代の青年の友人関係 ……………………………………… 152

目次

- Ⅳ-3　親友の存在 ………………………………………… 156
- Ⅳ-4　生涯発達のなかでの友人関係 …………………… 160
- Ⅳ-5　青年期のなかでの友だちとのつきあい方の発達的変化 …… 164
- Ⅳ-6　友人関係の形成と孤独感 ………………………… 168
- Ⅳ-7　クラスのなかの友人グループの光と影 ………… 172
- Ⅳ-8　友だちとの距離 …………………………………… 176
- Ⅳ-9　友人関係の負の側面 ……………………………… 180
  - *Column 3* 文芸作品のなかに描かれた友人関係 …………… 184

第3部　青年と社会　　185

第Ⅴ章　青年期と学校　187

- Ⅴ-1　青年期における学校の意味 ……………………… 188
- Ⅴ-2　モラトリアムを生きる …………………………… 192
- Ⅴ-3　青年期の学習指導 ………………………………… 196
- Ⅴ-4　青年期の生徒指導 ………………………………… 200
- Ⅴ-5　生徒―教師関係 …………………………………… 204
- Ⅴ-6　いじめ ……………………………………………… 208
- Ⅴ-7　不登校 ……………………………………………… 212
- Ⅴ-8　非　行 ……………………………………………… 216
- Ⅴ-9　心身症 ……………………………………………… 220
- Ⅴ-10　学習不適応 ………………………………………… 224

第Ⅵ章　社会に出て行くということ　229

- Ⅵ-1　仕事はどのように決めるのか …………………… 230
- Ⅵ-2　将来の見通しをどうもつか ……………………… 234
- Ⅵ-3　就職のために何をするべきか …………………… 238
- Ⅵ-4　職場にどのように入っていくか ………………… 242
- Ⅵ-5　フリーターは夢を追いかけられるか …………… 246

Ⅵ-6	ニートとは誰か	250
Ⅵ-7	幸せな結婚のために	254
Ⅵ-8	大人になるには	258
Ⅵ-9	社会にどう出るか	262
	Column 4 労働組合の心理的意義	268
	Column 5 ひきこもりからの社会への移行	269

終　章　自我発達から見た成人期と老年期　271

引用文献 …… 277
人名索引 …… 291
事項索引 …… 292

［序　章］
青年期を理解する

　近年，心理学では人間の発達を段階ごとに区切って考えるよりも，生涯を通しての発達を考えるという「生涯発達」の視点が盛んになりました。それにならって，本章ではまず青年期の生涯における位置づけを理解します。青年期では，この時期特有の社会的地位の変化，身体発達，知的発達などが起きます。その概略を解説します。さらに，人間の自我発達を生涯発達の視点からとらえたエリクソンの漸成発達理論を紹介し，青年期におけるアイデンティティが形成される重要な基礎がつくり上げられる過程について紹介します。

序-1　一生のなかの青年期

Episode　人の生きる意味と青年期

　最近，高校の教員から「生徒に『人は何のために生きているのですか』と聞かれるのですが，どう答えたらよいのでしょう」とたずねられました。この大きな質問に対する答えは，学問によっても，宗教によっても，さらには一人ひとりの人間によっても異なるでしょうし，人が一生をかかって考えていかねばならない問題でしょう。

　そのなかで，20世紀を代表する心理学者フロイト（Freud, S.）は晩年，人の人生の目的をたずねられたとき，「働くことと愛すること」と答えました。その答えは非常にシンプルでしたが，ここに一つの真理があるように思えます。

　「働くこと」とは，自分が社会のなかで生きていくとき，働き場所を見つけ，生きがいある生き方をすること。しかし，これは必ずしも収入を得るための職業に限定されたことではないかもしれません。

　また，「愛すること」とは，社会のなかで，恋人や配偶者，家族，仲間，仕事を通じて関係するすべての人々との人間関係を円滑にこなしていける能力のことでしょう。

　こうした考え方は，フロイトの孫弟子であるエリクソン（Erikson, E. H.）に引き継がれ，フロイトの発達理論を発展させた漸成発達理論として展開されました。また，そのなかでエリクソンは青年期の重要性を説いています。「働くことと愛すること」の意味，また，人生全体のなかでの青年期の重要性について本書を手がかりにして考えてください。

序章　青年期を理解する

1　一生のなかの青年期

　近年，生涯発達という概念が注目されてきています。人の一生を発達段階ごとにバラバラに考えるのではなく，一生を通じての発達を視野に入れて考えようという概念です。この生涯発達に関するこれまでの理論のなかで最も優れたものの1つとして，エリクソン（Erikson, 1950）の漸成発達理論があります。エリクソンは，精神分析で著名なフロイトの流れをくむ自我心理学者です。この漸成発達理論もフロイトの心理—生物学的発達理論を基礎にしています。エリクソンは，このフロイトの理論に社会的な視点を導入しました。フロイトは，人の人格発達における生物学的な衝動，特に性衝動に注目し，それが無意識のプロセスを通じて人格発達に影響を及ぼしているという理論を立てました。これに対してエリクソンは，人は社会の関係のなかで人格を発達させていくという心理—社会的な人格発達の漸成発達理論を提唱しました。このなかでエリクソンは青年期の主題である「アイデンティティ対アイデンティティ拡散」が人の一生のなかで重要であることを強調しました。

2　エリクソンの漸成発達理論

　漸成発達理論図（epigenetic chart）を図序−1−1に示しました。この理論では，人の一生の人格発達を乳児期から老年期までの8段階に分けています。図は，8列8行の64セルとして示されています。横軸にはフロイトの心理—生物学的発達，縦軸には心理—社会的発達のキーワードが並べられています。
　そしてその対角線上に，発達主題と呼ばれる概念が，信頼対不信という形で示されています。この発達主題がうまく解決され，獲得されることで，次の発達段階の発達主題がうまく獲得できるようになります。段階的に人格が形成されていくという意味で「漸成」（epi-genesis）と呼ばれています。
　さらに，発達主題が対角線上に示されているのは次のような意味があります。たとえば，この図を織りものに見立てて，縦糸横糸のそれぞれ1段階，2段階と同じ色の糸を使って織り上げたと考えてみましょう。すると，対角線上には，縦方向横方向から同じ色が重なり，本来の糸の色が鮮やかに浮かび上がります。漸成発達理論図はこのようなイメージをもって示されています。つまり，対角線上に示された発達主題が，その時期に最もクリアな人格発達の主題として浮かび上

(死へのレディネス)

								統合性 対 嫌悪・絶望
Ⅷ老年期								
Ⅶ成人期							生殖性 対 自己吸収	
Ⅵ初期成人期					連帯感 対 社会的孤立	親密性 対 孤立		
Ⅴ青年期	時間的展望 対 時間的展望 の拡散	自己確信 対 自己意識 過剰	役割実験 対 否定的同 一性	達成期待 対 労働麻痺	アイデンティティ 対 アイデンティティ 拡散	性的同一性 対 両性的拡散	指導性の分 極化 対 権威の拡散	イデオロギ ー分極化 対 理想の拡散
Ⅳ学童期				生産性 対 劣等感	労働アイデンティ ティ 対 アイデンティティ 喪失			
Ⅲ遊戯期	(その後のあらわれ方)		主導性 対 罪悪感		遊戯アイデンティ ティ 対 アイデンティティ 空想	←(それ以前のあらわれ方)		
Ⅱ早期幼児期		自律性 対 恥・疑惑			両極性 対 自閉			
Ⅰ乳児期	信頼 対 不信				一極性 対 早熟な自己分化			
社会的発達 生物的発達	1 口唇期 oral	2 肛門期 anal	3 男根期 phallic	4 潜伏期 latent	5 性器期 genitality	6 成人期 adult	7 成人期 ―	8 老熟期 ―
中心となる環境	母	両親	家族	近隣・学校	仲間・外集団	性愛・結婚	家族・伝統	人類・親族
virtue 徳	hope 希望	will 意志力	goal 目標	competency 適格性	fidelity 誠実	love 愛	care 世話	wisdom 英智

図序-1-1 エリクソンの精神発達の漸成発達理論図（西平，1979）

がります。しかし，その要素はその時期だけに影響しているのではなく，縦糸横糸として一生を通じて人の人格発達に影響を及ぼしています。

　エリクソンは，青年期の主題「アイデンティティ対アイデンティティの拡散」の縦糸横糸に当たる部分のセルには，その内容を書き入れましたが，そのほかの

セルには内容を書き込みませんでした。しかし理論的には，すべてのセルにその内容を書き込むことができるわけです。

さらに，この理論では，一般的な発達理論で使われる「課題」(task)という語が使われず，「主題」(theme)という語が使われていることにも意味があります。各段階でクリアになる発達主題は，それを解決しなければ先に進むことのできない「課題」ではなく，そのことが発達においてクローズアップされる，まさに「主題」なのです。

また，その発達主題も～対～と，ポジティブな語とネガティブな語が対の形で示されています。一般的に，ネガティブな方向は避けるべきだと考えがちですが，エリクソンは両方の要素を身につけることが重要であると述べています。たとえば，乳児期の主題，信頼対不信を考えてみましょう。遠慮という言葉があります。遠慮とは，自分がその場所で人の迷惑になっているのではないかと思いを巡らせて行動することです。つまり，遠慮は不信の感覚を基礎にしています。したがって，信頼だけで不信をもたない人は，自分は人から受け入れられるに決まっていると行動する人ということになります。これでは，図々しい人になり，逆に人から敬遠されてしまいます。人から受け入れられているという信頼も，不信を知って初めてバランスのとれた人間関係をもつことに役立ちます。その意味で，信頼と同様，発達上，必然的に経験する範囲で不信を学ぶことも重要ということになります。しかし当然トータルとすると，不信を上回る信頼を身につけることが重要です。このことは各発達段階の主題にすべて当てはまります。

3 重要な環境

また，漸成発達理論図には，自我発達に重要な環境も書き込まれています。乳児の「母親的存在」から始まり，成熟期の「人類・親族」まで，自分の存在の意味を考える上での自分がかかわる世界を意味しています。たとえば，乳児は母親的存在との関係しか存在せず，「母親的存在」が全世界です。それが，「両親」「家族」「近隣・学校」「仲間・外集団」「性愛・結婚」「家族・伝統」「人類・親族」と拡がっていきます。エリクソンの理論が個人と社会とのかかわりを重視しているという意味で「心理―社会的」な理論といわれる所以です。

序-2　社会的地位の変化の特徴

> **Episode　私はもう大人？**
>
> 　学生たちの自分が大人かどうかについてのレポートの記述です。
> 　「先日，地元で成人式がありました。中学卒業以来あった友人もいて懐かしかったです。式辞で『今日からは犯罪を犯すと，実名が新聞に出るので注意するように』という内容があり，ドキッとしました。」
> 　「高校の時の友人から，久しぶりに連絡があって，『今度，結婚するから式に出て』といわれました。○○が結婚だなんて，絶対，絶対，信じられません。」
> 　「この前，中学時代の友人が赤ちゃんを産んだので，お祝いに行ってきました。△△が，おっぱいをあげたり，おしめを替えたりとちゃんとお母さんをしていました。もうほんとにびっくりです。だって，私はまだ学生で，結婚も出産も全然考えたことないのに。」
> 　「とりあえず，就職は考えていません。親もよい就職がなければ１年や２年遊んでもよいといっているし。」
> 　「結婚とか，ましてや，自分が親になるなんてとても想像できません。親になる自信もないし，私なんかが親になっちゃいけないような気がします。」
>
> 　このように，多くの青年たちは，自分が大人と呼ばれるような年齢に達していることを信じられず，また，認めようとしたくないと考えています。しかし，時間は否応なく経過していきます。
> 　青年期と呼ばれる時期になると，社会における位置づけも年齢にしたがって変化していきます。青年期にはどのような社会変化が起こるのか考えてみましょう。

序章　青年期を理解する

1　青年期の意味

　青年期という概念が発生したのは20世紀初頭です。生産技術の進歩に伴い，社会人になるために修得すべき技術，知識，情報が増加しました。社会人となるためにはそれまでよりも長い教育期間が必要となりました。また社会の生産力が上がったため，生産に携わらない多くの青年を社会が養えるようになりました。このようにして，直接生産には携わらず，教育，訓練期間としての青年期を生きる若者たちが存在するようになりました。心理学においても青年期に関する研究書が刊行されたのはホール（Hall, G. S., 1904）の『青年期』が最初です。したがって本来，青年期とは，社会人になるための教育，訓練期間として位置づけられます。

　青年期の始期と終期については，さまざまな議論があります。始期に関しては11〜15歳とする意見が多いですが，何を基準とするかによって意見が分かれます。また，終期については，青年期は時代とともに延長され，ケニストン（Keniston, 1971）のように30歳までととらえる意見もあります。

2　親子関係

　青年期を境に親子関係も大きく変化します。青年期以前は，子どもは扶養される立場であり，親は保護者として子どもを養育していく義務と責任があります。しかし，青年期以降，親の退職，現役からの引退など，収入の減少や社会的役割の相対的減少により，立場は次第に逆転し，年齢とともに親への経済的支援や身体的介護の必要が発生していきます。

　心理的には，青年期に親離れが進み，この現象を，心理的離乳とか脱衛生化と呼びます。親子関係の変化については第Ⅲ章で詳しく検討します。

3　モラトリアムとしての青年期から責任ある成人期へ

　また，青年期までは，人はさまざまな点において保護される立場にあります。社会的にもさまざまな社会的責任が猶予されています。身近なことでは，鉄道や各種施設の入場料などにおける「学割」制度があります。収入がなく，社会人となる訓練期間である学生を経済面で優遇しようという考え方です。また，税金でも，納税者が所得税法上の勤労学生に当てはまる場合に一定額を所得控除される

勤労学生控除の制度があります。このような青年期の社会的責任猶予期間のことをエリクソンは「モラトリアム」(Erikson, 1959) と呼びました。

しかし，16歳から20歳にかけて，人は保護される対象から，権利とともに社会的責任も発生してきます。こうしたことは法律にも現れます。たとえば，民法上の成年は20歳以上と規定されています。また，結婚は男性18歳から，女性は16歳から可能です。また，公職選挙法でも選挙権は20歳から，衆議院議員被選挙権は25歳以上，参議院議員の被選挙権は30歳以上と規定されています。このように，青年期を境に，人は一人前の権利をもつ社会人と認められるとともに社会的責任を果たすことを求められます。

4 勤 労

同様に社会人としての1つの役割は勤労です。昔から「働かざる者，食うべからず」ということわざがありますし，あまり，語られることは多くないのですが，納税，子どもに普通教育を受けさせる義務と並んで，日本国憲法第27条には，勤労の権利とともに日本国民の3大義務の1つとして，勤労の義務が定められています。ただし勤労しないことに対する罰則規定はありません。また，当然ながら，働きたい意志はもっていても，身体的，社会的条件等で働けない方たちもたくさんいます。こうした方たちは社会保障を受ける権利が憲法第25条に規定されています。

こうした法律による規定だけでなく，心理学的にも勤労のもつ意味があります。生きがい，生きる証としての意味です。このことは，歴史的なアイデンティティの節（I-7）で詳しく述べます。

しかし，こうした意味がありながら，現代では，さまざまな状況のなかから就労しない青年たちが注目されています。ニート（NEET：Not currently engaged in Employment, Education or Training），日本語訳では「教育を受けておらず，労働をしておらず，職業訓練もしていない」若者たちが，2008年は64万人にのぼったといわれています（内閣府，2009）。こうした若者たちが増えていくことは，勤労，納税を通して皆で社会を支えていく構造が壊れ，勤労＝収入の高さということではなく，象徴的な意味で自分の「働き場所」を得ることができないと，個人的にも生きる意味を見失ってしまう可能性が高いという意味で多くの若者が就労しないということに対しては，社会としてその問題を解決する支援や対策を講じ

5 結婚，出産

　かつて，年頃になったら「身を固める」という表現で，人が一人前になる1つの基準として結婚がありました。しかし，近年，晩婚化の傾向が高まり，必ずしも結婚，出産が大人になることの条件とはいえなくなりました。2007年の厚生労働省のデータでは，初婚の平均年齢は男性30.1歳，女性28.3歳です。1955年では，男性26.6歳，女性23.8歳であることと比較すると，男性は3.5歳，女性で4.5歳も年齢が上昇しています。その結果，国勢調査によると，2005年の25～29歳男性の未婚率は71.4%，女性では59.0%となっています。つまり，この世代の約3分の2が未婚ということになります。この原因は，高学歴化や個人主義の浸透，結婚に必要な経済的基盤が近年の労働環境ではたやすく得られないことなどが考えられます。この問題もまた，第Ⅵ章で検討します。

　この晩婚化に伴って，少子化の問題も注目されています。1人の女性が生涯に産む子ども数の推定値である合計特殊出生率は2008年では1.37であり，わが国はすでに人口が減少しはじめています。現代では，主体的に結婚を選ばないという非婚という考え方さえあります。また，子どもを生むか否かは個人の自由という考え方もあります。

　しかし，昔からの民間伝承では，それぞれの人が子どもを産み育てる必要性を強調した言い伝えもあります（Ⅱ-7参照）。社会の世代交代，世代の循環という観点からこうした考え方もあらためて注目する必要があるかもしれません。もちろん，社会には，子どもを欲しくても身体的条件で恵まれないご夫婦や，社会的条件で子どもをもてない方もいますから，そのことを非難しているのではなく，子どもをもつことが可能であることを条件にした議論ですが。

　このように，青年期に現れるさまざまな側面において，成人期に移行することには，さまざまな社会的地位の変化が発生し，人は保護される立場から，社会人として，権利をもつと同時に責任も果たさなければならない立場になっていきます。

序-3　身体発達の特徴

> **Episode　初潮に対する態度の時代による変化**
>
> 　1950年代に青年心理学の本に引用された女子青年のレポートの一部です。
> 　「中学2年の夏休みに入った頃，初潮を迎えた私はわけもなく恥ずかしくて，それこそ誰の顔も見たくなかった。なんだか，急に自分が汚いような気分になり，それが自分の道徳的な罪からきているように思えて，どう考えてよいやらわからず，一人でさめざめと泣いていた。」
> 　次は現代の学生との会話です。
> 　「最近の女性が初潮を迎えたときの感覚って，どんな感じなの？」
> 　「私は中高一貫の女子校だったのですが，中学生の頃，私もまわりの友だちも初潮がきて，『～ちゃん，初潮がきたの！　おめでとう！』っていうノリでした。恥ずかしいとか，隠すとかそんなことは全然ありませんでした。」
> 　また，次のような意見もあります。
> 　「性教育で避妊の方法だけは教えてもらったのですが，私たちの年齢でセックスしてよいのかどうかについては，教えてもらえませんでした。そのことだけは自分で考えなさいといわれても，大人は無責任だなと思いました。」
>
> 　このように，青年の初潮に対する態度には時代による大きな違いが見られます。そもそも青年期には身体的にどのような変化が起きるのか，また，時代による違いはどれほどのものか，それが青年たちにどのような影響をもっているのか，さらに身体的な変化についての教育とそれがもっている意味，影響について考えてみましょう。

1 青年期における身体発達

　生物学的観点から見た青年期の特徴は，男性の声変わり，体毛の発生，精通，女子の初潮，乳房の発達，体毛の発生など，第2次性徴と呼ばれる現象と，急激な成長をもたらす第2伸長期と呼ばれる身体的変化です。第2次性徴は，生物学的に生殖に関する機能の成熟であり，男女ともに親になる準備が整った状態を迎えます。しかし，晩婚化などによって社会的には結婚出産の準備が整っていないので，生物学的には性的な成熟をしていながら，性的行動は社会的に認められないという状況が長く続くことになります。

2 発達加速現象

　さらに，発達には，時代が下り世代が新しくなるにつれて，身体の発達が早くなる現象があり，これを発達加速現象と呼びます。身長・体重・胸囲などの発達が加速化するという成長加速現象と，初潮・精通など性的成熟などが早期化する成熟前傾現象があります。

　平均初潮年齢についてみると，欧米において1860年代では16歳以上だったものが，1970年代には13歳台にまで早期化しています（図序-3-1）。また，わが国においても1960年代から1970年代後半までに初潮年齢が13歳台から12歳台に早期化したというデータもあります（表序-3-1）。さらに，わが国における最近のデータでは，2005年で12歳2.6か月というデータがあります（日野林他，2008）。しかしまた，同じ研究で，初潮の早期化はここ数年停滞しています。こうした結果から，わが国ではすでに中学生の年齢で身体的成熟の段階に達している青年が多いといえます。

3 身体的変化に伴う感情

　身体発達に伴って，優越感や，攻撃性，成長への自覚，喜び，羞恥心，嫌悪感など，さまざまな感情が喚起されます。
　たとえば，身長が両親よりも高くなるといった現象に伴い，これまで「親が腕力に勝っているから親のいうことを聞かねばならない」と考えていた，もしくは，しつけられてきた青年は，その根拠がなくなり，「もう親のいうことを聞かなくてもよいのだろう」といった心理的関係が変化する可能性もあります。こうした

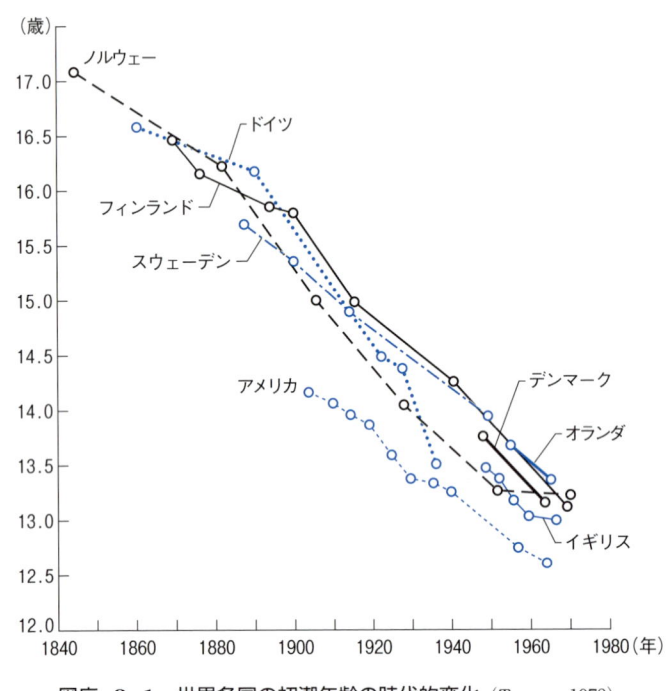

図序-3-1　世界各国の初潮年齢の時代的変化（Tanner, 1978）

場合は，身体的優越感や攻撃性の高まりが観察できるでしょう。

　また，逆に学生たちのレポートのなかには「親の背中が小さく見えるようになり，なんだか寂しくなってしまいました」というように，身体発達の結果，親との力関係の逆転の自覚により，心理的離乳が促進する契機になることもあります。こうした場合は，親が弱くなったことに対する寂しさや自分が成長したことに対する自覚が高められます。

　さらには，第2次性徴による変化は，これまでの子ども意識から大人の体への変化を実感する現象であり，時にはエピソードに示したように，羞恥心や過剰な嫌悪感や不浄感を感じることもあります。しかし，最近の学生のレポートからは，むしろ，自分の成長を喜ぶ方向に受け止める青年たちも多いようです。

　またこの時期には，自分の異性への関心，性的欲求の高まりにとまどいを覚えることもあります。こうした感情を意志によってコントロールしながらも，その関心や欲求が本来自然で，健康なものであることを受け入れることが大切です。

表序-3-1 わが国の平均既潮率と初潮年齢 (澤田, 1982)

	既潮率	1961年2月 A	1964年2月 B	1967年2月 C	1972年2月 D	1977年2月 E
全国	小学 5年生 　　 6年生 中学 1年生 　　 2年生 　　 3年生	3.9% 23.2 53.1 84.0 96.8	5.7% 24.2 58.4 88.2 97.5	7.9% 31.1 67.0 90.9 98.2	11.1% 40.5 74.7 93.9 98.7	14.3% 44.6 78.0 94.9 99.2
	初潮年齢中央値 標　準　偏　差	13歳2.6カ月 1歳2.2カ月	13歳1.1カ月 1歳1.6カ月	12歳10.4カ月 1歳1.7カ月	12歳7.6カ月 1歳1.6カ月	12歳6.0カ月 1歳1.6カ月
市部	小学 5年生 　　 6年生 中学 1年生 　　 2年生 　　 3年生	4.5% 25.8 58.1 86.5 97.3	6.0% 26.1 61.1 89.5 97.7	8.6% 33.0 68.6 91.7 98.3	11.5% 41.4 75.7 94.3 98.8	14.2% 44.9 78.3 95.0 99.2
	初潮年齢中央値 標　準　偏　差	13歳1.2カ月 1歳2.1カ月	13歳0.3カ月 1歳1.4カ月	12歳9.8カ月 1歳1.6カ月	12歳7.3カ月 1歳1.5カ月	12歳6.0カ月 1歳1.6カ月
郡部	小学 5年生 　　 6年生 中学 1年生 　　 2年生 　　 3年生	2.9% 18.7 44.3 79.7 95.9	5.1% 20.5 53.1 85.5 96.9	6.4% 27.2 63.6 89.2 97.8	10.1% 38.2 72.1 93.0 98.7	14.7% 43.6 77.1 94.4 99.0
	初潮年齢中央値 標　準　偏　差	13歳5.0カ月 1歳2.4カ月	13歳2.6カ月 1歳1.7カ月	12歳11.8カ月 1歳1.6カ月	12歳8.4カ月 1歳1.7カ月	12歳6.2カ月 1歳2.0カ月

4 性教育の意味

　性教育が十分に普及していなかった戦前の青年期の書物に，性についての教育を全く受けず，知識がないまま初潮を迎えた女子青年の手記がありました。その内容は，「とても悪い病気になった。恥ずかしくて医者にかかるどころか親に相談することもできない」と悩む内容でした。こうした誤解を解くという意味から，現在，学校で行われている性教育は，身体の構造や生殖の仕組みや望まない妊娠を防ぐ避妊，性感染症を予防するために正しい知識を与えるという意義をもっています。しかし，一方で，学生からのレポートの報告や相談から，異性との性的な関係に関して，「異性とつきあうということはHすることでしょ。Hは絶対に嫌なので，異性とはつきあいません」とか，「何人の異性と関係をもっても快感がえられません」などの多様な悩みをもっている青年は数多く，避妊法の知識がそうした青年たちの幅広い悩みを解決することにはならないということについても十分な配慮が必要です。

序-4　知的発達・道徳性の発達の特徴

> **Episode**　人はなぜ生きているのだろうと考える意味

　「昔はそんなことあまり考えなかったのですが，最近，よくなぜ生きているんだろう。何のために生きているんだろうなんて考えます。あまり，意味がないようにも思えるのですが。子どもの頃は，親のいうとおり，親が喜ぶことを先回りしていたような気がします。でも，この頃それは違うなと思うんです。何のために大学に来たんだろう。就職はどうするんだろう。何がしたいんだろう。親は，私が一流企業に入って実家のそばにいて親孝行してくれればよいなんて考えているようですが，それっていったい誰のためなんでしょう。友達は，『そういうことはなるべく考えないようにするの』といいますが，本当にそれでいいんでしょうか。」

　「小さい頃から，親のいうことは絶対だと信じていました。というか，絶対だといわれていたんでしょうね。よく『バカね，ダメね』といわれてきました。今でも自分のことはバカでダメだと思っています。だから，最近，自分で決めなきゃならないと思うことでも全く自信がもてずに決められません。自分の考えたことなんて，きっとダメに決まっているんですから。」

　こうした内容について悩みをもつことは，知的発達として抽象的なことを扱えるようになったことを意味しています。生きる意味や親との関係など悩みの内容については，第Ⅰ章，第Ⅲ章で扱いますが，ここでは，青年期にこうした発達に至るまでの知的発達のプロセスや，道徳性の発達について考えます。

序章　青年期を理解する

1　青年期以前の知的発達

　知的発達について代表的な理論を提唱したのはピアジェ（Piaget, 1948）です。ピアジェの理論は一般に認知発達とも呼ばれています。ピアジェは，成人の水準に発達するまでを大きく4つの段階に分類しています。

（1）感覚運動的段階：0歳から2歳頃まで

　この時期の子どもはまだ言語も獲得していないので，表象（イメージ）をもつこともできません。したがって，段階1（0～1か月）では，刺激に対する自動的な反射だけで反応します。新生児がいきなり母乳をすうことができるのもこの反射によります。段階2（1～4か月）では，同じ行動の繰り返しが習慣となります。また，奇声をあげるなど自分の行動で興味のあることは繰り返されます（第1次循環反応）。段階3（4～8か月）では，ガラガラを振って音を出すなど，自分の行為が環境に影響を与えることに興味をもち，繰り返すようになります。段階4（8～12か月）では，目的と手段が分化し，目的にあった手段を選択できるようになります。たとえば，それまでたたいて音を出すだけで遊んでいた電話機のおもちゃで，電話遊びをするためにそれを選ぶようになります。段階5（12～18か月）では，目的を果たすためにいろいろな手段を試すことができるようになります（試行錯誤的実験）。たとえば，カランをねじって水道を出すために，たたく―ゆする―ねじるといった行動を取ります。段階6（18～24か月）の頃からだんだんとイメージをもつことができるようになります。たとえば，その場にないおもちゃを探すといった行動です。この時期から，子どもがものを考えるようになります。しかし，これはまだ感覚にもとづいた初歩的なものなので，感覚運動的知能と呼びます。

（2）前操作的思考の段階：2歳から7，8歳頃まで

　前操作的思考の段階は，さらに前概念的思考の段階と直感的思考の段階に分かれます。

　前概念的思考の段階（2～4歳）の認知発達の特徴は，ごっこ遊びのようにあとから人のまねをする遅延模倣，イメージである心像，積み木遊びのようにシンボルで遊ぶ象徴遊び，描画，言語の5つです。特に，言語の獲得は，コミュニケーションの道具であるとともに，イメージとそれに伴う思考を可能にするものです。

直感的思考の段階（4～7，8歳）には，さらに発達は進むのですが，一方でこの時期の特徴的なおもしろい現象も発生します。たとえば，強い自己中心性が現れます。これは，自分の視点を離れてものを考えることができないという現象です。たとえば，向こう側から見た絵を想像して描くことができません。したがってこの時期の子どもに「人の立場に立って考えなさい」と求めてもその知的操作は発達的にできないということになります。また，アニミズムという現象も起こります。これは，動物や無生物にも人間と同じ知性があると思う現象です。童話の世界で，ネズミが話したり，トランプの兵隊が現れたりすることもアニミズムです。こうした現象は，この時期に特徴的なことで知的発達とともに失われていきます。

（3）具体的操作段階：7，8歳から11，12歳頃まで
　この時期になると，物質や数は，新たに付け加えたり，取り除かない限り，その量や大きさは変わらないという「保存」という認識をもつことができるようになります。保存には粘土の形を変えても重さは変わらないという重量の保存，容器が変わっても中身の液体の量は変わらないという液量の保存などがあります。こうした保存では，元に戻せば元と同じという「可逆性」という概念の獲得が重要です。したがって，この年齢に達していない子どもたちが同じ量のジュースを違う形のコップに入れたとき，量が違うと喧嘩になるのはまだ保存の認識ができないという理由があるからです。さらに，数の保存では，1対1の対応がわかるということが重要になります。ものを数えるとは，ひとつひとつの要素にとばしたり，2度数えることなく「1，2，3……」と序数をつけていき，最後の序数が全体の数，つまり集合数になるということなのですが，この際に，過不足なくひとつひとつの要素に1つずつ序数をつけるという操作が1対1の対応です。したがって，この年齢に達していない子どもは，1つの要素を「1，2」と数え，本来の数の倍の序数をいったあと，「全部でいくつ」とたずねると，本来の倍の数をいってしまう現象を観察することができます。
　また，具体的操作段階では，「分類」ということも可能になります。たとえば，男―女，大人―子どもといったもの属性にしたがって，4つのグループに分類することが可能になります。したがって，この年齢に達していない子どもに，複雑な属性によるお片づけをさせるのは発達的に難しいということになります。

2 青年期における知的発達：形式的操作段階

こうした過程をたどって11，12歳からは形式的操作段階に進みます。この段階では，具体的な事象にとらわれずに抽象的な概念での思考が可能になります。A＝B，B＝C，すなわちA＝Cといった三段論法や，仮説検証型の実験，自由，責任，生きる意味などを考えることも可能になります。したがって，人生への無意味感，世のはかなさなどを感じ取って，落ち込んだり，自殺を考えることなどは，形式的操作によります。したがって，生きる意味，これからの人生への不安，死後の世界など，抽象的な問題で思い悩むことは青年期以降の特質といえます。

3 道徳性の発達

ピアジェ（Piaget, 1956）によると，「A君はお手伝いをしようとしてお皿を10枚割ってしまいました。B君はいたずらをしようとしてお皿を1枚割ってしまいました。A君，B君のどちらがより悪いでしょうか」という善悪判断で，6，7歳頃までは，動機が何であっても損害が大きい方（A君）が悪い（結果論）と判断するのに対して，それ以降では，損害よりも動機を重視して（動機論）B君が悪いと判断するようになることを示しています。

また，児童期以前は，外的権威に対する一方的な服従や尊敬によって他律的判断が優勢であるのに対して，それ以降は，道徳的な価値を相対的にとらえ，自律的な判断が可能になると述べています。

また，コールバーグ（Kohlberg, 1976）は，道徳性が段階1「罰と服従への指向」，段階2「道具主義的な相対主義」，段階3「対人的同調あるいはよい子指向」，段階4「法と秩序指向」，段階5「社会的契約的な法律指向」，段階6「普遍的な倫理的原理指向」という段階を通って発達していくと述べています。このように青年期では，道徳的価値を動機で判断し，自律的に自分で考えて判断できることが考えられます。

▷ 青年期の知的発達については，Ⅴ-3 も参照。

序-5　信頼感と不信感

Episode　現代青年たちの不安

　「最近，彼ができました。」恋愛に関する学生のレポートの1行目です。課題の心理学的自己分析に入る前に，2行目からにはその幸せな様子とか，おのろけのような記述が並ぶのかなと予想しながら，読み進めたところ，「でも，きっと私は捨てられることになると思います」と続きます。しかし，レポートにはその確たる根拠は出てきません。漠然とした不安といってよいでしょう。

　子育て講演会での出来事です。「お母さんが不安になると，お子さんに不安が移りますので，お子さんの前ではお母さんは大丈夫，大丈夫と対応してください」との話に，「不安で不安で仕方ないのです」というお母さん方がいらっしゃいます。考えてみると，皆さん初めてのお子さんを生み育てるのは，当然初めての経験であり，経験がないのだから自信をもてるはずもなく，不安は当然のことなのですが，だからといってすべての親御さんが不安を強く訴える訳でもなく，ことさら不安を強調することは，根拠のない不安といえるでしょう。

　また，学生からこんなことを相談されたことがあります。「先生，就職の内定がとれました。この会社でよいといってください。」「将来のことはわからないし，何より，私がよいと保証することも，責任を取ることもできないよ。私にどういうことを期待しているの？」「先生に，これでよいという太鼓判を押して欲しいのです。」

　このように，最近，頻繁に「自信がない，不安です」という表現を聞きます。こうした人生に対する漠然とした不安はどこから来ているのでしょうか。また，解決の糸口はあるのでしょうか。漸成発達理論から考えてみましょう。

1 信頼

　エリクソンは，漸成発達理論のなかで0歳から1歳半の乳児期に育つ信頼感が人格発達の重要な基礎であると述べています。ここでいわれている信頼感とは，「他人に関しては一般に筋の通った信頼（reasonable trustfulness）を意味するようなものを，そして，自分自身に関しては信頼に値する（trustworthiness）という単純な感覚」（Erikson, 1959）と書かれています。これは，自分を取り巻く人たち（親など）は自分を見捨てないと信じられること，自分は愛されるだけの価値のある人間であると信じられることを意味しています。さらにわかりやすくいうと，「大丈夫，大丈夫」「安心，安心」という感覚です。物事に失敗しても自分は見捨てられることはない，必ず親が受け止めてくれるという安心感から人は困難なことに挑戦することができます。したがって，信頼感を獲得した人間は，多少の失敗にへこたれることのないおおらかな性格に育ちます。逆に信頼感がもてないと，後述するように不安感に支配されがちになります。

2 信頼を育てるもの

　この信頼感は，愛情豊かな母親的存在によって育まれるとされています。基本的には，赤ちゃんの空腹や，おむつの交換，寒さ暑さや，寂しさなどへの要求に速やかに応え，解決してあげる親の対応が子どもの信頼感を育てますが，その基本には愛情があります。愛情豊かな対応は，子どもの幸せを願い（相互性），そのために行動できること（ケア），また，子どもをあるがまま受け入れ，愛することに条件をつけないこと（無条件性）を意味します。この内容については Ⅱ-5 で詳しく述べます。

　また，「母親的存在」とは，実母だけを意味していません。母親的な役割を取る人，たとえば，育ての親，祖父母，乳母，保育士，学校の担任などがそれに当たります。

　さらに，実母が愛情に乏しい人の場合，運命論的に信頼感は育たないのかというとそうではありません。エリクソンも縦断的補償という語を使って，一生のうち，あとから補うことも可能であると述べています。つまり，不運なことに，幼少期に愛情に恵まれない環境で育っても，その後の環境で，愛情豊かな上述のような母親的存在に愛ある対応を受けた場合，信頼感を取り戻せることも可能です。

加えて，結婚して新たに築く家庭は，自分が主体的に配偶者を選択できるので，愛情豊かな配偶者を選ぶことによって，信頼感を取り戻すことも可能です。

3 不 信

信頼の対極は不信です。上述の定義から考えると，まわりの人は信頼できない，自分も愛されるだけの価値はないという感覚です。具体的な感じ方としては，「ハラハラ，ドキドキ」と感じられます。最近の学生のレポートに多い「期待に応えられないと親から見捨てられるかもしれない」という，見捨てられ不安もこの不信感が基礎になっています。

当然，不信感は信頼感より少ないことがよいのですが，エリクソンは，生育史のなかで必然的に感じる不信も学ぶことは大切と述べています。不信は，人から自分は受け入れられないのではないかという，人への気遣い，遠慮の感覚の基礎にもなっているからです。不信を知ってこそ，信頼が本当の意味で活かされるということです。

4 不信をつくるもの

不信感は，愛情をかけてもらえない状況からつくられます。そのなかでも，条件つきの好意（愛情）（Rogers, 1967）はその代表的なものです。「～しないと愛さない」という愛情に条件をつけられる環境に育つと，人はその条件を満たすためにあくせく行動を始め，親の顔色を見るようになり，さらには親の期待を内在化することによって，本来の自分の主体的な意志さえ押さえてしまうようになります。そして，自分の意志を罪悪視するようになったり，自我防衛のため，親の期待と意志のギャップを埋めるために自分の意志を押さえるための自分に対する言い訳を知らず知らずのうちに考えたりするようになります。たとえば，非常に野球が好きな青年が野球をしたいと感じたときに，「本当は俺は野球をしたいなんて思っていないんだ。だって，親は野球が嫌いだから。今，俺が野球したいと思っているのは，ちょっと気晴らしをしたいだけで，本当にそう思っているわけじゃないんだ」といった例です。ロジャースは，その結果，「自分の本当にしたいこと」がわからなくなる状況を「不一致」と呼んでいます。

また，フロム（Fromm, 1973）は，愛の対極にあるものとして，支配（control）をあげています。支配とは，相手の人格を無視して，自分の思いどおりに相手を

動かそうとする傾向です。したがって，子どもを自分の思いどおりに動かそうとすることや，子どもの人生をすべて思いどおりに決めてしまおうとすることは，いくら「あなたのためを思って」と言いつくろっても，フロムによると，それは支配であり，愛から最も遠いものといえます。

さらに，愛が相手の幸せを願うこと（Ⅱ-5参照）とすると，相手の幸せに関心をもたない「無関心」も愛の対極にあるものといえます。たとえば，講義中の学生の私語を注意しない教員の態度は，「別に，私の講義を聞いていないで，その学生がどうなろうと私には関係ない」と考えていることを示しています。学生たちに関心をもち「せっかく学生たちのことを考えて，学生にわかりやすい講義の工夫をしてきたのに」とか，「この講義内容を把握していないと，将来あなたの人生のなかで困難に直面するよ」と考える教員は，何らかの形でそれを学生たちに伝え，私語をやめるように伝えると考えられます。

5 青年期における現れ

この信頼感は，一生を通じて安定した人格の基礎になります。困難な状況に直面しても「まあ，何とかなる」と思えますし，自分が落ち込むような多少のダメージを受けても「大丈夫，大丈夫。命までは取られない」などと楽観的に考えることのできる基礎となります。

特に，この信頼感は青年期において「時間的展望」という形を取って現れます。この「時間的展望」とは，将来に対する明確で具体的な予測が立つということです。さらに信頼感との関連で考えると，明るい将来の見通しがもてるということです。

たとえば，同じ大学，同じ学部，同じ成績でも，信頼感をもつ青年は，「将来，就職活動も精一杯やれば，まあ何とかなるでしょう」と感じるのに対して，不信感をもつ青年は「将来真っ暗です。どうせうまくいきません」と感じます。

このように，信頼感は一生を通じて健康な人格の基礎を形成しているといえます。その意味で信頼感を育む愛情豊かな人間関係を積極的につくろうとすることは重要です。

序-6　自律性と恥

> **Episode　仲良し親子の心理**
>
> 「私と親とは仲良し親子です。親の考えと私の考えは，ぴったり同じで全然そのことに疑問をもちません」という意見にもしばしば出会うなかで，反抗期の心理学的意味を講義したあと，「反抗することは悪いことだと今まで信じていましたが，悪いことではないんですね」「僕には，反抗期らしい反抗期がなかったのですが，大丈夫でしょうか」などの感想や質問が多く寄せられます。
>
> また，「大学を卒業する頃になって，親から『自分の人生なんだから，自分で決めなさい』といわれました。その一言で私はキレてしまいました。なぜって，これまで親に『あなたのことを愛しているから，こうやって口を出すのよ』といわれて，一から十まで指示されてきたのです。『愛しているから』といわれたら，逆らえません。そうして我慢してここまで来たのに，今さら『自分で決めろ』とは，どういうことですか？　今まで愛しているから口出ししたんでしょう。じゃあ，もう愛していないってことじゃないですか。今さらどうして私を見捨てるんですか。私が50歳になっても60歳になっても親に面倒見てもらわないと自分一人でなんか生きていけません」という学生からの訴えもありました。
>
> 反抗期をつくり出す心理メカニズムは，もうすでに1，2，3歳頃から始まっています。また，反抗期現象には自我発達にとって重要な意味も含まれています。単に親に反抗することは悪いことという紋切り型の考え方をやめ，反抗期現象に内在する自我の発達の働きやその意味について考えてみましょう。

1　自我の芽生えと自律性の発達

　1，2，3歳頃から，それまでエス（Es）とかイド（Id）と呼ばれる本能的衝動のままに生きていた乳児の心のなかに，自我（Ego）と呼ばれる意志，理性の心がエスから分離してきます。

　この自我の働きの1つは，エスの本能的衝動を現実的，合理的にコントロールすることです。この時期から始まるトイレット・トレーニングはこのことの代表的な発達です。それまではおむつをしていますから，排泄も我慢の必要はなく，したいときにしています。しかし，おむつをはずす過程で便意をコントロールして，トイレやおまるに座るまで我慢しなければなりません。この我慢を自我がつかさどっています。

　このことをエリクソンは自律性と呼び，その内容を「自尊心を失うことのない自己コントロール」（self-control without loss of self-esteem）と説明しています。ここで重要なことは，我慢には自尊心，プライドが大きな役割を果たしているということです。つまり，「ぼくは，もう3歳なんだ！　だから我慢できるんだ」という意識です。

　自律性は1，2，3歳頃から始まる主題ですが，信頼感と同様，一生の自我のあり方に影響します。将来，強い意志をもって目標達成のために我慢するとか，些細なことでキレるなどの現象は，この自律性のあり方が影響しています。

2　もう一つの自我の働き：反抗

　2，3歳頃に現れる現象として，反抗期があります。片言の言葉が話せるようになった幼児が「イヤ」とか「ダメ」を連発するようになります。これは，「親は〜というけれど，私は〜したいからイヤ」なのであって，「私は」という意識が自我の現れです。したがって，反抗期は自我の，意志の芽生えであって，確かに扱いにくくはなりますが，健康な自我発達の現れです。

　将来，我慢強い，意志の強い人間になる子どもは，意地が強く，頑固で，自己主張が強く，扱いにくい子どもです。最近の親子関係を観察していて気になることは親御さんが子どもに反抗は悪いことであり，反抗させないようにしつける傾向です。「反抗するんじゃありません。あなたは黙っていうことを聞きなさい」という親の態度です。こうした扱いを受けると，子どものエスの衝動をコントロ

ールしているのは，親であって，子どもの自我の力が育ちません。その結果として，親の見ているところだけでは大人しい表面的ないい子になります。しかし，親がいない場面では，エスをコントロールする自我が育っていないので，衝動のまま行動するようになります（大野，2002）。最近のキレる青少年たちの行動はこうしたメカニズムが働いているように思えます。

　思春期に反抗期がもう一度現れます。これを第2次反抗期と呼びます。親の意見や指図を過度に干渉されたと感じ，親を避けたくなります。また，親の男性，女性の側面を発見し，嫌悪感や不潔感を感じたりします。こうした心の動きのなかには，親からの独立の欲求があります。また，自分の性的成熟への気づきと親の性的な部分の発見が重なることにより，性的なものに対するとまどいと受け入れることができない心理を親に投影していることもあります。しかし，第2次反抗期も第2次心理的離乳（西平，1990）が進むにつれて終わります。この第2次反抗期も基本的には自我の発達の現れであり，第1次反抗期と同じメカニズムをもっています。

　しかし，最近ではこの反抗期が顕在化せず，青年期が平穏になっているといわれています。1つには原因として，親の対応が昔ほど権威的でなく，子どもに対して受容的であるので反抗する必然性が減少していることもあるのでしょうが，一方で暗黙に子どもに反抗させない，子どもが反抗できない雰囲気が家庭にあるのではないかと懸念されるところです。

3　自律性を育てるもの

　自律性を育てるためには，自我の働きを強くすることです。つまり，エスをコントロールできる自尊心，プライドを育てることです。子どもの場合，自分で考え，自分で我慢する機会をつくり，その機会をとらえて「さすがに，大きくなった子は違うね」とほめて，自信をもたせることです。具体例として，5歳児が一人で洋服が着られないと駄々をこねている状況を考えてみましょう。「おかしいな。カモメさんクラス（5歳児）なのにひよこさんクラス（3歳児）みたいだ」といわれると，子どもは「違うよ，カモメさんだよ！」と一人で洋服を着だします。そのときをとらえて「さすがにカモメさんだね！　偉いね」というわけです。「子どもは，褒めて育てよ」といわれますが，それは，子どもの成長に注目し，年齢相当の自覚と，自尊心を育てることを意味しています。

また、第１次反抗期において、子どもの主張を頭ごなしに否定することは、子どもの自尊心を傷つけ、ひいては自我の発達を阻害する結果になります。子どもの主張も十分に聞き、気持ちを理解した上で、生活のルールの必然性を理解させながら教え（しつけ）る必要があります。

思春期における第２次反抗期についても、自分の意志を主張することは自我の強い人格を育てる意味で重要なことです。しかし、一方的に自己主張するだけでは、将来、成熟した人格として社会を生きていくことは困難です。自分の意志と他者の意志を調整する能力を身に付けること、また、自分の主張に責任をもつ態度を育てることもまた重要です。

4 恥の感覚

自律性の対極は恥の感覚です。恥とは、さらし者にされている自意識であり、身のちぢむ思い、穴があったら入りたい感覚として感じられます。内々のことが世間にさらされてしまうこと、その１つとして自己の本能的衝動を押さえることができない場合に人は恥の感覚をもちます。信頼対不信と同様、恥の感覚も必然的な範囲である程度学ぶ必要があります。さもないと「恥知らず」になってしまいますから。しかし、この時期の子どもに過度に恥をかかせてはいけません。「なんてダメな子なの。我慢もできないの」などと、大衆の面前で子どもに恥をかかせると、子どもの面目は丸つぶれ、つまり、自尊心が傷つけられてしまいます。その結果は、皮肉なことに「どうせ、ぼくは我慢なんかできないよ」と、我慢のできない子に育ってしまいます。

メカニズムは児童期、青年期でも同じです。人が忍耐強く頑張る場合、「ぼくはもう５年生なんだ」とか、「大学生なんだから、それにふさわしい行動を取らなくては」という自尊心、プライドがその背景にあることは、容易に自己洞察できます。こうした自尊心がなければ、強い意志、忍耐強さは発揮できません。したがって、育てる側としては、子どものこうしたプライドを傷つけることなく、自信をもたせること、また、青年期以降では、自覚的にこうした自尊心を意識することで、自律性の高い人格が育ちます。

序-7　主導性と罪悪感

> **Episode　本当にしたいことがわからない**
>
> 　ある大学教員に聞いた話です。「卒業論文のテーマを見つけてくるように。自分のやりたいテーマで構わないから」という指示に従って，各学生がテーマをもち寄りました。すると，ある学生のテーマは，心理学のテキストに載っているような常識的なテーマだったので，教員が「このテーマは，100年前に結論が出ている。何の新しさもないし，そもそもそのあなたのオリジナリティが見えない」と指摘しました。それに対する学生の返事は「先生，答えがわかっているんでしょ。だからやりたいんです。私，答えがわからないことなんて怖くてできません」というものでした。ちなみに，研究ではこれまでの知見に新しい発見を加えたというオリジナリティが必要になります。
>
> 　また，学生と就職活動について話をしていて，「やりたいことがない」「本当にしたいことがわからない」という意見をたくさん聞きます。自分のしたいこととは，最も自分でわかっているはずのことなのにどうしてこういう現象が起きるのでしょう。
>
> 　このような問題に関しても漸成発達理論はそのメカニズムについて，ヒントを与えてくれます。自分の本当にしたいことをどこに置き忘れてきたのか，その原因は何だったか，回復の糸口はあるのかどうか，この理論を通じて考えてみましょう。

1　主導性

　人は，3，4，5歳になると「〜したい，〜させて」と言い始めます。これは運動能力の発達や，自分の意志を表現できるようになること，また過去のイメージを記憶し言語として表現できるようになる言語の発達にも原因がありますが，「イヤ」という感情しか表現できなかった反抗期の表現を超えて，主導性の発達の表現であることが考えられます。主導性とは，自ら考えた計画や企画を提案する力，リーダーシップを発揮する力などを意味します。子どもたちが遊びを考えつく，ルールを考えて遊ぶ，遊びの計画を立てる，いわゆる「仕切る」といった内容はこの主導性の表現です。

　この時期に育つ主導性が，成長してからの創造性，構想力，企画力などに発展していきます。人が思いつかないようなことを発想する力，創造性，既存の情報やデータを組み合わせて新しいことをくみ上げる構想力，情報を収集し，実行可能な計画を立案，実行する企画力などです。実は，学力を決めると考えられる暗記力や単純計算能力よりも，創造性，構想力，企画力などの方が社会に出てから必要となる，また評価される能力です。

　青年期のおける主導性の例をあげましょう。文化祭などでのイベントの企画，実施は，主導性が大いに必要になります。まず，テーマの設定，どういう企画で人が集まるか，喜んでもらえるかを考えに入れテーマを決めます。次に，会場の設定，使用できる会場の確保と会場の制約の調整，日時の調整，スタッフのスケジュール調整，ライブの場合は，曲目の選定，練習の日時，場所の確保，さらには，チケット，チラシの製作，印刷，チケット販売等々，事後の打ち上げの準備まで，数え上げればきりがないほどの企画，運営能力が必要になります。こうした作業のなかには，他の人がしないことを考える創造性，独創性，既存の情報を組み合わせて，新しい企画を考える構想力などが必要になります。このように大学での課外活動は主導性の能力開発に非常に役立つ機会を提供してくれます。

2　遊びの意味

　この時期の子どもは，いろいろなことに好奇心を示し，やりたがります。物理的にもいろいろなところへ入って行きたがるので，心理学的には，この行動を侵入と呼びます。攻撃的な身体的侵入，攻撃的話しかけによる心への侵入，精力的

運動による空間への侵入，燃えるような好奇心による未知のものへの侵入という形で現れます。したがって，生涯のなかで最もうるさい存在ではあるのです。

うるさい存在ではあるのですが，この時期の好奇心が将来その子の個性，才能の芽生えになります。また，この時期の子どもの発達は，遊びを通して起こります。すべては遊びのなかで学ぶといってよいでしょう。さまざまな遊びに興味を示し，いろいろ挑戦するなかで，自分の得意な分野を見つけていきます。運動が得意な子，物をつくることが好きな子，本が好きな子，音楽が好きな子，絵を描くのが好きな子，動物に興味をもつ子，天体に興味をもつ子などなど，自分の得意を意識し，人に認めてもらえることで自信をつけていきます。こうした経験は，机に向かってドリルをするような勉強の形では身につけることのできない経験です。この時期には大いに遊ぶ経験が必要でしょう。

3 主導性をのばす方法

したがって，この時期の子どもには，遊びを通してさまざまな経験をさせてあげることが大切です。さらに，そのなかで子どもが得意な分野を見つけたら，「〜ちゃんは〜が上手ね」と認めてあげ，褒めてあげることです。

これに対して主導性の発達を妨げるのは，さまざまな経験をすることを禁止し，好奇心を認めないことです。「バカね，ダメでしょ」という言葉に象徴される，いわゆる<u>バカダメ教育</u>がこれに当たります。しかし，最近の親子関係を観察していると，この言葉が非常に多く使われています。親が理由を説明せずに「ダメでしょ，バカね」といって子どもの主張を拒否することは，親にとっては簡単で手間がかからないのですが，子どもにはそのことがなぜダメなのか理由を知ることができず，そうしたことが繰り返されると，「私がバカだからダメだ」と考えるようになり，自信を失わせてしまう結果になります。

また，子どもにいろいろなことを無理強いして行わせることも，主導性の発達を妨げます。本来，どのような領域に主導性を発揮するかということは，子どもに才能として，潜在的に内在化されているので，才能のない状態から学習や訓練によってつくり上げるわけにはいきません。才能があっても経験による学習・訓練がないと，その才能は開花しないので，才能を見極め，その才能を評価し，さらに経験を積む機会をもたせてあげることが必要になります。

最近の青年の「<u>本当にしたいことが見つからない</u>」現象には，幼少時から主導

性を伸ばす対応がされていなかったことが原因の1つでないかと考えます。青年期でも，社会人になったあとは自分の才能を見極める挑戦をする余裕はなくなるので，生涯における最後の機会だと考え，いろいろな分野に挑戦して自分の才能を見つける努力をすることが大切でしょう。

4 罪悪感

　主導性の対極は罪悪感です。漸成発達理論は，フロイトの精神分析をベースにしていますので，この罪悪感も，3，4，5歳頃の男子が母親のことを異性的に愛し，父親をライバル視するというエディプス・コンプレックスの考え方が背景にあります。この概念を入れずに考えても，主導性を発揮しすぎることは，人のいうことを聞かない，出しゃばりすぎるということに通じ，罪悪感を感じさせる可能性があります。これまでの発達主題と同様，罪悪感を上回る主導性を獲得することが重要ですが，罪悪感もある程度身につけることが必要でしょう。また，まわりの大人が必要以上に「いうことを聞かない子は悪い子だ」と強調すると，子どもが主導性を発揮できなくなる可能性が大きくなります。

5 やりたいことには2種類ある

　こうした内容を講義，講演していると「子どものやりたいことをさせていたら，わがままな子になりませんか」という質問を受けることがあります。ここで人間のやりたいことについて考えてみましょう。やりたいことには2種類あります。まず，精神分析でいうエスのやりたいことです。エスは本能的欲望，衝動であり，楽な方がよいという快楽原則に従います。したがって，「もっと寝ていたい」「さぼりたい」「働きたくない」などの欲求となって現れます。もう1つのやりたいことは，自我のやりたいことです。自我は理性であり，意志です。したがって，エスの欲望を抑え意志に従って行動を起こしたいという欲求です。「野球がうまくなるように，つらくてもがんばって練習したい」とか「苦労しても調理師の資格を取りたい」といった欲求として現れます。自我のしたいことには，楽をしたいというエスの欲望を抑え，意志を貫く，がんばるという表現が伴います。したがって，エスの欲求は叱っても抑えるべきなのですが，自我のしたいことに対しては，意志の強い人間，我慢強くがんばり抜く人間を育てるためには，それを応援してあげる必要があります。

序-8　生産性と劣等感

> **Episode　子どもたちの遊びの環境**
>
> 　今から40～50年前では一人ひとりの子ども部屋が自宅になく，子どもたちは学校が終わってランドセルを家に置くと，外に遊びに出ることが一般的でした。屋外遊びのなかで体を動かし，できあいのおもちゃがないので自分たちで遊びを考え，喧嘩しながら集団で遊ぶ方法を身につけていきました。
>
> 　これに対して，現代の子どもたちはとても忙しいようです。学校が終わったあとは学習塾や習い事に直行し，夜遅くまで拘束されます。新しい遊びを考える必要も時間もない。まして，集団で遊ぶことなど望むべくもありません。時折，休みに友達の家に遊びに行っても黙ってそれぞれが別の携帯ゲームで遊んで帰ってきたという話を聞きます。
>
> 　昔は，職業も子どもたちの身近にありました。小学校高学年にもなると，農繁期には田植え，稲刈りなどを手伝わされました。近所の大工さんが家を建てる様子を長時間眺めていることもありました。そのなかで仕事の内容や段取り，手伝わされる過程で「頼りになるね。助かるよ」などの言葉かけに，将来の職業について少しだけ自信ももてました。
>
> 　しかし，職業も現代では子どもたちから遠い存在になってしまいました。親がどのような内容の仕事をしているのか子どもが知らない場合も多く，さらには親が働いている姿を見ることも少なくなりました。
>
> 　こうして，青年たちも職業について夢をもち，具体的な将来計画をもちづらい時代になってきました。この問題には社会の側に大きな原因もありますが，青年の側にも，現象の背景にどんな心理的問題が含まれているのか，考えてみましょう。

1 生産性の発達

　小学校年齢の発達の主題は生産性です。「ものを生産すること」によって認められることを学び「自分が役に立っているという感覚」です。具体的には自分の住んでいる社会で，職業的にも技術的にも，きっと一人前に暮らしていけるだろうという感覚です。

　この時期になると，思春期になるまで精神発達は一段落します。子どもは，どんな文化でもこの時期にある種の系統だった指導を受けます。かつての未開文化では，狩猟や農耕の方法，弓矢やカヌーのつくり方などを学びました。そして，そうしたことができるようになるともう一人前の大人として扱われました。

　しかし，現代のわが国のような高度に文明化した社会では，社会人になるまでに学ばなければならない技術や知識が非常に増えました。そうした学習の第1歩がこの時期から始まります。小学校で何を学んだかを振り返って考えてみると，ひらがな，漢字など基本的な読み書き，四則計算，住んでいる身近な社会やその歴史など，まず具体的な内容から学習していきます。中学校，高校などで学ぶ抽象的な内容についての学習を形式陶冶と呼ぶのに対して，こうした具体的内容は実質陶冶と呼ばれます。

　こうした内容のなかに，将来，自分が生計を立てていく職業についての知識も含まれます。エピソードに出てきたように，かつては，職業が子どもたちのごく身近にありました。しかし，現代では，大人の職業生活が子どもたちから見えにくくなり，具体的，実際的，体験的な知識を得ることが困難になっています。

　このような知識，技術を身につけていくためには，学校での学習だけでは十分ではありません。前段階から重要となってくる遊びが，この段階でも重要な意味があります。

　大人にとっての遊びは別の現実で自分の競争心を弛緩するレクリエーションですが，子どもにとっての遊びは，現実を自由自在に自分で動かすことができるという新しい感覚を身につけるための経験でもあります。この新しい感覚はおもちゃやものに対する技術的な支配だけに限らず，より一般的な実験，計画，経験をコントロールする子どもの感覚の獲得を含んでいます。

2　生産性をのばす方法

　この時期の子どもは、ごっこ遊びや積み木、お絵かきなど象徴的な遊びが好きだった幼稚園、保育所時代と異なり、スポーツ、プラモデル、昆虫採集、ゲーム、お菓子づくり、手芸など、具体的、実際的なものに興味を示します。興味を示すだけでなく、実際の操作を通じて目的を達成していきます。この過程で子どもたちは知識の収集や計画の方法を学び、身体的な、もしくは細かい技術の向上、さらには目的の達成感を味わいます。

　したがって、さまざまな具体的体験、たとえば、自然体験、創造的な経験、芸術的な経験、集団遊びなどをする機会を経験することが生産性をのばすことにつながります。そうしたなかで子どもたちは自ずと自分の得意分野を見つけ、知識を増やし、試行錯誤のなかで技術を向上させ、ものごとを達成する喜びを知っていきます。そうなると、まわりが特に何をせずとも、子どもたちはそれに向かって積極性を示していきます。

　子どものスイミングスクール、ピアノ教室、英会話教室などの習い事は、子どもたちに具体的経験をする機会を与えます。子どもが好奇心をもつことを経験させることは生産性につながります。しかし、子どもの適性、能力などには、生得的に個人差がありますから、それを見極めて個々の子どもにあったものを与える必要があります。適性にあっていないものを無理強いすることは、本人の意欲をそぎ、劣等感を助長する結果になってしまいます。時には無理強いが心身症の原因になることがあるので、十分な注意が必要でしょう。

3　現代青年の社会的経験不足

　大学に進んで高学年になると、各種の実習やフィールドスタディ、インターンシップなど、現場経験を通じての学習が多くなります。長年、こうした内容の指導を行っていると、近年、学生たちの社会適応能力が落ちてきているように感じます。たとえば、現場でのスタッフや上司とのコミュニケーションがうまくとれない、指示されたこと以上の機転が利かない、指示されたことをうまく実行できないなどです。その原因の多くは、今までそんなことをしたことがないという経験不足にあります。学生の社会的モラルについて厳しく叱ったところ、学生が「今まで、親にも学校の先生にもそんなことはいわれたことがない」と反応した

ことがありました。したがって，経験不足は青年たちに原因があるというよりも，経験させてこなかった大人の側に責任があるとも考えられます。

　しかし，経験不足のゆえに社会適応能力が低く，生産性に自信がもてないことは，将来社会人として生きていく上では障害になります。したがって，社会に出る前に，社会適応能力を高めるための積極的な試みをすることが推奨されます。クラブ・サークル・体育会などの課外活動の有効性については，序-7 の主導性のところでも述べましたが，こうした経験は，生産性と社会適応能力を高める上でも非常に有効な経験です。指導者がいて指示に従うだけの経験は，生産性を高める効果はあまり期待できませんが，自分たちで企画，計画し，実行していくような内容をもつ課外活動は，企画力，実行力，コミュニケーション能力，リーダーシップなど，さまざまな能力が開発されます。さらに，計画の完遂によって感じられる達成感は，自らの生産性の自信を高めます。こうした経験は，小中高からの課外活動で経験してくることが望ましいのですが，これまでそうした経験がない場合でも，大学生活は，最後の機会だととらえ，積極的に取り組むことが人格形成によい効果をもたらすと考えられます。

4　劣等感

　生産性の対極は劣等感，「自分が役に立たない」という感覚です。勉強もダメ，他に得意なこともない，何事に関しても自信がもてないと感じます。最近では，将来，就職したり，結婚したり，社会人としてやっていける自信がないと訴える学生が多く存在します。さらに近年，注目されている引きこもりにも見られる傾向でしょう。

　しかし，劣等感について考察すると，常識的にはある能力について人と比較して劣っているという事実が先にあり，劣等感を感じるというプロセスが予想されますが，ある程度高い能力をもちながらも劣等感に苦しむ場合があり，必ずしもそうしたプロセスがあるわけでもありません。ホーナイ（Horney, 1945）は，神経症的人間は，理想化された自己像により傲慢になったり，逆に自分に対して高すぎる要求水準をもつことによって，弱小感に苦しむことがあると述べています。このように，信頼感の不足などによって，自分自身を受け入れることができない，自信をもてないという現象も存在します。

第 1 部

青年の自我発達と恋愛

［第Ⅰ章］
青年期のアイデンティティの発達

> アイデンティティという言葉は，時代の主題をうまく言い当てていることもあり，20世紀後半から世界中で広く使われるようになりました。この概念は，もともとアメリカの小児精神科医エリクソンが1950年代に提唱した心理学的な概念でした。しかし，あまりに広く流布されてしまったがゆえに，本来の心理学的な意味が曖昧になってきているという状況さえあります。この章では，アイデンティティの本来の意味，有用性について検討し，その具体的な現れ，青年期におけるその選択のプロセスなどを解説します。

第1部　青年の自我発達と恋愛

I-1　アイデンティティとは何か

Episode　いったいアイデンティティって何ですか？

　学生たちから次のような相談を受けることがあります。
「就職活動を始めなければならないのですが，自分が本当にしたいことが見つかりません。」
「本当にしたいことでなければ就職してはいけないのですか。」
「本当にしたいことはあるのですけど，それでは将来食べていけないし，親にも反対されています。」
「就職する自信も一人で生きていく自信もありません。」
　こうした悩みは，心理学的にはアイデンティティの問題です。
　さらに，学生からは
「自分探しとか，アイデンティティを見つけなさいとか，高校ですこし教えてもらいましたが，混乱するばかりで，いったいアイデンティティって何ですか。」
という質問さえ，受けることがあります。
　講義のあと，
「アイデンティティって，自分らしさということだと思っていましたが，いろいろな内容や，深い意味があったんですね。」
という感想もあります。

　アイデンティティについては多くの誤解があります。その本来的意味をとらえ，自分自身について考えてみましょう。

1 アイデンティティとは何か

　アイデンティティという概念は，アメリカの児童精神科医エリクソン（Erikson, E. H.）が1950年代に発表した漸成発達理論（epi-genetic chart）の青年期の発達主題として示されたものです（Erikson, 1950）。漸成発達理論は，人間の人生を8段階に分け，自我発達を理論化したものです。

　このなかでエリクソンは，アイデンティティの感覚を「内的な不変性と連続性を維持する各個人の能力（心理学的意味での自我）が他者に対する自己の意味の不変性と連続性に合致する経験から生まれた自信」（Erikson, 1959）と説明しています。「内的な」とは，主体的自己，自我を示し，「他者に対する自己の意味」とは，地位，役割，職業，（昔の）身分，「～としての私」など社会的自己を示しています。また，不変性（sameness）は「私は他の誰とも違う自分自身であり，私は一人しかいない」を，連続性（continuity）とは「今までの私もずっと私，今の私もこれからの私もずっと私であり続ける」ことを意味しています。不変性と連続性は，「私は他の人とは違う私，私は一人だけ，過去も現在も未来も私である」ということですから，日常使う「私は私」という感覚に近いものです。したがって，エリクソンの説明は，自分で思っている私（自分が果たしている社会的役割，職業，家族のなかの役割，集団のメンバーであること）が他の人からそう思われている実感，自信ということになります。

　たとえば「就職して3年たって，初めて上司が責任ある仕事を任せてくれた，やっと一人前になれた気がする」「担任している生徒たちが，やっと私を先生として頼るようになってくれた」「子どもが生まれて，初めて親としての喜びと同時に，自覚と責任を強く感じた」ことなどによる自信です。もうすこし一般的な表現をすると，自分が～であることについての「自覚，自信，自尊心，責任感，使命感，生きがい感」の総称といえるでしょう。

　しかし，逆に自分の役割をまわりの人から認めてもらえない場合，この「自覚，自信，自尊心，責任感，使命感，生きがい感」は損なわれ，自信喪失，アイデンティティの感覚がもてないことになります。たとえば，担任している生徒から馬鹿にされる状況が続く教師や，子どもの前で母親から「お父さんのようになってはダメよ」などといわれる父親の場合です。また，「私はミュージシャンだ」と自分で思っているだけでは十分ではないことになります。バンド仲間や聴衆，さ

らには音楽業界関係者などから、ミュージシャンとして認知されることが必要になり、それが自信につながるわけです。

2　アイデンティティの重要性

　アイデンティティが重要である理由として、アイデンティティがその人の行動や考え方、さらには人生さえ変えることがあげられます。
　身近な例では、普段は朝、起きられない学生が教育実習の3週間の間だけは、時間通りきちんと起きることができる場合があります。これは「クラスの子どもたちが待っていてくれる、担当の先生たちが待っていてくれる。実習生として頑張らねば」という自覚、つまりアイデンティティの働きです。
　また、画家ゴッホは、作品が存命中には全く売れず、画商である弟テオに援助を受けていたといわれています。このことはゴッホが、売るための絵は描かずに、芸術を追究した結果であったことは容易に想像できます。このようにゴッホの芸術家としてのアイデンティティが目先の収入ではなく、芸術を追究する道を選ばせたといえるでしょう。
　さらには、ブラジルの天才F1レーサーであったアイルトン・セナが事故死したのは、「F1レーサーが、レーサーとしてのプライドをかけてアクセルを緩めずコーナーを命がけで攻める」、これも人ができないことに対してぎりぎりのところまで挑戦するF1レーサーとしてのプライド、自尊心、つまりアイデンティティのなせるわざです。このように、人はアイデンティティゆえに、命がけで取り組みます。したがって、アイデンティティを理解することは、まさにその人間の生き方を理解することにつながります。

3　アイデンティティが青年期の発達主題であるという意味

　ところで、漸成発達理論図の青年期の欄に「アイデンティティ対アイデンティティ拡散」と書いてあります。しかし、エリクソンは、主題（theme）という術語は使っていますが、課題（task）であるとはいっていません。つまり主題は発達の途上で最も目立つこと、最も中心になることであって、それをクリアしなければ先に進めない課題ではありません。
　上述のアイデンティティの説明からもわかるように、たとえば社会人になって2、3年経験を積まないと、こうした心境にはなれません。その意味で、アイデ

ンティティが一応統合するだけでも時間がかかります。では，青年期には何をすることが主題なのでしょうか。それは，将来の自分の人生を選ぶこと，「よし，～になることに決めた」「～を目指して学校に入ろう」「～のための勉強を始めよう」などと，将来のキャリアのためのスタートラインに立つ覚悟を決める，腹をくくることです。

この段階では，当然，自信はもてません。その意味で真の意味では，アイデンティティ統合とはいえないわけです。ですが，この時期に覚悟を決めてスタートラインに立たないと何事も始まらないのです。

このように青年期では，覚悟を決めてスタートラインに立つことが，まず求められているのですが，主題を課題と読み違え，青年期にアイデンティティを統合することが必要で，自信をもつことができないと先に進めないといった誤解にもとづいた指導があるようです。

4 アイデンティティ＝職業ではない

また，人には職業，家族・親族，社会活動，友人関係（学生では，クラブ・サークル，アルバイトなど）など，いくつもの社会的役割が存在します。アイデンティティをどのように考えたらよいのでしょう。そのときの状況により，行動や考え方のもとになるアイデンティティは異なりますが，人生という単位で考えた場合，その人の人生の選択を左右するようなアイデンティティが，真のアイデンティティだということができるでしょう。

しかし必ずしも，アイデンティティが職業と直結しているわけではありません。自分のしたいこと，たとえば芸術などを目指していても，それではすぐに収入が得られない場合など，生活のために職業をもつことはあり得るからです。人生半ばで芸術家として活躍している人物が，若い頃には生活のため別の職業をもっていたことは比較的たくさんあります。

したがって，エピソードに示したような学生の相談には，「昔は『働かざる者，食うべからず』といったように，まず生活していけることが大切です。でも，生活のためにしたいことをやめることはないでしょう。そのことを追求するために，別の職業をもつということもあってよいのではないでしょうか」と答えています。

I-2　アイデンティティの実感としての充実感

> **Episode　何をしても空しい**
>
> 「全く朝も起きられない。起きてもベッドから出られないし，何もやる気がしないよ。」
> 「いつまでも，下宿に閉じこもってないで，たまには大学に出てみたらどうだい？」
> 「大学の講義にいったいどんな意味があるの？」
> 「俺はさ，教員志望だから，子どもの発達の講義はおもしろいよ。」
> 「俺には興味がない。そもそも教員になんかなろうなんて思っていない。で，教育学部にいるのが間違いなのかな？」
> 「じゃ，気分転換にボーリングでも行くかい？」
> 「ボーリングにいったいどんな意味があるの？　くたびれ儲けだよ。苦労してピンを倒しても，また起きあがってくるぜ。」……
>
> こうした「何をしてもつまらない」「やる気が出ない」「退屈」「空虚」「意味が感じられない」などという感情は，どこからくるのでしょうか？
> 　逆に，「生き生きしている」「充実している」「ワクワクしている」「生きがいある」感情は，どうすれば得られるのでしょうか？

第Ⅰ章　青年期のアイデンティティの発達

1　充実感尺度と充実感モデル

　大野（1984）は，「充実感は，健康なアイデンティティを統合する過程で感じられる生活気分」であると定義し，充実感を測定する尺度を作成しました。
　この尺度は，「生活に充実感で満ちた楽しさがある」などの項目による充実感の生活気分の部分を測定する「充実感気分―退屈・空虚感」と，アイデンティティを支える3つの側面「自立・自信―甘え・自信のなさ」（項目例：「私は精神的に自立していると思う」），「連帯―孤立」（項目例：「だれも私を相手にしてくれないような気がする」逆転項目），「信頼・時間的展望―不信・時間的展望の拡散」（項目例：「生まれてきてよかったと思う」）の4つの尺度で構成されています。
　分析の結果，この4つの尺度は，それぞれ少しずつ違う側面を測定しているのですが，それぞれの関連は非常に高いことがわかっています。さらに，2時点間で測定して結果を比較してみると，アイデンティティを支える3つの側面「自立・自信―甘え・自信のなさ」「連帯―孤立」「信頼・時間的展望―不信・時間的展望の拡散」の得点は安定しているのに，それと比較すると「充実感気分―退屈・空虚感」の得点は，時間によって変動していました。
　このことから，「自立・自信―甘え・自信のなさ」「連帯―孤立」「信頼・時間的展望―不信・時間的展望の拡散」の得点が，人の充実感の基本的な水準を決めていて，それを基準に「充実感気分―退屈・空虚感」は日々変動していることがわかりました。前者3つの得点が安定しているのに，充実感気分は変動します。しかも，この両者の間には高い関連があることから，3つの得点が充実感気分に影響しているのだろうという関係が推測できます。コップに入った水にたとえていうと，前者3つの得点がコップの水の量を決めていて，充実感気分は，振動によってコップの水が波立つように日々変化しているといえます（図Ⅰ-2-1参照）。
　確かに，日々の充実感気分は，ささいなことで高揚したり，落ち込んだりしますが，そのベースになっているその人の自立・自信，連帯，信頼・時間的展望の感覚は数か月のスパンではあまり変わらないわけです。

2　アイデンティティの実感としての充実感

　さらに，充実感のベースとなっているアイデンティティを支える3つの側面「自立・自信―甘え・自信のなさ」「連帯―孤立」「信頼・時間的展望―不信・時

第1部　青年の自我発達と恋愛

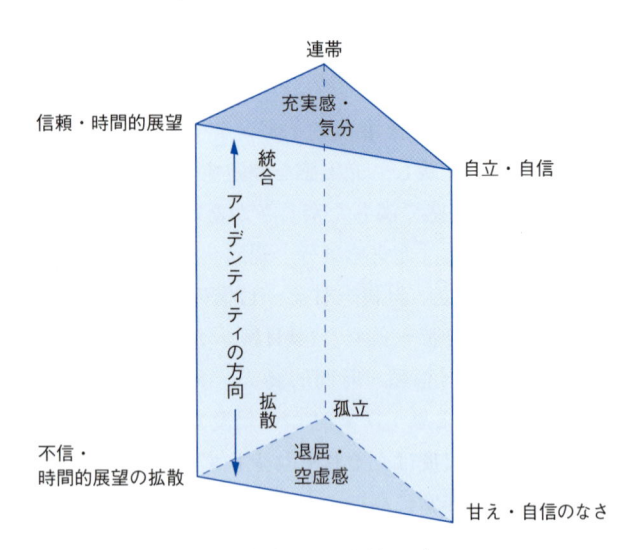

図 I-2-1　内容の拡大された心情モデル（大野，1984）

間的展望の拡散」について詳しく見ていきましょう。

「自立・自信―甘え・自信のなさ」は，「自立」「主体的」「独立心」など，具体的にどのようなアイデンティティをもっているかは測定できませんが，何かにアイデンティティを感じている場合その中核となる感覚を測定しています。

次に「連帯―孤立」は，まわりに自分を理解してくれる人がいるか否か，仲間がいるか否かを測定しています。漸成発達理論の6段階の「親密性対孤立」に対応しています。エリクソンによると，5段階のアイデンティティの主題がうまく解決できると，6段階の親密性の主題もうまく解決できると述べています。

最後の「信頼・時間的展望―不信・時間的展望の拡散」は，自分はこの社会から受け入れられている存在か，この社会は信頼できるのかという感覚を測定しています。漸成発達理論の1段階の「信頼対不信」に対応しています。この主題は乳児期の頃から形成されていく主題ですが，この自分が社会から受け入れられ，社会を信頼できるという感覚，信頼感は人の性格形成の基本であり，非常に重要な感覚です。また，ここでいう社会とは，乳児にとっては母親的存在，子どもにとっては家族や学校，青年では仲間，職場，さらには世界全体へとその態度は同心円的に拡がっていきます。加えて，この感覚が青年期には，自分の将来展望が明るく，明確であるかという時間的展望として現れると述べられています。

したがって，日常感じている「生活全体が充実しているな」とか，「ああ，退屈，やる気が出ない」という感情は，その人のアイデンティティのあり方，具体的には，主体的な，自立的な生き方をし，仲間との連帯があり，社会との信頼関係をもっているかどうかが反映されています。いいかえると，自分の生きている社会，世界のなかで自分のするべきことがあり，それをまわりの人間も認めてくれ，受け入れられている，期待されている，その意味で居場所がある感覚が充実感といえます。たとえば，教育学部の講義も教職希望の学生にとっては，意味のあるおもしろい講義であり，教職希望のない学生にとっては，無意味な退屈な時間になるわけです。充実感尺度を実際に測定してみることで自分の状態を見直す機会になります。

ちなみに，おもしろいのは，2人にとって全く違う意味をもつ講義も実際には同じ講義なのであり，講義がおもしろい，つまらないということも絶対的な評価基準によるものではなく，受け手のアイデンティティ次第ということです。

3 アイデンティティを測定することから考えた充実感の意味

心理学的には，アイデンティティを測定しようとする試みはずいぶんたくさん行われてきました。しかし，アイデンティティが，自他共に認める「私が〜である実感」である訳ですから，アイデンティティそのものを測定するためには，「あなたはどのくらい（教師としての，本学学生としての，父親としての……）アイデンティティを感じていますか」とその人その人にあった別々の測定尺度を用意しなければなりません。

しかし，すでに述べたように，アイデンティティとそれに関連する側面の得点が充実感と密接な関係にあるわけですから，複雑な測定の手順を踏まなくても，「今日は元気？ それとも退屈，やる気が出ないの？」と聞くことが，その人のアイデンティティの状態を把握する実に簡単な方法であるわけです。

逆にいうと，人は，アイデンティティを選び取り，自分の生き方に意味を感じ，充実感を得ることを目標に生きているといっても過言ではないかもしれません。

I-3　姓名の意味とアイデンティティ

> **Episode　姓名と自己意識**
>
> 　以下に示したものは姓名と自己意識にまつわる学生たちの記述です。姓名をめぐって自己意識が揺れ動いていることがわかります。
>
> 　「中学生の頃，詩を書いていたので，自分のペンネームをつくって，サインを練習したりしました。また，友達や家族にも，そのペンネームで呼んでと頼んだりしました。」
> 　「父親の名前と私の名前は一文字同じです。俗に親の名前から一文字もらったということになります。しかし，たまたま父親と同じ職場に就職して，どの支店に仕事に出かけても，姓名を見て『ああ，〜さんの息子さんね。あなたのお父さんは優秀だったよ』といわれます。とても大きなプレッシャーで父親をいつも意識してしまいます。この呪縛から逃れることはできないのでしょうか。」
> 　「結婚が決まったので，自分の姓名と彼の姓名を並べて書いて，自分の名字を消して，彼の名字を書いてみました。」
> 　「いくら好きな彼でも，結婚のために今までの名字を変えるなんて嫌です。」
> 　「私は3人姉妹の末っ子です。1年ほど前に，一番上の姉に結婚の話が起きて，姉は『下に2人いるからいいわね』といってあっという間にお嫁に行ってしまいました。それから半年して，2番目の姉も『お姉ちゃんがお嫁に行ったんだから，私もお嫁に行く』といって，お嫁に行ってしまいました。というわけで，私はあっという間に跡取りという立場になってしまったのですが，どうしようと悩んでいます。私がお嫁に行ってしまうと，この名字を名乗る人がいなくなってしまうし……。」

第Ⅰ章　青年期のアイデンティティの発達

1　姓名はその人全体を表す

　自己紹介をする場合，まず，姓名，それから年齢，性別，職業，所属，家族，星座，趣味，性格などを話していくことが一般的です。このように，私を代表させるものとして，まず姓名があげられます。その意味で姓名はその人全体を代表する文字どおりの代名詞といえます。

　逆に，人から自分の姓名を覚えてもらえることは，自分の存在全体を認識してもらえたようで，うれしく感じるものです。

　このことから，教育実習に出かける学生たちに，事前にまず担当する生徒たちの姓名を覚えること，呼びかけるときには姓名で呼びかけてあげることとアドバイスしています。生徒たちとの心理的距離を近くすることに役立ちます。これは，職場など他の集団に参加する場合も同じでしょう。

　思春期になった若者が，本名以外にペンネームやハンドルネームをつくってそれを使う現象も，姓名がその人全体を表現することから説明ができます。つまり，本名で表現されていた今までの自分とは違う自分になりたいという願望の現れです。現在のweb環境の普及と充実から，オンラインゲームやブログでのハンドルネームは，こうした願望を満たしてくれる格好の道具になっています。

　しかし，一方で匿名性の上に立つ実態を伴わない架空の人格が，無責任に他者を傷つける行為を平気でしてしまうことの背景には，ハンドルネームに「自覚，自信，自尊心，責任感，使命感，生きがい感」というアイデンティティの本質が欠けていることに原因があるのでしょう。

　こうした現象と比較してみると，実態を伴う実際の姓名には，アイデンティティを伴ういろいろな問題が絡み合っていることがわかります。

2　姓名のもつ意味

　姓名のもつ意味として，まず第1に上述した姓名が「その人の全体を表す」ことがあります。第2に「その人の子」であることを示す場合があります。彫刻家で詩人の高村光太郎は，幼少時から父を理想とし，当時，日展の審査委員でもあった父親が主任教授をしている東京美術学校（現：東京芸術大学）に入学します。その後，在学中に父光雲との芸術観の違いに気づき，親子間葛藤で大変苦しみます。こうした状況のなかで，光太郎が青年期に取った象徴的な行動は，親につけ

てもらった「みつたろう」という呼び名を「こうたろう」と読み方を自ら変えることでした。このことに関して西平（1990）は、親から独立した自分を主張したいという宣言だと解釈しています。このように親の名前と一文字が同じといった場合、親とのつながりを強く意識する結果を生じさせることもあります。

　また、名字には、その家の人間という意味が含まれます。封建的な家制度は現代のわが国でほとんど見ることはありませんが、地域や人によってそういう考え方が奥底に残っている場合があります。ある地方の短大生のレポートに「私は地方の旧家の一人っ子、跡取り娘です。男性と出会ったとき、一番に気になるのが、その男性が長男か、次男や三男かということです。どうしてかというと、長男の男性とは絶対に結婚できないと思うからです。その人が長男だとわかった瞬間、この人を好きになっても無駄だとすぐに諦めてしまいます」というものがありました。現代では一人っ子同士や、長男長女同士の結婚もたくさんあるのですが、この学生の場合、「旧家の一人っ子、跡取り娘」、したがってお嫁に行けないという意識、つまり跡取りアイデンティティが強く、行動や考え方を規定していることがわかります。こうしたアイデンティティの背景には、自分が跡取りであるという自覚の他に、周りの家族、親族からの期待に応えようとする意識、無意識的な態度も同時に存在しているのでしょう。

　また、結婚による改姓もアイデンティティに影響を及ぼします。現代では、夫婦別姓の必要性の議論も高まっていますが、かつて、自分の名字を消して交際相手の名字を自分の名前の上に書いてみるという行為は、恋愛中の青年によく見られた行動でした。結婚による改姓が、結婚によって今までの自分とは違った自分になるという象徴的な出来事としてとらえられていたのでしょう。こうした観点から考えると、夫婦別姓の心理学的背景には、結婚による変化よりも結婚以前の自分の継続性に重きを置こうとする心理があるようです。

3 姓名で悩んだ夏目漱石

　明治の文豪、夏目漱石も自分の姓名に悩んだ一人です。漱石は、幼少時に塩原家に養子に出され、青年期までを塩原金之助として過ごしました。金之助は本名、漱石は小説家としてのペンネームです。塩原の養父母は、漱石の小説『道草』に登場する人物のモデルにされた人格的に未熟な両親でした。しかし、漱石は、英文学を極め、小説家としても、教育者としても人格者として尊敬される人物にな

りました。一般的な心理学の知識では，両親の性格や人格形成は生育環境に大きく影響されるはずです。育ての両親の人格に問題があったにもかかわらず，漱石は人格者として成長しました。この問題について，西平（1981）は，多数の伝記資料から以下のように分析しています。

　漱石は，塩原家にあずけられていながら，年少時に養家の事情から一時的に夏目家に戻されました。その時，使用人の女性から出生の秘密，つまり，漱石が塩原家の実子ではなく，夏目の千枝さんが実母であることを知らされたのです。塩原の養父母が人格的に問題があったのと対照的に，夏目の実母は，漱石の母親としては年長で，いつも和服で老眼鏡をかけ，繕い物をしているような奥ゆかしい上品な女性でした。

　ちなみに，漱石の小説に現れる主人公の青年は，おばあちゃん子であり，ヒロインの女性は，皆，上品な女性です。このことから漱石が，実母千枝に強い愛着があり，その影響（転移）が小説に現れたと考えられます。

　こうしたことから西平は，漱石は，塩原の養父母にネガティブな意識をもっていたが，自分の出生の秘密を知ってから，今，仮に塩原家にいるが，私は，「本当はあの奥ゆかしくて上品な夏目の母の子なんだ」という，いわば「夏目アイデンティティ」を形成していったのではないかと分析しています。思春期に自分の本当の親は別にいるんだという養子願望をもつ青年はいるのですが，漱石の場合，それが現実であった訳です。自分の親が尊敬できないような状況で「ああ，嫌だな」と感じても，自分にもその親の遺伝的影響からまぬがれえないと思うと，心理的な影響を完全に断ち切ることは難しくなりますが，漱石は「養父母は本当の親ではない」とその影響を自ら断ち切ることが可能であったのです。さらに，こういう人間にはなりたくないという悪い見本，つまり，反面教師として養父母を見ていたと考えられます。ちなみに，漱石は青年期になってから，多額の金額を塩原家に払って夏目家に復籍しました。晴れて夏目金之助，後の漱石になれたのです。このように姓名は自分のルーツを象徴的に示す重要なアイテムなのです。

I-4 職業としてのアイデンティティ

Episode 教員という意識の効果

　筆者自身の経験です。大学の教員として初めて就職したのは，新潟の女子短大でした。たまたま就職した最初の年は大雪。ある朝，起きてみると50cm以上の積雪でした。路地の奥まったところにあった自宅から，表通りまで相当な距離です。玄関のドアは開かず，雪のなかを進むにしても長靴の丈よりも高い積雪で，長靴のなかに雪が入ってしまい役に立ちません。まず考えたことは，「こんなに大雪なら，大半の学生も大学に行くことができず，今日は大学も休講措置をとるだろう」ということでした。1年前，自分が大学院生の立場なら確実に登校しません。しかし，次に考えたことは「いや，待てよ，もし一人でも学生が授業に来ていたら，申し訳ないな」ということでした。その結果，雪と格闘し，何とか大学までたどり着いたのですが，新潟の女子学生はたくましく，ほとんどの学生が通常どおりに出席していました。結果的には判断は正しかったのですが，その時に思ったのは，「院生時代なら当然休むことを考えていた私をして，大学まで来させたのはいったい何だったのか」という思いでした。

　多くの場合，この例のように職業はアイデンティティの1つの側面としてその人の生き方に大きな役割を果たしています。しかし，職業は必ずしもその人のアイデンティティと一致しているわけではありません。職業とアイデンティティの関係，職業に現れるアイデンティティの働き，アイデンティティと職業が一致しない場合などについて詳しく見ていきましょう。皆さん自身の将来の問題とも重ね合わせて考えてください。

1 アイデンティティの表現としての職業

　必ずしも，アイデンティティ＝職業ではないと説明しましたが（I-1参照），自己紹介の順序を考えてみても，やはり，自分を表現し，説明するポイントとして職業は優先順位の高いものです。具体的に考えてみても，就職してから引退するまでの成人期の間，物理的時間も精神的なエネルギーも職業のために費やすことが多く，人によっては家庭生活やその他の生活と比較しても最も時間を使うものです。人生のなかで成し遂げる成果や業績も職業を通じて行うことが多く，社会的な接点も職業を通じたものが多くなっていきます。したがってアイデンティティの表れも職業にまつわることが必然的に多くなります。

（1）アイデンティティが行動を規定する

　エピソードに示した例も，「私はその大学の教員」というアイデンティティが大きく影響しています。アイデンティティは「自覚，自信，自尊心，責任感，使命感，生きがい感」の総称ですから，このエピソードも大学教員としての自覚に基づき，（大学教員としての自信，自尊心を少し感じながら），学生たちに対する責任感と，良い授業をしなければという使命感によって行われた行動といえます。ちなみにまれに学生から「おもしろい授業でした」といわれることが生きがいになっているわけですが。このように「私は大学の教員」という意識，つまりアイデンティティがいたるところで自分の行動を規制します。逆にこのように行動しないと，「教員としての自覚が足りない」と社会から非難されることになります。アイデンティティが本人の自覚と社会（世間）からの認知によって成り立っていることがよくわかります。

（2）金銭よりアイデンティティが優先されることがある

　お金があれば何でもできるという人もいますが，人は時によってお金よりもアイデンティティを優先します。

　たとえば，ゴッホは現代でこそ有名な画家であり，その作品は高額で取引されていますが，彼の存命中，ほとんど絵は売れず，生活も貧しかったといわれています。荒唐無稽な思考実験ですが，ゴッホが「あなたは絵がうまいのだから，お金もちの喜びそうな売れる絵を描けば，もっと生活が楽になるので良いのではないですか」といわれたと想像してください。現実にゴッホはそうした行動はとっていないのですが，おそらく彼の返事は「そんなことはできない（しない）」と

いうものだったでしょう。さらに，その理由を尋ねられたら，「私は芸術家なのだから，生活のために絵は描かない」というものだったでしょう。これはあくまで推測で真偽の程はわかりませんが，これと同じ心情で生きている人は，周囲に案外たくさんいるものです。このように人は時として，お金よりもアイデンティティにしたがって生き方を選択します。

（3）命よりアイデンティティが優先されることがある

　ブラジルのF1レーサー，アイルトン・セナは，実力，人気ともに超一流の選手でしたが，レース中に事故死しました。また，上述と同じような荒唐無稽な思考実験ですが，彼に「スピードの出し過ぎは危ない，安全運転しないとね」と話した状況を想定してください。これはあまりにも非現実的な想定ですが，推測される返事は「レーサーのプライドによって，命がけでアクセルを踏んでいる」のであって，レーサーに安全運転ということは意味をもちません。ここでいうレーサーのプライド，自尊心もすでに説明したようにアイデンティティの表現ですので，レーサーにとっては，時として命よりもアイデンティティを優先するという結果を招くことさえもあるわけです。

　こうしたことは，特別な職業アイデンティティをもっている場合だけに起こる現象ではありません。消火活動で殉職した消防士，遠足で川に流された児童を救うために，川に飛び込みおぼれてしまった小学校の担任の教員など，結果は，避けることができればより望ましいことですが，その時は，「夢中でそういう行動をとってしまった。なぜなら私は消防士なのだから（その子の担任なのだから）」という意識，つまり，アイデンティティがその根底にあることは，間違いのないことでしょう。

2　職業とアイデンティティが異なる場合

（1）職業以外のものにもアイデンティティをもつ

　上述のように，職業にアイデンティティを感じている方が多いでしょうが，必ずしも，そうでない場合も多くあります。アイデンティティが，ある役割に「自覚，自信，自尊心，責任感，使命感，生きがい感」を感じ，その意識のために，行動が変化し，時として命さえかけるという現象ですから，たとえば，火事で家に取り残された子どものために，火に飛び込む母親の「夢中でそういう行動をとってしまった。なぜなら私はあの子の母親なのだから」という心情は，全く同じ

ものでしょう。

（2）真のアイデンティティと職業が異なる場合

　また，『サラダ記念日』（河出書房新社，1989年）で著名な歌人，俵万智さんは，若い頃，県立高校の国語の教員をされていました。歌人として成功した後，職業的には教員を退職されました。ここで，俵さんに高校の教員時代にアイデンティティをたずね，その答えを想像してください。「私は高校の教員ですが，趣味で短歌を書いています」なのか，「私は歌人なのですが，今は高校の教員もしています」なのか興味深い問題です。しかし，俵さんが歌人として社会に認められ，成功した時に，高校の教員をやめ，歌人としての人生を選択したことから，歌人と教員，どちらの人生を選ぶかと選択に迫られたとしたら，できれば歌人として生きていきたいという意識，アイデンティティをもっていたことが推測されます。

　アイデンティティと職業が一致し，生活に困らないのに越したことはありませんが，俵さんのように，アイデンティティと職業が一致しないということはままあり得ることです。アイデンティティを追求しながらも，生活のために別の職業をもつということも矛盾のない生き方の1つとして成立するように思います。

　したがって，自分が追求したい生き方か，食べるための職業かと二者択一的に自分を追いつめたり，青年へのアドバイスで二者択一を迫るような方法は，あまり生産的であるようには思われません。むしろ，生活の基盤を固める意味での職業と，自分の追求したいことを別に考えて，両者を両立させるような長期的な展望をもって，人生計画するような構えがより生産的であるように思われます。

第1部　青年の自我発達と恋愛

Ⅰ-5　発達的なアイデンティティ

> **Episode**　20歳は子ども？
>
> 　受講生が20歳を中心としている大学の講義で，「親から経済的な援助をしてもらっているという理由は考えないで，あなたは精神的に自立した大人か，子どもかどちらかに手をあげてください」と問いかけることがあります。これまでの私の経験では，多くの大学でほとんどいつも90％以上の学生が，自信をもって子どもの方に手をあげます。わが国の20歳前後の青年たちが，自分のことを子どもと思うことはどうやら一般的な現象のようです。
> 　しかし一方で，「テレビに出ているアイドルがだんだん自分より年下になってきた。何だか嫌な感じ」「高校野球を見ていて，選手たちが自分より年下だと気がついて，ちょっと驚き」「成人式といわれても，全くピンとこない」などのように，自分の年齢に関する気づきも，時々レポートで散見します。
> 　また，この話をアメリカ人の友人に話したところ，彼は「アメリカではきっと18歳は皆，大人と答えると思うよ。日本人はいったいいつになったら大人になるの」と大変に驚いていました。
> 　はたして現代の若者たちは，いつ頃自分が大人だと認識するようになるのでしょうか。また大人だと認識することにはどんな意味があるのでしょうか。

第Ⅰ章　青年期のアイデンティティの発達

1　発達的アイデンティティとは

　アイデンティティのなかで「今年から小学生だ。小学校でがんばるぞ」「もうすぐ成人式か，少しはしっかりしなきゃ」など，年相応の自覚のことを発達的アイデンティティと呼びます。

　普段はあまり意識しない場合も多いですが，自分の入学式，卒業式，成人式など社会的儀式や，同年配の友人などの就職，結婚，出産など，さらには，親族など身近な人物の誕生，結婚，死亡などに遭遇し，「私も〜歳なんだな」「もうそんな年齢か」と自分の年齢について強く意識することがあります。

　さらに，その感覚には，年齢相応の「自覚，自信，自尊心，責任感，使命感，生きがい感」が背後にあり，その感覚が，発達に伴うアイデンティティであることがわかります。

2　通過儀礼と発達的アイデンティティ

　大人の仲間入りをする節目の儀式を「通過儀礼」と呼びます。成人式などがそれに当たります。戦前の徴兵検査は強制的にすべての男子が兵士になる適性を検査されるもので，しかも，兵士として徴兵される可能性に直結するものだったので，大人としての自覚を否が応でも感じさせられるものだったのでしょう。わが国では江戸時代から，若衆組などと呼ばれる村落における祭礼行事や自警団的活動などを行う自然発生的な若者集団がありました。また，昭和になってからも青年団と称する同じような組織がありました。こうした集団は，その目的はさまざまで評価は分かれるところですが，青年を社会化し，大人としての発達的アイデンティティを刺激する役目をもっていました。

　また，昭和の中頃でも，中学，高校，大学での生徒，学生の自主的な課外活動が活発であり，同じような機能を果たしていました。

　しかし，最近では，こうした組織や経験の機会が失われていく傾向が強く，青年たちの社会化と発達的アイデンティティの自覚を促進するものが少なくなっているといえるでしょう。

3　現代青年の「観念的両親不老不死説」

　しかし，最近の青年にはこうした自覚は薄いようです。青年期の特徴としての

心理的な親離れである「心理的離乳」という術語は，古くからあるものですが，これを講義し，「いずれ，皆さんの親も死んでしまうのだから，親に頼らず，一人前に生きていけるように準備しないとね」という指摘をすると，相当，多くの学生から「親が死ぬなんて，考えてみたこともない」「今，親に死なれたら，私も死んでしまいます」というリアクションペーパーの記述が寄せられます。また，自己洞察力に優れた学生からは「気づかないのではなく，そういうことは，なるべく考えないようにしているのです」という指摘もあります。

平均寿命というのはあくまで平均であって，すべての人間が約80歳まで生きるという保証はありません。さらに，死なないまでも，60歳前後には多くの親が定年を迎え，経済力は落ちます。これまでのような経済的支援を親に期待することは難しく，むしろ逆に子が親を養う必要性が増大するのですが，現代青年たちはあたかも親がいつまでも老いることなく，現状の経済力を保ち続けるような幻想をもっている場合も少なくありません。これを<u>観念的両親不老不死説</u>と呼びたいと思います。

心理学的には，自分の自我を脅かすような考えを意識から排除する「否認」という防衛機制のなせる技なのでしょうが，「あなたの親もやがて死ぬ，死なないまでも，定年になる。その時までにあなたのすべきことは何？」という問いは，青年たちに自立の必然性を理解させ，自立を促すための1つのきっかけになると思います。

4　子どもの発達的アイデンティティ

幼児期，児童期の子どもたちにも発達的アイデンティティが働きます。「今年から小学生なんだね。すごいね」という言葉かけに，子どもたちは敏感に反応します。子どもたちにとって成長するということそのものが喜びであり，自尊心を感じる事柄です。

たとえば，学年が上がって教室が1階から2階へかわること，4月からランドセルを背負って，小学校に上がることや，弟妹が生まれて「お兄ちゃん」「お姉ちゃん」になることなど，いずれも自尊心と自覚という形で子どもの発達的アイデンティティが刺激されます。

「子どもはほめて育てましょう」というフレーズはよく使われます。その真意は年齢や学年が上がることは無条件にほめることができ，また，そのことで子ど

もは自尊心をもち，自分の意志力や我慢強さを高めていくことにあります。

このことを応用すると，中高生に対しても，「あなたは子どもだ。一人では何もできない。だから親のいうことを聞きなさい」と説教するよりも「あなたはもう中学生（高校生）だ。自分で考えて，行動に責任をもちなさい」と諭す方が，発達的アイデンティティを肯定的に刺激し，よい効果があることが考えられます。

5 脱サラの心理

脱サラと呼ばれている現象も，発達的アイデンティティが大きく関わっています。筆者の知る2つの脱サラのケースは，どちらも40歳前後で，安定した職業をやめ，不安定な芸術に関連した職業に転職したケースです。

そのうちの一人は，建築士の資格をもち，長年，建築事務所で地道に設計の仕事に携わっている方でした。特に経済的，社会的に困難があるという状況ではありませんでした。しかし，その方の本当にしたいこととは，趣味の楽器演奏を活かし，自らのバンドの演奏ができるジャズ喫茶を開きたいというものでした。相談のなかで「このままだったら建築士で一生を終えてしまう。やり直すなら今しかないと思う」と述べ，実際に転職しました。客観的に考えた場合，ジャズ喫茶の経営より，建築士を続ける方がより安定した経済状態を得られることは容易に考えられます。では，なぜこういう選択に至ったのでしょうか。

平均寿命が80歳前後といわれている現在，40歳は人生半ばという意識が強く働いていることは理解できました。ただ1度の人生を，今の職業のまま終えてしまって良いのか，人生の終わりに後悔しないかという懐疑からの自分の人生の選び直しということができるでしょう。年齢的には40代であっても，心理学的に人生の選び直しは青年期的現象といえます。しかし，年齢には関係なく，人生のなかでこうした現象は，時として発生します。安定した職業，収入，社会的地位も自分のアイデンティティをもてないものである場合，それは自信や生きがい感などにつながらず，真の充実感を与えてくれるものではありません。しかも，人生の残された物理的時間が発達的アイデンティティを刺激し，これからの人生のなかで自分に何ができるのかということに迫られるわけです。

一見，損を選んでいるように見える脱サラ現象も，アイデンティティという分析視点から考えると，その心理は理解可能なものになります。

I-6　否定的なアイデンティティ

Episode　「どうせ私は〜」の心理

　学生の母親との喧嘩のエピソードです。

　「母親と喧嘩して『あなたは，ひねくれっ子ね！』といわれたことを根にもって，『そうよ，どうせ，私はひねくれっ子よ』と思いました。それから1週間は，母親から，用事や手伝いを頼まれても『ひねくれっ子はお手伝いなんかしません！　お母さんがひねくれっ子といったんでしょ！』とすねていました。次の日曜日の朝，母から『おもしろいテレビをやっているよ。一緒に見よう』と言われ，母と一緒に笑っている途中で，『しまった！　私はひねくれっ子だったのに……』と思いました。『ひねくれっ子』といわれたので，意地になって『ひねくれっ子』をしていたような気がします。」

　次は，学生の恋愛に関するエピソードです。

　「私は自分に自信がなく，絶対にモテないと思い込んでいたので，告白された時も動揺してしまい，『からかっているんじゃないか』という受け止め方しかできませんでした。特に，『笑顔に惚れた』といわれた時には，自分が最も嫌いとする部分だったので，完全にばかにされたと思い込んでいました。」

　「たとえば，私に好意をもっている男性がいたとします。（こんなきとくな方はめったにいないと思いますけど……）仮に交際を申し込まれても，冗談と受け止めてしまいます。私みたいな女のどこがいいんだろう？　なんて思ってしまいますね。これは本心です。」

　このように「どうせ私は〜よ」という心理は，人の行動，考え方，生き方にさえ大きな影響をもちます。その心理的なメカニズムはどのようなものなのでしょうか。

第Ⅰ章　青年期のアイデンティティの発達

1　否定的アイデンティティとは何か

　たとえば「もう20歳だからしっかりしなくちゃ」という発達的アイデンティティのようにさまざまなアイデンティティは，たいがい自分を肯定的な方向へと導きます。しかし，自分をネガティブな方向へと導くアイデンティティも存在します。これが否定的アイデンティティです。

　「どうせ，私は～だ」の空欄の部分に，自分自身について当てはまる言葉を考えて入れてください。「どうせ，私は数学ができない」とか，「どうせ，私はもてません」などの表現が入ることが多いでしょう。こうしたアイデンティティは，単に自分の短所を述べているだけではなく，周りの人の期待と反対方向のものであったり，期待を裏切るようなものになっていることがあります。

2　できないからそう思うのか，そう思うからできないのか

　たとえば，数学ができないから「数学ができない」と思っているのが当然のはずです。しかし，次のような状況を考えるとそうではないことがあり得ることがわかります。

　数学が得意だと思っている青年が，明日の試験のために準備をしています。問題集に解けない問題がありました。こうした状況で，数学が得意だと思っている青年は，教科書を調べる，解答を調べる等の探索行動をします。自分の「数学ができる」という認識と，この問題が解けないという事実に食い違い（認知的不協和）があるからです。このような場合，人間はその原因を探して解決しようとします。

　では，数学が不得意だと思っている青年の場合はどうでしょう。同じ状況で問題が解けない場合，「ああ，やっぱり解けない」と納得します。探索行動はしません。「数学ができない」という認識と問題が解けない現実に認知的不協和がないからです。

　この２つのケースを考えてみると，解けない問題に取り組もうとする行動は，事前に自分が「数学が得意かどうか」という認識，アイデンティティに大きく影響されていることがわかります。ここで，「どうせ，私は数学ができない」という意識を数学に関する否定的アイデンティティと呼びます。そして，上述のようにこのアイデンティティをもっていると，数学に苦手意識をもっているばかりか，

59

問題を解こうとさえしません。その結果，実際の成績も下がり，否定的アイデンティティもさらに強化されるという悪循環に入ってしまいます。

したがって，学習指導では，実際の問題の解き方を教える以上に，問題に取り組む姿勢，努力すれば問題が解けるという経験と自信をもたせることが大切なのかも知れません。

さらに，学習指導という局面では，指導する側である教師の生徒に対する先入観が生徒に対する対応を変え，さらに，生徒の否定的アイデンティティを助長することがあるようです。

具体的には，教師が「この生徒は成績がよい」と考えている場合，その生徒が問題の回答がわからないといった時，認知的不協和が起き，その原因を探すため，2度目の答えるチャンスを与えたり，ヒントを与える傾向があるように思えます。それに対して，教師が「この生徒は成績が悪い」と考えている場合，その生徒が問題の回答がわからないといっても，認知的不協和は起きずに，そのまま納得し，「はい，次」と別の生徒を指名する傾向があるのではないでしょうか。

このように，真の実力と違っていても，生徒側の自分の学力に関する思いこみと，教師側の思いこみが一致している場合，それを覆すことは非常に困難であり，両者の思いこみの方向に，否定的アイデンティティが形成されていってしまうことが予想されます。

3 無視されるくらいなら嫌われた方がよい

否定的アイデンティティの別の観点として，非行少年と呼ばれている青年たちも，「俺はどうせ不良だ。人はまともに扱ってくれない」という否定的アイデンティティをもっています。このアイデンティティをもつ原因の1つとして，「無視されるくらいなら嫌われた方がよい」という心理が働いています。

いじめっ子が好きな子をいじめるという現象にも共通することですが，良い方向で自分のことが相手から認めてもらえないなら，「〜君は意地悪ね」といわれるようなことをしてでも気をひきたい，自分の存在を認めて欲しいという心理です。

親や教師などまわりの人たちから，無視されるくらいなら，わざと叱られるようなことをして関心をもって欲しいという心理が，家庭や学校のなかのいたずらと呼ばれる子どもたちの行動の背景にあります。相手が自分に対して，関心をも

っていてくれるのか，また，肯定的に反応するのか，否定的に反応するのか試すために，「ねえねえ，私のことに気づいてよ」というサインを出しているのです。相手の期待される反応は，当然，関心をもっていてくれ，かつ肯定的であるものですが，結果として関心を示してくれないと，「なんだ，やっぱり私のことなんか心配していないんだ」と思ったり，否定的な反応が返ってくると「やっぱり，私のことが嫌いなんだ」とさらに「私は嫌われている」という否定的アイデンティティを強め，さらにこうした試す行動がエスカレートするという構造が考えられます。

したがって，生活態度が乱れた時に，叱ってくれる人と無視する人を比べると，叱ってくれる人の方が，子どもにとってはまだ関心をもってくれる人，愛情の残っている人と感じられることになります。しかし，その場合でも甘えによる過剰な期待でうれしいとは表現できず，さらに，叱ってくれる人の期待を裏切るような行動を取ってしまうことも多いのですが。

4 望ましくない叱り方

こうした意味から叱り方にも，相手の否定的アイデンティティを強めてしまうものと，逆に相手の否定的アイデンティティを和らげる叱り方があります。

先入観と否定的アイデンティティの関連については**2**の学習指導における場面でも指摘しましたが，相手の否定的アイデンティティを強めてしまう叱り方として，対面する前にすでに「どうせ，あの子は〜だ」という先入観をもってしまい，相手の言い分も聞かず，「どうせ，お前は〜だ。私に謝れ」などといってしまうパターンがあります。このように叱られた場合，「わかったよ，どうせ，あなたは私のことを〜と思っているんだろ！　そうならその通りにしてやろうじゃないか」という気持ちになり，叱っている側の意図とは反対に，「どうせ私は〜だ，まわりの人はわかっちゃくれない」という否定的アイデンティティが強められる結果をもたらすことになります。

また，相手の言い分を聞かず，しかも悪いということを認めろと決めつける叱り方は，叱られた方が抗弁する気力も失い，2分法的に「私はすべて悪い存在だ」と認めざるを得ない方向に人を導きます。

さらに，叱っている側が「私に謝れ」と強調しすぎると，叱られている側は，「この人は私を愛し，更生させようとしているのではなくて，自分のうっぷん晴

らしをしているだけだ」ということに敏感に気づきます。これは，否定的アイデンティティの「気づいて欲しい，理解して欲しい」という叱られている側の動機とは逆の方向のことであり，気持ちはますます離れていってしまう結果をもたらすでしょう。

5 望ましい叱り方

これに対して，望ましい叱り方は，古い日本のことわざにある「罪を憎んで人を憎まず」です。すなわち，「あなたのしたことは悪いことだが，私はあなた自身が救いようのない悪い人間だとは思わない。悪いことをするには，理由があるのだろう。その理由を話してご覧なさい」というものです。

こういわれると，叱られる側は，この人は私を理解しようとしている余地を感じ，話を聞いてくれる可能性を感じます。否定的アイデンティティの「気づいて欲しい，理解して欲しい」という気持ちにそった応答，叱り方といえるでしょう。

特に，小さい子どもの場合，悪いことをするのは，そのことが悪いとは知らないでします。たとえばテーブルが汚れる，または壊れることを知らずにテーブルに上るような場合や，これまで述べてきたように，親の気をひきたくてしている場合が多いので，「悪い子ね」と決めつけてしまうのは，単に否定的アイデンティティをつくり上げてしまうことになるので，注意が必要でしょう。

また，思春期以降の場合でも，次に述べるような理由があるので，注意深くその動機を理解することが重要です。

6 否定的アイデンティティは復讐

さらに，否定的アイデンティティの深層には，自分を心配してくれるべきなのに，そうしてくれなかった人に対する復讐という意味合いも含まれています。

フランスの詩人で小説家であるボードレールは，実父の死後，すぐに母親が再婚したことから，母親と義父を憎むようになります。私は母から捨てられたというわけです。ボードレールは中学生でありながら，盗みやけんかなどを繰り返し，売春宿に入り浸り，性病を背負い込んで，中学校を退学になります。当然，母親と義父は心配し，もとのボードレールにもどって欲しいと願うわけですが，あたかもその期待を裏切るような行動が繰り返されました。

このような状況のなかでボードレールは詩を書きます。後に「悪の華」という

タイトルで出版された詩集に次のような詩があります。

　　我は，傷口にして，短刀
　　犠牲者にして，処刑者なり

　この詩について，西平（1983）は，ボードレールも好んでこのような非行行為を繰り返したのではない。自らを「傷口」と呼ぶようにそれはつらい行為だったのだろう。しかし，自らの身を滅ぼすことを武器（短刀）にして，自分を心配してくれるべき人を傷つける，自分が犠牲者である立場を利用して，逆にその人を処刑するという心理であると分析しています。直接，殴りかかってきてくれた方が抱き留めることができるかもしれないのに，自分の手の届かないところで最愛の子どもが身をもち崩していく，親にとってこんなにつらいことはありません。
　しかも，その子どもは「私がこんなになったのは，私を見捨てたあなたのせいだ」というわけです。否定的アイデンティティの段階の進んだものには，こうした復讐の心理が潜んでいます。
　最近，頻発している少年犯罪も，関係ない人たちを無差別に殺害する事件さえ起き，どうしてそんなことをするのか理解できないという評論が多いようです。しかし，否定的アイデンティティの心理力動が理解できると，親や関係ある周囲の人を直接攻撃せずに，無関係の人たちをターゲットにする残虐な犯罪が，本人も犯罪者として社会的な評価を失うと同時に，事件を聞いた人たちが，「なんてひどいことをするんだ。親の顔が見たい」という印象をもち，親や関係ある周囲の人の社会的な立場を失わせるという意味で，一種の親を道連れにした自殺的行為であるという心理的メカニズムが働いている事件が何件かあることを理解できます。

第1部　青年の自我発達と恋愛

Ⅰ-7　歴史的なアイデンティティ

Episode　生きた証

　学生のレポートから，高校時代の部活動の思い出です。
「高校時代の卓球部は，充実していました。中学時代から市内の中学校の卓球部は盛り上がっていたのですが，その有力メンバーが皆同じ高校に進学してきて，できたチームは，各自の実力も高く，チームワークもよいまとまった部でした。当然，県の大会でもよい成績をおさめることができ，わが部の念願だったインターハイ出場に燃えていました。これまでの部の歴史のなかでこうしたことができるのはこのメンバーで，今しかできないと皆，結束して頑張っていました。今でもよい思い出です。」
　学生の父親との対話の思い出です。
「私が小学校3，4年生頃だったと思います。設計の仕事をしていた父親が，ある日，ぼくを連れて，新しくできた橋を見に行きました。その時，父親が『○○（私の名前），この橋はお父さんがつくったんだぞ』と，少し自慢げに，少し誇らしく，でもちょっと照れながら言ったことを不思議によく覚えています。その時は『へぇ〜』と思っただけでしたが，父親が死んでしまった今思うと，父親の思い出というと，その橋を思い出します。僕に子どもが産まれて，少しわかるようになったら，きっとその橋に連れて行って『この橋はおじいちゃんがつくったんだぞ』と教えてあげたいなと思っています。」

　この2つのエピソードに共通しているのは，時間を越えて自分の存在が意味あるものとなる思い出や，形として残るものです。こうしたものは一般に，生きた証と呼ばれますが，このことには心理学的に深い意味があります。そのメカニズムと意味について考えてみましょう。

第Ⅰ章　青年期のアイデンティティの発達

1　歴史的アイデンティティとは

　歴史というと，日本史や世界史のように私たちとは無関係のものを考えてしまいますが，少人数でも集団があり，そこに時間が経過すると歴史が発生します。身近な例では，自分の子どもの時の写真や，死んだ祖父母の写真などが収められた家族のアルバムは家族の歴史そのものです。また，学校の同窓会や親戚の法事や祭りなども歴史を振り返るイベントです。そう考えると，私たちは，家族の歴史，学校の歴史，会社の歴史，地域の歴史などに囲まれていることに気づきます。
　そうした歴史のなかに自分の存在を位置づける，意味づけるような自己意識を歴史的アイデンティティと呼びます。アイデンティティとは何か（Ⅰ-1）で，アイデンティティは自己の社会での役割という心理—社会的側面と説明しましたが，それに時間軸を加えての自己定義だと考えればよいでしょう。こうした観点からエリクソンの理論は心理—歴史的と表現されることもあります。
　人は，青年期に自らのアイデンティティを選び取り，成人期にそれを実践します。その活動やつくり上げたものが，社会のなかで意味あるものとして周りの人たちから認められ，自分でもそのことに生きがいを感じます。ここまでのプロセスは心理—社会的なものです。それがさらに，時間軸のなかで，人々から認められ，継承されることで自分の存在に意味を見いだすことが心理—歴史的観点からの歴史的アイデンティティです。

2　生きた証と歴史的アイデンティティ

　建築家は，建築士になることを選び，修行し，一人前になった後それを実践し，建築物を残します。同様に芸術家は作品を，教師は教え子を，親は子を残します。こうした生産物は，自分が「～であった」ことを証明する証拠であり，これは「生きた証（あかし）」と呼ばれます。老年期になって，国から授与される勲章に強い思い入れをもつ方がいますが，勲章は自分の人生が意味あるものであったと証明してくれるもの，つまり生きた証としてわかりやすい例です。また時には，それは消防士のように長年にわたって町を火事から守ったという実績など，目に見える形ではないかもしれません。さらに，作品や業績と呼ばれる世間から評価を受けるものではなく，母親が家庭人として「苦労したけど幸せな人生だった」といった個人的なものである場合もあります。

このような生きた証は，歴史のなかに自分の存在を意味あるものとして位置づける象徴として，自らの歴史的アイデンティティに密接に関係しています。何を生きた証と考えているかで，その人の歴史的アイデンティティが理解できます。

西平（1993）は，エリクソンの使う「ライフ・サイクル」(life-cycle) という用語について「それは，誕生より死までの個人の生涯を意味すると同時に，次の世代に引き継がれてゆく世代連鎖をも含意している」と述べ，人の発達が個人の生涯を超え，次の世代につながっていく循環を意識しているものであることを強調しています。このことは歴史的アイデンティティの意識と，その象徴である生きた証に直接関連しています。

エリクソンは成人期の主題として生殖性（generativity：世代性と訳されることもある）をあげました。生殖性とは，次世代，もしくは次世代に残すものを育てることに関する関心です。歴史的アイデンティティを世代連鎖という観点から考えた時，それは生殖性における次世代に伝えるべき，自分の存在そのものであり，次世代を育て継承したいという動機の根源になるものでしょう。

また，老年期の主題として，統合性（integrity）があげられています。統合性とは，自分の歩んできたたった1つの人生を受け入れることなのですが，それは歴史的アイデンティティがある程度達成されたという認識に基づく満足が含まれています。生殖性と統合性については，終章で詳述します。

3 福沢諭吉と橋本左内の歴史的アイデンティティの違い

西平（1983）は，福沢諭吉と橋本左内の生育史とその後の人生について，歴史的アイデンティティという観点から分析しています。諭吉と左内は，同年（天保5年，1834～35年）に生まれ，2人とも下級藩士の子息，経済状態も同程度，しかも時期こそ違え，緒方洪庵の「適々斉塾」で学びました。このように非常に共通した生育環境に育ちながら，その後の人生は，左内が藩主の信頼を受け，幕末の動乱期のなかで志士活動に東奔西走し，安政の大獄によって25歳の若さで処刑されたのに対し，諭吉は，明治維新の動乱に巻き込まれることなく，67歳の長寿を保ち，『学問のすすめ』の出版や慶應義塾大学の開塾など，明治の思想，教育，政治，経済に貢献しました。どうしてこのような違いが生まれたのかについて，西平は以下のように説明しています。

左内は，幼少時から，厳格な祖父，父親，母親から立派な武士として成長する

ように厳しくしつけられます。早くから武芸も学問も非常に優秀でした。14歳の時に書いた『啓発録』は，自ら大人になる心構えを記したもので，その早熟な才能が見て取れます。また，左内の父親は下級藩士でありながら藩主の主治医である藩医をつとめていました。その父親は左内が18歳の時に亡くなり，左内は藩医を継ぎます。藩医としても優秀であり藩主との関係も密接でした。幕末の動乱では，藩のため，藩主のため，命さえも投げ出して仕えるというまさに武士としての生き方を実践し，最後はそのために命を落とします。左内の生き方は，封建時代の武士の生き方そのものである歴史的アイデンティティを実践したものでした。

　それに対して，諭吉の父親は，藩のなかではいわば窓際族であり，藩から重用されていませんでした。その父親も諭吉が3歳にならないうちに死んでしまいます。その後は，優しく包容力のある母親に育てられます。学問も13～14歳から始めたようです。しかし，始めてからはめざましい進歩がありました。学問に対する態度も国中の他の人にはできない学問ができることがうれしい，難しければ難しいほど楽しいという，何かの手段ではなく学問そのものが目的であるという姿勢がうかがえます。左内のように藩のために尽くすという意識はなく，むしろ，封建的な藩閥制度に対する不満を書き残しています。その意味で藩にとらわれることなく，より広い視野をもっていたと考えられます。

　このように，2人の生き様の違いは，「自分の存在価値は藩と藩主に尽くすためにあるのであり，命を落としても将来の藩に貢献できることがよい」と考える武士としての歴史的アイデンティティをもっていた左内と，「藩にとらわれることなく，いわば，藩と藩の戦争であった明治維新の動乱には関与せず，その後の世界のなかの日本の発展に貢献しよう」というより広い歴史的アイデンティティをもった諭吉という違いによって説明できます。

　このように，人生の方向性といった大きな分析単位で考える場合，心理学の微視的な概念ではうまくとらえることができず，歴史的アイデンティティという大きな概念でとらえることがより有効です。こうした問題は，例にあげたような歴史的人物だけでなく，私たちの身近な事例でも，この概念によってその人の人生の方向性を理解することが可能です。

I-8 アイデンティティ選択の方法

Episode 本当にしたいことと就職

　進路選択について，学生からの相談や意見のいくつかを紹介しましょう。
　「高校時代に，アイデンティティについて授業で教わりました。自分らしさとか，自分探しとか，自信のあることを見つけろなんてさんざん言われましたが，そんなこと，わかりません。まして，自信をもてなんて，自信がもてるわけないじゃないですか。」
　「将来，何をしたいかなんて。皆目見当もつきません。でも，みんなそんなものでしょう。」
　「将来，ロック（音楽）で食べていきたいんです。でも，それで食べられる自信もないし，親からはいつもやめろ，やめろといわれているし，諦めなくちゃいけないんですかね。」
　「大学の卒業後ですか？　とりあえず，就職なんてしなくていいんです。」
　「自分の適性も考えて，現実的に考えて，半年かかってやっと内定がとれました。でも，親に報告したところ，『ほんとにそんな就職でいいの』といわれてしまい，内定を断ってしまいました。」

　このように将来の進路選択に関して，青年たちの悩みは尽きません。それは自分のアイデンティティ，ひいては生きる意味に直結する問題だからです。ここでは，アイデンティティ選択のプロセス，そのなかでも大切なポイントについて述べていきます。

第Ⅰ章　青年期のアイデンティティの発達

1　危　機

　エリクソンは，漸成発達理論のなかで，「対」で示された主題のうちポジティブとネガティブのどちら側にいってしまうかの分かれ道を危機（crisis）と呼びました。青年期では「アイデンティティ対アイデンティティ拡散」です。日本語では危機という訳語が当てられていますが，「危ない」という意味はあまりなく，むしろ分岐点，分かれ道という意味合いです。

　青年期における危機は，アイデンティティのいくつもある選択肢の可能性のなかから１つを選び取るということです。「青年期にアイデンティティを選ぶのなら，子ども時代にはアイデンティティはないのですか」と質問されることがありますが，子ども時代にもアイデンティティはあります。ただそれは，「お父さんのようになりたい」とか，「親からほめられるよい子でいたい」など，同一視や人からの期待をそのまま受け入れたもので，主体的に自分で選んだというものではありません。青年期になると，「私っていったい何？」と子ども時代からの自己像に疑問を抱き，問い直すことによって，多くの青年は一時的な混乱に陥ります。しかし，ある程度の期間，悩み，迷った結果の意思決定として，これからの自分を再統合していくというプロセスが一般的です。

　そのために，必要な事柄として「役割実験」があります。文字どおりその役割を実験的に試してみるという意味合いです。インターンシップや，教育実習などがその典型的なものですが，芸術やスポーツなどのプロを目指す青年が，しばらくアマチュアとしてその活動をすることも役割実験です。自分のアイデンティティを選び取る上で，考えているだけでは得るものは少ないでしょう。実際に活動してみることで，今まで気づかなかった良い点，悪い点も見えてきます。また，実践してみて「案外，自分にできることに気づきました」という学生の報告があるように，自分の能力に新たに気づくこともあります。さらに，役割実験がうまくいかない場合は，失敗にとらわれることなく，次に挑戦することも大切です。青年期の役割実験だからこそ，それが許されるともいえます。

2　意思決定の意味

　若さと成熟の意味について考えてみましょう。「若いね」という表現には２通りの肯定的否定的の両方の意味があります。「将来に可能性がある，夢がある」

と「まだ未熟」という意味合いです。これに対して，「大人だね」という表現には「成熟している」と「将来に可能性なし，夢も希望もない」という意味があります。「若い」から「大人」へ移行する過程には「選ぶ」という行為が必要です。就職でも結婚でも，どれか1つを選ぶためには，他を諦めなければなりません。多くの場合，複数の仕事を同時にすることはできませんし，さらに結婚では複数の人と同時に結婚するわけにはいきません。しかし，逆に1つを選びスタートラインに立たないことには，キャリアをスタートすることはできません。他を諦め1つを選び，キャリアを積んで，それと共に自信がもてるということです。

　青年期にアイデンティティが主題であるということには，この1つを選びスタートラインに立つという意味合いが大きいのです。この時点では，キャリアがないのですから自信がもてないことは当然のことです。自信もこれでよいという確信ももてないのですが，1つを選ぶわけです。これは，清水の舞台から飛び降りるようなもので，一種の賭けです。これを実存哲学では「投企」と呼びます。この時点での不安は当然のことですが，しかし一方で全ての人がこの過程を通ってきたので，自分だけができないとか不安がることも心配のしすぎということになるでしょう。飛ぶために必要なのはちょっとした勇気です。

　また，別の観点からすると，自分の人生は全く自由に選ぶことができますが，その責任は自分しか負うことはできません。選択を人まかせにして何十年後に後悔しても，指示を出した人は責任を取ってはくれません。また，現実的に責任を取ることはできません。その意味で，自分の1回しかない人生については，よく自分で考えて自分の責任で選ぶことが，将来後悔しないことにつながります。

3　納得することの重要性

　また，こうした内容を講義していると，「自分で決めることの大切さはわかりましたが，自分の希望通りにいかない場合はどうすればいいのですか」と問われることがよくあります。

　ここで重要なことは，希望通りに行くか否かが問題ではなく，最終的な選択の結果が自分で納得できるか否かです。人生の選択が全て第1希望通りになる人は，皆無といってよいでしょう。進学，就職，結婚，跡取り問題，子育て，介護問題等々，人生は思い通りにならないことばかりです。自分の思い通りにならなかった時の態度が重要なのです。ゲーテは晩年に「諦念」という心境に達したといわ

れています。「諦念」とは，限られた目的に献身しようと決意することです。

たとえば，大学進学で第1希望ではなかったとしましょう。その時に「イヤだ，イヤだ」と言い続けても何も改善しません。この大学に来たことも，自分の実力，試験の運，タイミング等々，さまざまなことの組み合わせで，運命的に入学することになったわけです。「この大学に来ることになったことも1つの運命。これを引き受けて，では，ここで私にはどれだけのことができるか，できるだけやってみよう」と決意することが「諦念」ということです。

4 主体的に決定できない場合起こりうること

こうした過程で危機を主体的に解決できないまま時間が経過してしまうと，自分の人生の決定に納得できないことが心理的問題となってあとから出現してくることがあります。たとえば，中年期の女性が子育てが終わったあと，アイデンティティをもてる対象のないことに気づき，喪失感，失望感を感じる「空の巣症候群」や，ある時，自分の人生が自分のものでないことに気づき，空虚感，無意味感にとらわれる「燃え尽き症候群」などがあります。また，脱サラは，自分の人生が自分のものでないことに気づいたあと，生きがいのもてる自分の人生を取り戻そうとする人生のやり直しの試みといえるでしょう。

また，特殊な例としては，自分のアイデンティティをもてない部分で，社会的，経済的には成功してしまう「アイデンティティなき成功」という現象も存在します。エリクソン（Erikson, 1959）は，バーナード・ショウの伝記を分析し，たとえ社会的に成功しても，それが自分の本来望むアイデンティティとは違う形であって納得できない場合，人は決して満足を得ることができないことを示しました。

5 危機の現れ方

人生のなかで，危機はどのように現れるのでしょう。具体的には，就職か進学か，実家のあとを継ぐのか，どこに就職するのか，誰と結婚するのかなど，日常的な出来事として選択を迫られます。危機はこうした日常場面で発生するのですが，子ども時代はそうした選択は親が行い，成人したあとは社会的責任から自分一人の判断で簡単にはやり直せないことを考えると，青年期は自分が主体的に判断できる重要な時期であるので，十分に考え健康に悩むことが必要でしょう。

I-9 アイデンティティ・ステイタス

Episode アイデンティティのいろいろな現れ方

　アイデンティティの状態についても人によってその感じ方はずいぶんと違います。
　少数ではありますが「将来は教員を目指しています。一度，親からいわれて教職を取ったのですが，そんな動機では務まらないと先輩に言われ，すごく悩みました。でも，教育実習や学習支援ボランティアを通じて，教育の魅力を再認識し，今，採用試験の準備のほか，教育に関する本や情報を探しては読んでいます」という青年もいます。
　また，次のような青年たちもいます。
　「今，将来何になるかといわれてもまだわかりません。いろいろな選択肢があって選びきれない状態です。いろいろと興味があるので，情報はチェックしているのですが。今は決めることにエネルギーを使っているというのが，正直なところかも知れません。」
　「物心ついたときから，教師になるって決めていました。幼稚園の卒園アルバムにもそう書いてあります。だって，私の母親は小学校の教員で，私も先生に向いていると小さい頃からずっと親に言われてきました。親を尊敬しているし，親の意見と私の意見は違ったことはありません。教師になることも疑ったことなんてありません。」
　さらには，次のような青年もいます。
　「将来のことなんて，考えてもしょうがないし，どうせ決まらないし，やる気ないし，今日も朝起きてから，ベッドのなかでタバコを吸った以外，午前中も何もしていないし，何してもつまらん。こんな自分は嫌いだけどね。」

第Ⅰ章 青年期のアイデンティティの発達

1 アイデンティティ・ステイタスとは

アイデンティティ・ステイタスとはマーシャ（Marcia, 1966）によって提唱された危機を経験するプロセスを類型化したものです。主な質問とそれを補う補助的な質問によって構成された半構造化面接によって分類されます。ステイタスは，役割の試みと意思決定期間である「危機」（crisis）と人生の重要な領域に対する「積極的関与」（commitment）によって，達成・統合志向，モラトリアム，フォークロージャー，拡散の4つのステイタスに分類されます。具体的には，危機は，そのことを試し，真剣に考えた時期があったか，選択の結果に納得できているかということであり，積極的関与は，自分の問題として取り組んでいる，また，どれほど本気であるかということを意味します。

それぞれの分類の基準は表Ⅰ-9-1に示しました。なお，拡散については，危機を経験したあと，つまり，いろいろと考え悩んだあと，積極的関与ができなくなる場合と，悩む前からもう考えないと積極的関与をしない場合とがあります。

2 各ステイタスの特徴

（1）達成・統合志向（Achievement）

まず第1のアイデンティティ達成は，危機を経験し，自分の人生の重要な領域に対する積極的関与もしている青年です。つまり，自分で決め本気で取り組んでいます。彼らは自分の意志で生き方，職業，価値観などを選択しており，こうした選択に対して自ら責任をもっています。彼らは，真剣さ，誠実さが特徴的です。また，環境に調和し安定した人間関係をもっています。しかし，当然ながら青年期ではごく少数しかいません。

（2）モラトリアム（Moratorium）

エリクソンは一般的に青年期の「社会的責任の免除期間」をモラトリアムと呼

表Ⅰ-9-1　4つのステイタスの分類

	危　機	積極的関与
達成・統合志向（Achievement）	あり	あり
モラトリアム（Moratorium）	最中	あいまい
フォークロージャー（Foreclosure）	なし	あり
拡散（Diffusion）	前, 後	なし

んだのですが，マーシャはそのなかでも特にモラトリアム的生き方をしている青年群をモラトリアムと呼びました。モラトリアムは，現在，危機を経験しつつある青年です。したがって，積極的関与をする対象を模索中であり，積極的関与はあいまいです。いいかえると，彼らの関与の対象は不明確であるが，関与の対象を選択し，決定することに，積極的関与をしているということができます。さらに，小此木（1978）は，青年のしらけや自我分裂，遊び感覚といった特徴に注目し，こうした否定的な特徴をもつ青年群をモラトリアム人間と呼びました。また，西平（1979）は，自己親和的な自我に対する構えをもちながら，アイデンティティが1つの方向に集束せず，自己決定を延期している状況をアイデンティティ・フリーと呼んでいます。

（3）フォークロージャー（Foreclosure）

フォークロージャーは，危機を経験していないにもかかわらず，特定の生き方，職業，価値観などに積極的関与をしている青年群です。具体的には，社長の子，医者の子，教師の子などに多いのですが，彼らは，親や年長者などの価値観を，吟味することなく無批判にそのまま自分のものとして受け入れています。彼らは，積極的関与を示し，見せかけの自信をもっているために，一見アイデンティティ達成のように見えます。しかし，自分の価値観をゆさぶられるような状況では，いたずらに防衛的になったり混乱したりします。他にも融通の利かないこと，権威主義的なこと，自分がフォークロージャーであることに無自覚なことなどを特徴としています。

（4）拡散（Diffusion）

拡散は，危機の有無にかかわらず，積極的関与ができない青年です。彼らは，自分の人生について責任をもった主体的な選択ができずに途方にくれている状態といえます。彼らは，むなしさ，孤立感，内的連続性と不変性の喪失，恥ずかしさ，自意識過剰，焦燥感，偶然に身をまかすこと，希望の喪失，時間的展望の拡散，不信感などの特徴をもち，特に自己嫌悪感と無気力が顕著です。

3 ステイタスの変化

こうしたステイタスは，年齢と共にいろいろなステイタスを経て次第に変化していきます。一般的に，成人期になるにしたがって達成・統合志向に向かって変化していきます。しかし，そのプロセスにはさまざまなパターンが存在します。

第Ⅰ章　青年期のアイデンティティの発達

西平（1979）は，伝記資料の分析からステイタスの移行にいくつものパターンがあることを示しました。パターンのいくつかを説明しましょう。

（1）はじめから達成・統合志向（A）

作曲家で演奏家としても著名なショパンは3，4歳からたぐいまれな才能を示し，6歳で両親を追い越し，音楽教師ジブニーの知識，技術を瞬く間に吸収し，8歳で独奏会を行いました。ピアノを自在に引きこなすことは本人にとって喜びだったでしょうし，そのことで周囲の人からも賞賛され音楽以外の人生を考える必要もなかったでしょう。しかし，当然ながらショパンのように才能，環境ともに恵まれた状況は多くはありません。

（2）モラトリアム（M）から達成・統合志向（A）へ

『種の起源』を著したダーウィンは，医師であった父親から医者になって欲しいという期待を受け育ちます。しかし，医師になるという決心も医師にならないという決心もできずに過ごしていました。そこに研究のため，ガラパゴス諸島へビーグル号での航海があるという話が起こり，ダーウィンは父親の影響から逃れるようにその航海に22歳から26歳の間参加します（M）。その日常生活とは隔絶された環境のなかで，医師ではなく生物学者として生きていくという決意を固めました（A）。また，その航海で収集した資料が後の『種の起源』へとつながっていきました。

（3）フォークロージャー（F）から拡散（D），そして達成・統合志向（A）へ

詩人で彫刻家の高村光太郎は，彫刻家であり東京美術学校教授の高村光雲を父にもち育ちました。光雲は光太郎に3歳からノミをもたせて修行させます。光太郎は，父を目標に美術学校へ入学します（F）。しかし，父の作品は職人の芸であり，真の芸術ではないと直感し，目標を見失います。その後パリへ留学，退廃的生活（D）ののち，ロダンの作品との出会いによって真の芸術を再認識し芸術家アイデンティティを獲得していきます（A）。

このように人は，さまざまなプロセスをたどって危機を経験していきますが，理論的には最終的にアイデンティティ統合の方向へと向かっていきます。しかし，一方で，中年期になっても危機が繰り返されるという臨床的な研究もあります（岡本，2002）。

［第Ⅱ章］
青年期の恋愛の発達

　アイデンティティに続く自我発達の主題は「親密性」です。一生のパートナーになるであろう人との人間関係をつくり上げる能力といえます。当然，この主題は，青年期やそれ以前からも，初恋，異性交際などのかたちで現れてきます。アイデンティティの選択とともに，恋愛にまつわることは青年期の大きな問題です。この章では，自我心理学的に見た恋愛の意味，青年期の典型的な心理現象であるアイデンティティのための恋愛，愛への変化，真の愛の意味とその内容などについて解説します。

Ⅱ-1　タイプと初恋

> **Episode　初恋の思い出**
>
> 　学生のレポートから初恋の報告です。
> 　「私は高校時代テニス部で，毎朝，早朝練習がありました。1年生の初めの頃のある朝に野球部の集団とすれ違い，そのなかにいた人をその時に初めて見てその場で好きになりました。理由はこんな笑顔をするのだから，性格もよい人だという勝手な想像からです。野球部ということだけわかり，クラスも名前もあとでわかりましたが，もちろん話しかけることはできません。クラスが別だった1，2年生の頃，〇〇君の良いところしか見えませんでした。たとえば男の友達に『〇〇は女には優しいが，男には冷たい。あまり性格がよくない』と教えてもらいましたがまさしく恋は盲目です。そこがまたかっこいいと考えました。3年生で同じクラスになってみると，私の想像の〇〇君ではありませんでした。今思えば，私のなかで〇〇君を美化しすぎたために，現実の〇〇君と理想とのギャップに幻滅したのです。」
> 　「私が初恋と呼べる経験をしたのは，中学1年の時です。部活で，その部の3年生だった〇〇さんがその相手でした。2学年も上でしたから，対等におつきあいできる訳もなく，当然そんなことも期待していなかったのですが，1，2度会っただけで，好きになっていました。その人の名字がなんだったかわからなくて，次の部活で確かめようと思ったことをよく覚えています。その後も〇〇さんのことばかり考えていました。授業中も私の教室の窓越しに見える〇〇さんの教室の方ばかり見ていました。会っても挨拶しかできないのですが，なるべく〇〇さんに会えるように登下校の時間を調節していたのを覚えています。」

第Ⅱ章　青年期の恋愛の発達

1　漸成発達理論における恋愛の意味

　エリクソンの漸成発達理論で，青年期の次の段階である初期成人期の主題は「親密性対孤立」です。またその活力を「愛」としました。親密性とは「自分の何かを失いつつあるのではないかという恐れなしに，自分のアイデンティティとほかのだれかのアイデンティティとを融合する能力のこと」（Evans, 1967）であると述べられています。つまり，青年期までは自分がどのようにして生きていくかについてアイデンティティの主題が中心でしたが，その主題が一段落する初期成人期になると，今度は一生のパートナーとの人間関係をつくる能力を身につけることが重要になってきます。ここで重要なことは，パートナーを見つけることではなく，人間関係をつくる能力がポイントであることです。本当に仲良くなること（true twoness）という表現もされています。親密性とそれを促進させる愛については後述します。

　こうした主題が初期成人期以降の問題だとしても，それまでの発達過程でも親密性や愛を予感させる現象は幼少時から起きます。また，思春期以降，愛の前段階としてタイプと呼ばれることや恋と呼ばれる現象も発生します。

2　「○○ちゃんが好き」

　子どもを観察していると，すでに幼稚園児時代（満3歳～5歳前後）から「○○ちゃんが好き」という表現をすることがあります。そうした場合，一緒に居たがる，遊びたがるなど接近の欲求が一緒に現れます。しかし，こうした状態も持続性には乏しく，すぐに別のものに興味が移ったり，別の相手を好きだと言い出したりします。

　この時期の「○○ちゃんが好き」という状態は，色彩や食べ物などに対する「好み」に近いものであり，生得的な体型，風貌など身体的なものや性格特性の本人や親との類似性をベースにした，感情の転移からの親近感などが原因となっているように思われます。

3　タイプ

　人には，確かに好きな異性の「タイプ」があります。これは精神分析的には「過去の重要な人物に対する感情の転移」として説明できます。一般的に「タイ

表 II-1-1　中学生の初恋の年齢 (大野, 1999)

小5	小6	中1	中2	中3	なし
2 (2.3)	5 (5.8)	10 (11.6)	29 (33.7)	16 (18.6)	24 (27.9)

注：調査人数86人，（　）は％。

プ」は，3歳〜5歳くらいの異性の親へ強い愛着を示すエディプス状況における感情の転移といえます。しかし，あまりに親に似ている人には，近親相姦的不安（親そっくりの人は気持ちが悪い）を感じますので，そっくりではないがある程度似ている相手を選ぶことになります。また，無意識の過程で起こることなので，知らず知らずのうちに惹かれていってしまうことが起きます。自分の好きになった人が親に似ているとは青年期では意識できませんが，結婚して10年もしてから気づくことがあります。ちなみに，恋人同士の顔が似るとか，子どもの顔が，生まれてすぐの段階から非常に懐かしいと感じるという現象が起きます。それは恋人として自分の親に似た相手を無意識に選ぶ結果であったり，子どもの顔が懐かしい顔なのは，自分にも，自分の両親にも，自分の親に似た結婚相手にも似ているからと推測できます。

4　初恋の年齢

　表II-1-1は，東京都内の中学3年生86人に，「好きな異性のことで頭がいっぱいになっていつも考えていたことがある場合，それは何年生くらいの時でしたか，一番印象に残っている学年を答えて下さい」という質問への回答です。これを見ると3人に2人くらいの割合で中学生の年齢を中心に，初恋という現象を経験しています（大野, 1999）。

5　初恋の特徴

　一般的には，「恋愛」として，渾然一体のものとして扱われていますが，ここではあえて「愛」と「恋」に分けてその特徴を考えてみましょう（西平, 1981）。初恋の特徴は，「その人のそばにいたい，見ていたい」という接近の欲求，「その人のことを知りたい」情報収集の欲求の他に，次のような特徴があります。

　①強い相手への思慕の情：「好き」だという感情を強く感じます。一生涯の間で人を好きになるなかで，恋の状況でのその思いが最も強いものでしょう。

②憧憬：現実的な交際の可能性の有無にかかわらず，相手を思い続ける傾向です。いわゆる「あこがれ」です。

③結晶作用：いわゆる「あばたもえくぼ」といわれるように相手の欠点さえ美化してしまう傾向です。

④憑執状態：寝ても覚めてもその人のことを考え続ける傾向です。「その人のことで頭がいっぱいで他のことが考えられない」といった状況です。

⑤恋に伴う身体的現象：「ドキドキ」する，「ボー」っとする，その人のことを考えたり，からかわれたりすると顔が赤くなるなど，さまざまな身体現象が現れます。

このほかにも，いわゆる一目惚れといわれるように，好きになるのに時間がかからないという特徴もあります。気がついたら恋に落ちていたということもあります。

こうしたなかで，母性愛や，夫婦愛など人生の他の時期の人を愛する状況と比較して，特に恋に特徴的なのは，好きになるのに時間がかからず，また，現実的な交際の可能性がないにもかかわらず，人を好きになることです。つまり，実際の人間関係がなくても恋愛感情をもちます。このことは初恋の他，芸能人へのファン心理も恋の状況の1つです。

さらに，結晶作用や憑執状態も，恋以外の状況では起こりません。他のことが目に入らず，冷静さを失うほど，相手を好きになるという意味では，人生のなかで最も純粋に人を好きになる状況といってよいでしょう。また，「ドキドキ」する，「ボー」っとする身体的現象も恋の状況に限って起きる現象です。しかし，後述するように，愛の段階になると，そうした身体現象はなくなります。学生たちとの対話で，かなり多数の学生がドキドキすることが好きである証拠と考えているようです。したがって，「ドキドキしなくなったので，恋は終わりですね。別れたほうがよいでしょうか」という質問もあるのですが，恋愛関係でドキドキする時期はほんの一時であり，長続きしている関係や夫婦愛の場合，「ドキドキ」という身体現象はなくなるという事実から「確かに，恋は終わりかも知れないけれど，愛の段階に入ったのかも知れない」と答えています。

Ⅱ-2　アイデンティティのための恋愛

> **Episode　恋愛初期の心理**
>
> 学生からのレポートによる報告です。
>
> 「つきあい始めた頃は，デートすることが楽しみで，彼ができたことが嬉しくてしかたがありませんでした。また，『私のどこが好き？』などと聞いて相手の返事を楽しんでいました。でも，デートが重なってくると，だんだん話すこともなくなり，気まずい沈黙が気になり始めました。
>
> それに『私のこと好き？』『それよりも〜（私の名前）が俺のこと好きなのかよ』『〜（彼の名前）が先に言って』『〜（私の名前）が先に言えよ』とつまらないことでケンカになったこともあります。また，携帯のメールの回数もとても増え，彼は私の行動に厳しいチェックを入れるようになりました。
>
> 会うことがだんだん息苦しくなるような感じで，好きなんだけれど，会うのが辛い，メールがうっとうしいようになりました。次第につきあっているのがだんだん重たくなってしまい，別れを告げることにしたのですが，『好きだっていったじゃないか。〜と別れたら，俺はこれからどうしたらいいんだ』となじられてしまい，気まずいまま，別れてしまいました。
>
> 彼も私も自分のことだけしか考えていなかったようでした。今まで彼の考えていることがわからず，イヤな思い出でしたが，講義を聞いて，彼の気持ちも少しだけ理解できるようになり，許せる気持ちになりました。」
>
> 恋愛に関してこうした心理状態の報告は，想像以上に数多くあります。こうした現象の背後に何があるのでしょうか。アイデンティティと親密性の発達の関係を調べていくと，その手がかりが得られます。そのメカニズムを理解することで，このような状況を避けることができるかもしれません。

第Ⅱ章　青年期の恋愛の発達

1　交際の始まり

　初恋の段階では，告白にいたらず，実際にデートすることがないことも多いのですが，高校生から大学生年齢になると，実際にデートするなど交際が始まります。たとえば，東京のある私立大学では約8割の学生がそれまでに男女交際を経験しています（表Ⅱ-2-1参照）。ただしこの数字は過去の経験をたずねているので，現在進行形でこれだけの青年が交際しているわけではありません。

　このように交際は始まるのですが，エピソードに示したように，交際が必ずしも順調に長続きするというわけではありません。

2　アイデンティティのための恋愛

　これまで20年以上収集している学生のレポートの分析から，初期の交際には次のような特徴があることがわかってきました。
　①相手からの賛美，賞賛を求めたい：「僕のどこが好きになったの？」「私のこと好き？」と聞きたがる。
　②相手からの評価が気になる：「俺のこと，どう思う？」「俺の演奏，どうだった？」と聞く。
　③しばらくすると，呑み込まれる不安を感じる：話題がなくなる。緊張する。会うたびに自分がなくなるような気がする。
　④相手の挙動に目が離せなくなる：（例）「つき合い始めた頃は，2人ともお互い細かいところまで決めて，規制しあうことに一生懸命でした。なるべく自分たち以外の人とは接触しないように，自分以外に興味がいくことを恐れていたのだと思います。」
　⑤結果として多くの場合交際が長続きしない：（例）「社会人と学生になってしまい，（中略）会うこと話すことが少なくなってくると，いろいろなことが不安になり始めました。その頃はじめに彼の方から『別れたほうがいい』と

表Ⅱ-2-1　大学生の交際の経験の有無（大野，1999）

交際の経験	あり	なし
	121（81.2）	28（18.8）

注：有効調査人数149人（18〜24歳，平均21.6歳）（　）は％。

言われました。その時は好きなのに別れるのはおかしいという話し合いの結果で，なんとかつなぎ止めることはできましたが，それからなんとなくギクシャクしはじめました。（中略）彼を自由にしてあげたかった。あまり，みっともない私を見せたくなかったという理由で，私からなんとなく別れることをにおわせてみました。すると，『きらいになったんじゃなくて，重たくなったんだ』といわれました。」

こうした現象についてエリクソン（Erikson, 1950）は「青年期の恋愛は，その大部分が，自分の拡散した自我像を他人に投射することにより，それが反射され，徐々に明確化されるのを見て，自己の同一性を定義づけようとする努力である」と説明しています。つまり，自分では自分に自信がもてないのだけれど，自分のことを好きだといってくれる人がいるということを自信のよりどころにするという現象です。

このように親密性が成熟していない状態で，かつ，アイデンティティの統合の過程で，自己のアイデンティティを他者からの評価によって定義づけようとする，または，補強しようとする恋愛的行動を「アイデンティティのための恋愛」と呼びます（大野，1995）。

また，エリクソンは別の箇所で「少年と少女の間には一種の青年期的な愛着があり，しばしばそれは，単なる性的な魅力や愛情と間違えられるが，異性愛的行動が求められる場合を除いて，この種の愛着は，しばしば際限のないおしゃべりや，自分がどう感じるか，他人がどのように見えるかを告白したり，計画や願望や期待を話し合うことによって自分自身の同一性（アイデンティティ）の定義を得ようとする試みに専念してしまう」（Erikson, 1959）とも説明しています。確かに，初期のデートでは，自分のことばかり話し，相手も同じように感じていることを確認し，それを相手に認めてもらおうとすることに専念します。それをエリクソンは自分のアイデンティティを定義づけようとする試みと説明しています。

ちなみに，エリクソンは上の引用のなかで「青年期的な愛着」は「単なる性的な魅力や愛情と間違えられる」と述べています。つまり，青年期の異性が惹かれあうのは，異性としての魅力があるからであったり，相手を愛しているからと勘違いするが，そうではなく実は多くの場合，自分のことを相手から認めてもらい，アイデンティティを定義づけようとする試みであるとしているところが優れた洞察力といえるでしょう。

3 アイデンティティのための恋愛の心理メカニズム

　では，なぜ「相手からの賛美，賞賛を求めたい」「相手からの評価が気になる」「相手の挙動に目が離せなくなる」のでしょうか。

　こうした状況では，自分のアイデンティティに自信がもてないため，相手からの賞賛を自分のアイデンティティのより所としています。そのために，相手から賞賛し続けてもらわないと自分の心理的基盤が危うくなるわけです。同様に相手の自分への評価が非常に気になります。ちなみに，相手から嫌われることは，単なる恋人を失うことにとどまらず，それまでの自信が基盤から揺さぶられる経験となり，大きな不安と混乱の原因となります。

　次になぜ「しばらくすると，呑み込まれる不安を感じる」のでしょうか。溺愛された子どもが母親からの干渉を息苦しく感じる不安を臨床心理学では「呑み込まれる不安」と呼びます。交際の初期でもこれと同じような現象が起きます。自分自身にある程度の自信がもてない状況で，人と仲良くなろうとすると，相手が自分の心のなかに必要以上に入り込んでくる，もしくは，相手に取り込まれ，自分がだんだんなくなるように感じ，息苦しいような感じさえもちます。異性と心理的に本当に親しくなるためには，相手の前で，変に気取る必要もなく，自然のままでつきあうことが必要なのですが，そのためには，両者のアイデンティティの統合が（またはそれに向かっていることが），つまり，逆説的ではあるのですが自分にある程度の自信をもてることが必要なのです。

　さらに，なぜ「交際が長続きしない」ことが多いのでしょうか。このような関係にある青年たちの主な関心は残念ながら自分自身です。つまり，本当の意味で相手を愛しているわけではなく，相手を自分を映す鏡として使い，「相手に映った自分の姿」に最大の関心を払っています。したがって，相手を幸福な状態にしようという努力や気配りをすることも難しく，お互いに自分に関心をもってもらうことに集中してしまう結果，「私のこと好き？」「それよりも君が俺のことを好きなのかい？」とお互いに愛されることだけを望む関係になってしまうのです。

　なお，だからといって恋愛を避けた方がよいということではありません。こうした現象はこの時期に発達的必然として起きることを理解し，こうした心理を知っていれば交際を長続きさせることのできるヒントになるでしょう。

Ⅱ-3　愛情の発達差，男女差

Episode　恋愛の質の変化

　学生からのレポートのなかからいくつかのエピソードを取り上げてみます。

　「中学からの同級生で，もう5年も付き合っている彼がいます。でも最近友達に誘われた合コンで出会った男性がとても積極的にアプローチしてきて，どちらの男性を選ぶべきか悩んでいます。同級生の彼は，何でも話せる仲ですが同性の友達みたいでドキドキもありません。合コンの彼は，私より10歳年上で，会うときにドキドキするし，車もあってどこでも連れて行ってくれるし，食事もごちそうしてくれます。同級生の彼のことも好きだし，でもやっぱり，10歳上の彼を選ぶのがいいんでしょうか。」

　「つきあい始めはあまり感じなかったのですが，彼が最近，自分のことばかり話すようになり，わがままに見えてきました。私のことを好きというわりには自分のことしか考えていないような気がして。男の人って皆，こうなんでしょうか。」

　「もう彼と付き合って，3年くらいになります。彼も就職して少し落ち着いてきたようです。最近，彼が結婚しよう，結婚しようといいだしたのですが，私は，まだまだしたいことはたくさんあるし，自分のことで頭がいっぱいで，とても結婚なんて考えられません。少し悩んでいます。」

　「前につきあっていた彼は，まさにアイデンティティのための恋愛という感じで，別れてしまったのですが，今つきあっている彼とは，つきあい方がずいぶん変わってきたようです。ドキドキしないし，でもそんなこと気にならないし，お互い何でも話せ，2人でいることでリラックスできています。年寄りのお茶飲みみたいと時々思っておもしろいです。」

第Ⅱ章　青年期の恋愛の発達

1　愛情の発達差

　エリクソンの漸成発達理論にも示されているように，人は青年期のアイデンティティの主題を解決すると，初期成人期の主題である親密性や愛情に関心が向かいます。ここでは，愛情を「人の幸福に関心をもち，相手を幸せにしようとする気持ち」と暫定的に定義しておきます。具体的には，青年期の「自分のことで頭がいっぱいで相手のことまで考えられない」状況から，相手の幸せにも気づかう配慮ができるようになります。こうした変化は，短い期間では認識できませんが，年単位，10年単位で考えるとその変化を感じることができます。

　説明のために，人間の一時期に使える精神のエネルギーの量をほぼ一定，たとえば全体で10と仮定しましょう。理論的には成熟した成人は，青年期の危機を乗り越えた結果として一応統合した自分のアイデンティティの問題にはあまりエネルギーを使う必要がなく，そのほとんどを仕事や恋人，配偶者，子どもなどのために，つまり愛情として使うことができます。これに対してアイデンティティの問題を残している青年は，自分のことで頭がいっぱいで相手のことまで考える余裕，つまり相手を愛する余裕がないのです。これを模式的に図示すると図Ⅱ-3-1のようになります。

　しかし，青年期で交際が続くと，アイデンティティの不確かさによる呑み込まれる不安が高まり，この不安から逃れるためには，相手から賞賛してもらい続けなければなりません。もし両者ともアイデンティティが不確かな場合だと自分が賞賛されたいのに，その賞賛は得ることができず，相手を賞賛し続けなければならない状態に入り込んでしまいます。たとえば次のような会話が特徴的です。

「私のことを好きといって。」

「そんなことはわかっているだろう。それよりも君が先に僕のことを好きといってくれ。」

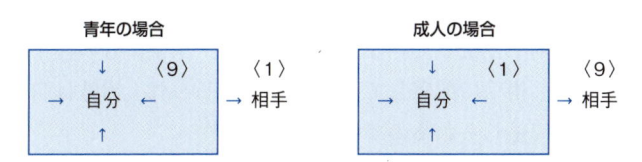

図Ⅱ-3-1　エネルギーの使い方の青年と成人の違い

注：〈　〉の数字は比率。

「そんなことはわかっているでしょ。それよりも……。」

つまり，自分は相手のことを好きといわずに，相手からは好きといって欲しいという心理です。このような関係は，簡単に義務的な交際か，お互いを傷つけ合うものとなり，当然長続きしません。

ちなみに，年上の異性が青年期の異性よりもやさしく感じるのはこの発達差のためです。ただし，結婚したあと，どちらがより愛情豊かな配偶者になるかは，現時点では決めることができません。青年期の異性は，成人期に移行するにしたがって発達的に大きく変化していきます。青年期は自分のことでいっぱいでも，結婚後，マイホーム中心になるケースがたくさんあります。

2 発達の男女差

アイデンティティから親密性への発達の進み方には個人差が観察されます。

約10年前のレポートには，おもに男女差として現れていました（大野，1999）。

男性は，アイデンティティから愛情への発達の順序がはっきりしていました。つまり，男性は青年期にアイデンティティの主題に集中し，交際相手に配慮ができないケースが多く，それに対して，女性は，自分のアイデンティティの問題を抱えながらも，時としてそれを棚上げして，交際相手との将来設計を優先させる場合が見受けられました。具体的には，男性は女性に配慮することなく，自分一人で就職を決めてしまうのに対して，女性は自分の就職問題を棚上げにして結婚を優先させるような例や，結婚を考慮して就職先を考えるような例がありました。つまり，女性の場合，アイデンティティの主題よりも愛情の問題を優先させるケース，少なくとも，アイデンティティの問題と愛情の問題を同時進行させるように思われるケースが多いように見られました。

青年期において，男性は自分の問題に9のエネルギーを使い，相手に対しては1のエネルギーしか使えません。それに対して，女性は自分のアイデンティティと相手に対して5対5のエネルギーを使います。したがって，青年期の段階で，相手に1しかエネルギーを使っていない男性よりも，相手に5のエネルギーを使っている女性の方が，相手に配慮しているように感じられ，男性は自分のことしか考えていないように感じられるのです。

したがって，具体的には就職問題で男性は女性に相談することなく，勝手に就職先を決めてしまうのに対して，女性は自分の就職を棚上げにして，男性の就職

する土地についていってそこでの就職を考えるといったケースが多く見られました。

3 現代的傾向：発達の男女差の逆転

しかし，最近のレポートでは，この男女の差異が見えにくくなっています。エピソードに示したように，男性の方が先に結婚を望み，女性の方が，自分のしたいことを優先し，結婚を躊躇するといったケースです。

しかし，レポートの収集を，15年ほど前までは新潟県の女子短大で，その後は東京の共学の4年制私立大学で行っているため，この傾向が，時代の影響なのか，新潟県と東京都の違いなのか，女子短大と共学の4年制私立大学の違いなのかはにわかに判断できませんが，かつてより最近の方が，地方より都市部の方が，女子短大より共学の4年制私立大学の方がこのような傾向にあるといえるでしょう。こうした現象は，女性がかつての男性経路，つまり，愛情の発達よりも自分のアイデンティティの発達を優先する傾向が強くなっているといえるでしょう。

4 青年期以降の発達

かつては，男性は青年期にアイデンティティの発達に集中すると述べました。しかし，一方で，成人期になると，マイホームパパになる男性が多いこともまた観察されます。このことから推論されることは，青年期に十分アイデンティティの主題について悩み，解決することにエネルギーを使った場合，成人以降にアイデンティティについて悩む必要が相対的に減少し，愛情の方向にエネルギーが使えるのではないかということです。

逆に女性の場合，就職より結婚を優先し，妻，母の役割をつとめてきたのに，中年期になって，特に子育てが一段落したあと，自分の人生に対する不全感を強く感じる，つまり，「これから私は何を生きがいに生きていったらいいの」という感覚をもつことがあります。これは，アイデンティティの主題を棚上げにし，愛情を優先して人生を選択してきたために，青年期に十分に取り組むことがなかったアイデンティティの主題が再び問題として浮かび上がってきたといえるでしょう。

したがって，最近では，女性も青年期のうちにアイデンティティの問題を先送りせず，真剣に解決の方向を目指す努力をすることと愛情の問題のどちらも十分にエネルギーを使う必要があるでしょう。

第1部　青年の自我発達と恋愛

Ⅱ-4　より親密な関係へ：愛的な交際

Episode　愛への変化

　学生のレポートからです。
　「今度は私も彼もお互い同じだけ相手のことを思うようになったので，その後もずっと交際は続いています。私が実習で悩んでいる時には，彼は常に自分のことのように真剣に相談にのってくれました。彼は○大生なので部活が厳しく，体力的，精神的に不安定になっている時には私が支えになっています。彼と一緒にいてもちっともドキドキしないけれど，心から好きだといえます。愛しているかどうかはまだわからないけど，彼が父親になって子どもを肩車して公園を歩く姿を鮮明に思い浮かべることができるので，これからも末長く仲良くつきあっていけると思います。」
　「ちなみに私は東京に就職内定が決まり，結局2人は遠距離恋愛することになりました。彼に東京就職のことを言ったら，『しょうがないな，でも遠距離だって大丈夫，もう俺は心配ないから，お前がんばれよ。絶対に大丈夫だから俺を信じろ』だなんて，昔の彼とは全く別人のようです。」
　「私の彼に対する好きという気持ちは"会うとドキドキする，緊張するから好き"ではなく，"安心感や信頼感がある，だから好き，だから一緒にいたい"というものでした。」
　「彼のいやな点は心配性すぎるところくらいですが，欠点も含めて全て好きです。彼にも私のどこが好き？　と聞いた時にどこっていうのはない，いいとこも悪いとこも含めて全部好きといってくれました。」

　それほど多数ではないのですが，アイデンティティのための恋愛の状況を脱して，交際について新たな展開を見せるレポートがあります。その内容を漸成発達理論に照らし合わせて考えていくと，愛の方向へと変化していく人間関係が見て取れます。こうした発達について述べていきます。

第Ⅱ章　青年期の恋愛の発達

1　愛的な交際の特徴

　青年期の恋愛では，その多くがアイデンティティの恋愛の特徴を示します。1993年と1994年に収集された恋愛を扱ったレポートの338例中，160例（47.3%）でその特徴が読み取れました（大野，1999）。しかしそのなかで，少数ではありますが，交際の質が愛情の方向に変化していくものがあります（338例中，「愛的交際への移行（親密性の発達）」52例15.4%）。「人の幸福に関心をもち，相手を幸せにしようとする気持ち」という愛の暫定的な定義（Ⅱ-3）に示したように，具体的には，「自分のことで頭がいっぱいで相手のことまで考えられない」状況から，相手の幸せにも配慮できる，相手の立場に立って考えてあげることができるようになるというものです。そうしたレポートには次のような特徴が見られます。

（1）自分より相手（2人）の幸せ

　アイデンティティの恋愛の状態では，関心は相対的に自分に向かっていて，相手から褒めてもらい，認めてもらい，交際相手がいることを自信の源にして自分が幸せになりたいという動機が強いのですが，交際が続くと，相手の幸せに対しても配慮ができるようになります。

　「私も彼もお互い同じだけ相手のことを思うようになりました。」

　「本当に相手のことが大切に思えます。」

（2）相手の喜びが自分の喜び（相互性）

　（1）に続いて相手の喜びが，自分のことのようにうれしく感じられるようになります。これを相互性と呼びますが，このことは愛の本質として重要な点なので，Ⅱ-5で詳しく述べます。

　「（「好き」という気持ちだけでつきあっていた人がいた。けど）今の彼とのつきあい方は前とずいぶん変わってきたようです。相手のために何でもできるようになり，相手が喜んでくれる姿を見ると自分もうれしくなります。」

　「彼の喜ぶ顔がみたくて風邪のお見舞いにいきました。」

（3）身体現象の消失

　交際が長くなるにしたがって，恋の箇所（Ⅱ-1）で説明した「ドキドキする」「ボーっとする」といった身体現象がなくなっていきます。

　「一緒にいてもちっともドキドキしないけれど，心から好きだといえます。」

（4）人生のパートナーシップ

相手の幸せに配慮できるようになるにつれて，互いに心理的に支えあう関係を深めていきます。

「自分のことのように真剣に相談にのってくれる彼です。」

「私が彼の支えになっています。」

（5）時間的展望

お互いの心理的関係が深まると，2人の関係について将来に対する見通しも拡がってきます。就職後の生活，結婚，出産などが具体的にイメージできるようになってきます。

「彼が父親になって子どもを肩車して公園を歩く姿を鮮明に思い浮かべることができます。」

（6）防衛の消失

アイデンティティの恋愛の状態では，相手からの評価を気にしているため，相手に映る自分の姿に気をつかいます。また，呑み込まれる不安から逃れるために，心理的に自我を防衛しようとします。具体的には，本音を話せず，素で振る舞うことができません。いわゆる「気取った」状態で交際することになります。しかし，人間関係が深まってくると，本音を話し，素で交際することが可能になります。防衛する必要がなくなるからでしょう。

「言いたいことが何でもいえます。」

「嫌われてもしょうがない，自分をだしていこうと反論するようになりました。」

（7）無条件性

恋の状態だと，相対的に「〜だから好き」と相手に条件を求めることが多くあります。こうした条件は数えられるという意味で加算的な条件性と呼びます。しかし，人間関係が深まってくると，「欠点ごと丸ごと好き」といった表現が現れます。相手に条件を求めないという意味で無条件性と呼びますが，この点も愛の本質的特徴なので，Ⅱ-5で詳しく述べます。

「今までの恋愛では『好きなところは？』と聞かれるとすぐに答えられていた気がします。だからつきあってみてイヤな部分が少しでも見えると拒否反応を示すという感じでした。でも今は，彼の喜ぶ姿，笑顔を見るために何かしてあげたい，欠点を含めて好きと言えることができます。」

2　「好き」と愛の比較

　理解を深めるために，極端な例で愛の状態を「好き」と比較してみましょう。ある人のルックスが好きかどうかをたずねた場合，初対面でも答えられます。これは，「好き」が，「緑色が好き」と同じような「好み」であるからです。しかし，これに対して初対面である人のことを「愛している」かどうか聞かれた場合，当然ながら答えることは困難です。その場合「その人のことをよく知らないから」とか「初対面で愛しているかなんてわかるわけがない」ということが多く，このことは少なくともその人全体を知らなければ，すなわち全人格的な人間関係がなければ愛が成立しないことを示しています。

3　愛と恋の比較

　次に愛と恋を比較しましょう。恋では，比較的に「かっこいいから好き」とか「目がすてき」など好きな理由を加算的な条件によって説明できる条件性があります。また，すでに見てきたように，どちらかといえば自分の幸せを考え，恋に落ちるのに時間がかからず，ドキドキする身体現象があります。

　それに対して，愛では，愛する相手に個別の条件を求めない無条件性，どちらかといえば相手の幸せ（相互性）を考えることがあり，愛の状態に至るのに愛が人間関係のなかで育つので時間がかかること，また，ドキドキしないという特徴がありました。

4　愛の種類

　学生たちからのレポートに書かれた青年期の恋愛だけではなく，愛には，母性愛，家族愛，夫婦愛，職業やボランティアなどを通じての社会的な愛，さらには宗教的な愛などが考えられます。これらのさまざまな愛の形においても，その状況によって，愛する相手は違いますが，「人の幸福に関心をもち，相手を幸せにしようとする気持ち」という愛の形が存在し，無条件性，相互性などの共通した特徴が見て取れます。Ⅱ-5 では，愛の本質的特徴と考えられる無条件性，相互性について詳しく見ていきます。

Ⅱ-5 愛の本質的特徴：無条件性と相互性

> **Episode　相手の幸せが自分の幸せ**
>
> 　80歳の老夫婦のご主人に「奥様の魅力はどこですか？」と聞きました。「魅力なんて，具体的にどこということはないね。」「もっと身体的魅力のある若い女性の方がいいということはありませんか？」「悪い気はしないけど，実際，いまさらおばあさんを他の人と取り替えるわけにはいかないでしょ。なにより50年連れ添ってきたかけがえのないただ一人の人なのだから。」
>
> 　子育て講演会から。「お子さんが大きくなって，お子さんに対する期待も大きくなってきますが，振り返って考えてみると，お子さんが赤ちゃんだった頃は，元気に育ってくれさえすればよいというふうに考えていませんでしたか？　最近のお子さんが期待に応えられないと，親御さんは不満に思うことがあっても，それは親御さんの方が欲深くなっているのではないでしょうか。」
>
> 　学生のレポートから。「一人暮らしをしている彼が普段偏ったものばかり食べている話を聞いて，私の手づくりの料理を食べさせたくて，頑張ってつくりました。いつも自分が食べるためにつくる食事は，つくっていてもあまり楽しくないのに，彼が喜んでくれるかなと想像しながらの料理は楽しかったです。それに，彼が食べたとき『おいしい』といってくれた一言が最高でした。」
>
> 　授乳中のご両親の話。「授乳は大変です。3時間おきに授乳しなければなりませんから，夜もゆっくり寝られません。一晩でよいからぐっすり眠りたいです。でも，この子が時々すごくよい笑顔をするのです。子どもの笑顔で苦労が吹き飛びます。それでこの大変さも乗り越えられるのでしょうね。」

1 愛の無条件性

　大野（2001）は，愛について考察し，無条件性と相互性の2つをその本質的特徴としました。

　はじめに，無条件性について考えましょう。すでに述べてきたように，初恋やファン心理といった恋の状況では，相対的に外見など美的な条件や他の加算的条件を追求する傾向が強いといえます。たとえば，なぜその人が好きなのかというと「かっこいいから」とか「サッカーを練習する姿がステキだから」と説明できます。したがって，今，ある人を好きだとしても，加算的条件をより多くもっている人が現れたら，その人を好きになるということが起こります。

　これに対して，母性愛や老夫婦の夫婦愛に見られる愛の状況では外見など美的な条件や他の加算的条件を追求した結果，相手を愛しているということではありません。たとえば，「なぜその人が好きなのか」という問いに対して，老夫婦は結婚相手の「白髪がステキだ」「しわがステキだ」とか，母親は新生児について「（新生児の）くしゃくしゃな顔がすてきだ」という美的条件についての答えはしません。強いていえば「その人だから」「長年連れ添ってきた人だから」「自分の子だから」という個々の条件というよりも，より全人格的な理由をあげます。たとえば，母性愛の場合，隣のベッドの赤ちゃんが，自分の子どもより，加算的条件が優れているからといって，自分の子どもより，その赤ちゃんを愛するということは起きません。

　このように，美的魅力とか，収入，資産など経済条件のように指折り数えられる個々の条件を求める条件性に対して，「欠点を含めて丸ごと好き」といった個々の条件にこだわらない全人格的な関心のもち方を無条件性と呼びます。

　看護医療の研究や臨死体験の研究で著名なキューブラー・ロス（Kübler-Ross, 1991）は，その著書のなかで「私たちに最も必要なのは，無条件で人を愛し愛されることができるようにならなければならないということです。ほとんどの人が見返りを求める愛によって育てられています。『もしも，何々をしてくれれば，あなたを愛する』という考え方を身につけているのです。この『もしも』という言葉が，何よりも，私たちの人生を台無しにしているのです」と述べ，愛における無条件性の重要性を強調しています。

　また，現代のカウンセリングの基礎である来談者中心療法の提唱者であるロジ

ャース（Rogers, 1967）は，「条件つきの好意」という概念を提出し，親の子どもに対する愛に条件をつけることが，子どもの人格発達にネガティブな影響を及ぼすと述べています（序-5参照）。

愛が無条件性に基づいているため，愛は比較を超えます。具体的には好きになることや恋の状況では，条件によって「A君よりB君がステキ」というように，相手を比較の対象とすることが可能です。しかし，愛では愛する相手をほかの人との比較の対象にしません。具体的には，親は生まれたばかりのわが子を他の赤ちゃんと比較して，その結果，愛するわけではなく，「わが子」ということが先にあり愛するのです。また，エピソードでも述べたとおり，80歳のご夫婦も「いまさらおばあさんを他の人と取り替えるわけにはいかない」といい，それは「50年連れ添ってきたかけがえのないただ一人の人」だからです。

2 愛の相互性：「愛する喜び」

エリクソン（Erikson, 1950）は，信頼感を育てるものとして，母子間の相互調整作用である相互性をあげています。エリクソンの相互性について「『与えられるものを受け取り』自分のやりたかったことを自分のために『誰かにやってもらうこと』を学ぶことによって，赤ん坊は与える人（giver）になる」「くつろぎの相互性（mutuality of relaxation）は，友好的な他者との最初の経験にとって最高の重要性をもつ」と説明しています。これらの説明はわかりやすいとはいえませんが，内容を解釈すると，親が子どものために何かをしてあげて，そのことで子どもが喜び，そのことでまた親が喜ぶプロセスを説明していると考えられます。

ここで重要なのは，このプロセスを繰り返すことで，子どもは親から愛されている実感を感じ取り，親は「愛する喜び」を感じ取ることができることです。愛の喜びを考えるとき，まず，「人から愛されたらどんなに幸せだろう」という愛される喜びを考えますが，人を愛することで，「愛する喜び」が得られるという相互作用，いわば愛情のキャッチボールが相互性の本質と考えられます。

日常的に「子どもの笑顔で子育ての苦労が吹き飛ぶ」などのように，子育ての場面で，子どもの幸福な状態を親が感じ取ることで愛する行為が報われる状況は観察できます。また恋愛関係でも「彼の喜ぶ顔がみたくて，病気のお見舞いに行く」「彼が喜んでくれるだろうと思って料理をつくり，感謝されてうれしかった」などの報告は，学生のレポートに時々現れます。このように，愛は笑顔や感

謝の言葉で報われます。人が人を愛することが可能なのは，この愛する喜びがあるからでしょう。

　青年心理学の基礎を築いたドイツの心理学者シュプランガー（Spranger, 1924）は，愛を「自己のすべてを相手に与え，相手の喜びや成長や幸福そのものが，そのまま自己の喜びや成長や幸福につらなっている『無所有の原理』」と定義しました。上述の状況は，シュプランガーの愛の定義にもそのまま当てはまります。

　また，相互性が人と人の互いの気配りに基づいているため，人間関係のない状況では，愛は成立しません。愛が育まれた後であるなら，お互いの接触が途絶えても愛は継続するでしょうが，一般的に人間関係のないところで愛は発生しません。例外として宗教的な愛では，直接的な人間関係がないこともありますが，その場合，直接面識もない不特定多数の他者のことを本当に自分のことのように心配するという，高度な共感性に基づいていると考えられます。いわば，次元の高い愛情といえるでしょう。

　さらに，相互性という相互作用のなかで愛は次第に育まれるため，愛の成立には時間がかかります。父親が自分の子どもである新生児を見た瞬間，かわいいという実感はわきませんが，たとえば，抱く，あやす，風呂に入れるなど子育てのなかでの子どもとの交流を通して，次第に愛する喜びを感じ，子煩悩に変化していく過程にそれが現れています。

　したがって，青年期の恋愛で相手に会った瞬間「愛している」という状況は，本来的に違和感があります。それは，「タイプ」か，過去の感情の転移による「一目惚れ」や初恋状態なのであって，「相手の幸せのために何かをしてあげたい」という愛の本質とは遠いものでしょう。

　ただし，こうした愛の本質は，アイデンティティが主題である青年期では非常に実感しにくいものです。特に自分自身の変化となると，想像もつかないかもしれません。しかし，それはまだ，その段階に至っていないというだけのことで，今すぐにこうなる必要があるということではありません。ここでは，発達の方向性を理解しておくことだけで十分です。この知識が将来の参考になるでしょう。

第1部　青年の自我発達と恋愛

II-6　愛する能力，愛を活性化する「子どもの笑顔」と「感謝」

> **Episode　雨の日にお迎えを頼む**
>
> 　以下の2つのパターンを比べてください。
> 【パターンA】
> 　女性「今，池袋，雨なの。すぐ車で迎えに来て。あなたが先にコクった（告白した）んでしょう。すぐ来てね。」
> 　男性「仕方ないな」と車で迎えに出る。
> 　迎えの車に乗って，
> 　女性「何してたの。遅いわね。」
> 【パターンB】
> 　女性「今，池袋，雨なの。悪いけどすぐ車で迎えに来て。あなたが頼り。お願いね。」
> 　男性「仕方ないな」と車で迎えに出る。
> 　迎えの車に乗って，
> 　女性「ありがとう。すごく助かったわ。あなたが優しい人でよかった。」
>
> 　この場合，男性，女性の性別の配役は，どちらでもよいのですが，上記の場合，パターンA，Bどちらの女性と交際したいですか？　客観的に見てみると，実はパターンA，Bどちらも「雨，迎えに来て」と同じ内容を頼んでいるのですが，だいぶ感じが違いますね。
> 　この違いの背後には愛を活性化する秘密が隠されています。そのメカニズムと意味について考えてみましょう。

第Ⅱ章　青年期の恋愛の発達

1　愛は能動，愛は技術

　精神分析の考え方を社会現象にも応用し分析したネオ・フロイディアンと呼ばれる学派のフロム（Fromm, 1956）は，愛は能動的活動であり，受動的な感情ではないと説明しました。つまり，「愛は与えることであり，もらうことではない」としたのです。そして，与えるとは，何かをあきらめることでも，犠牲にすることでもなく，「自分の生命力の表現」として，「喜び」が感じられる行為だとしました。
　さらに，その「与える」という要素とともに，愛の重要な要素として，愛する者の生命と成長を積極的に気にかける「配慮」，他人の要求に応じられる，応じる用意がある「責任」，他人がその人らしく成長発展していけるように気づかう「尊敬」，その人の立場に立ってその人をよく知る「知」の4つをあげています。
　フロムは，こうした意味で，愛は習得できる技術であり，向上させることのできる能力であると述べています。

2　愛の能力

　愛の本質における相互性が，愛する人のために何かする（与える），その人が喜ぶ，その人の喜びが自分の喜び（愛する喜び）として感じられるというプロセスであるということと，フロムの考え方とは重なります。
　上記の4つの要素をふまえ，愛することが喜びであるというこのプロセスを促進させる上で重要な能力は，想像力と感受性です。
　この場合の想像力とは，相手がどのようなことをして欲しいのか，逆に自分だったらどのようにしてもらったらうれしいかということを考えつく能力です。相手との視点を入れ替えて，相手の立場に立ち，相手のことをよく知り，その上で，どのようなことが相手の幸せにつながるのかを考えつく能力です。たとえば，ごく些細なことではありますが，トイレの掃除の最後に，花を一輪飾るセンスです。花があってもなくてもトイレの機能には関係ないのですが，次に入る人が花を見て，よい気持ちになれるということを考えつく感覚です。
　次に，相手が喜んでいることを感じ取る感受性も大切です。相手が喜んでいることを感じ取ることができて，初めて愛する喜びを感じることができますから，上述の想像力とも合わさって「こうしたらきっと喜んでくれるだろうな」と感じ

取れる能力です。たとえば，相手の誕生日にプレゼントをして，「相手は直接はっきり喜んでいる様子を見せないけれど，毎日，身につけて出かけていることを考えるときっと喜んでいるんだろうな」と感じる感覚はこうしたものです。

3 愛を活性化する「子どもの笑顔」

　子どもをもって，初めて愛の本質に気づくというケースは多くあります。それまでアイデンティティの主題に関心が集中し，いわば，自己中心的に生きてきた青年が，子どもをもったあと，マイホーム中心に劇的に変化するケースや，「自分の子どもはかわいいとは思っていましたが，こんなにかわいいとは想像していませんでした」などの報告もあります。このように，子どもの存在，その象徴としての子どもの笑顔は，大人の愛の能力，活力を活性化させます。

　Ⅱ-5 のエピソードで紹介したように，新生児への授乳は，両親にとって大きな負担です。3～4時間おきの授乳が3，4か月は続きます。両親は夜も寝られず疲労困憊してしまいますが，その時の張り合いになるのが，子どもの寝顔や，2，3か月からすでに親があやすことに反応する笑顔です。「見てみて，ほら，赤ちゃんが笑っている」と家族で喜び合うことで，赤ちゃんから活力をもらい，つらい授乳も続けていけます。このことが「子どもの笑顔で苦労が吹き飛ぶ」と表現されるのでしょう。

　また，「あやす」行為も相互性の原型といえます。あやすことで子どもが笑い，笑顔がかわいいのでまたあやすという相互作用が続きます。このことで子どもは愛されている実感をもつことができます。繰り返される眼前の親の笑顔は，「この人は間違いなく自分の味方だ。私は受け入れられた存在だ」という信頼感を育てます（序-5 参照）。また，親の方では，子どものかわいい笑顔に接することができ，愛する喜びを実感できるまたとない機会です。

　逆のケースとして，育児ノイローゼに陥っているご両親のお話をうかがうと，子育ての大変さが強調され，「子どもがかわいい」という表現をほとんど聞くことがありません。子どもそれぞれの個人差がありますので，子育ての負担は一概に推し量れませんが，「子どもの笑顔で苦労が吹き飛ぶ」プロセスが働かないと，授乳も大変さばかりになってしまい，苦労が報われることがなく，次の活動への活力も湧いてきません。赤ちゃんが笑わないのか，あやすことがないのか，笑ってもかわいく感じられないのか，それ以上に負担が大きいのかは一概にいえませ

んが，いずれにしてもこのプロセスが働いていないことは推測できます。

　また，このプロセスについては，新生児ばかりでなく，幼児期，児童期，青年期になってさえ同じことがいえます。子どもの要求について「わがままをいうんじゃない」と拒絶することは簡単ですが，親が努力して子どもの要求に応えてあげ，子どもが喜び，そのことで親もうれしいという相互性は，親子ともに精神衛生上よいことです。

4 愛を活性化する感謝

　相手が子どもの場合，笑顔が親の愛を活性化しますが，相手が大人の場合は，「ありがとう」という感謝の言葉がその機能をもちます。エピソードを見てみましょう。パターンAでは迎えに行ってあげたのに非難されてしまい，張り合いを感じません。それに対して，パターンBでは，感謝されることによって「迎えに来てあげてよかったな」と感じます。次に同じような状況が起きれば，また，来てあげたいと思うかもしれません。もしそうだとすると，自分の行為で相手を喜ばせ，そのことで自分もうれしいという相互性のプロセスが働き，また，そうしてあげたくなるとすると，愛が活性化されたことになります。

　このように，愛は一方的なものではなく，愛の行動について感謝されるということを通じて，活性化されていきます。このプロセスを互いに行うことで愛ある人間関係が深まるといえるでしょう。したがって，人から愛された場合，それに感謝するという形で，愛に報いることが大切です。

　自分自身の愛の能力に不安を感じ，「どのようにすれば，愛の豊かな人間になれますか」という質問を受けることがあります。愛は，自分の行為が人を喜ばせ，そのことで自分も幸せを感じるプロセスですから，やはり，そうした経験を積むことが愛の能力を高めることにつながるでしょう。したがって，家族，友人，恋人が喜ぶことをしてみたり，ボランティア活動などを通じて人が喜ぶことを実践することも同じ機能をもちます。さらに，人から何かしてもらったら，「ありがとう」と感謝を伝えることが相手の愛を活性化し，人間関係をよいものにしていきます。このことも重要なので，心がけてみてください。

Ⅱ-7 恋愛と性

Episode 性に関する悩み

　それぞれ，別の学生から，さまざまな性に関するコメントです。
　「交際している男性から，『Hさせて』とせがまれています。『させてくれないと別の女性のところに行くぞ』とまでいわれているのですが，Hしないといけないんでしょうか。」
　「交際して半年たちました。彼が『半年たったからいいだろ』といいます。『半年もたってHしてないの俺たちだけだぞ』ともいいます。同性の友達からも『させてあげないとかわいそうよ』といわれました。本当にかわいそうなのですか？」
　「交際するって，Hすることでしょう。私は絶対にイヤなので，男性と交際なんかしません。」
　「『好きだから，Hして』と私の方から言い出したのですが，男性から『大切なことだから，もっとあとでもいいんじゃない』といわれました。彼は私のこと好きじゃないんでしょうか。」
　「昔，好きだからという理由でHして妊娠してしまいました。彼に告げたら『そんなの責任とれないよ』と逃げられてしまいました。次の彼は，絶対に違うと思っていたのですが，避妊していたつもりがまた，妊娠してしまいました。それを彼に告げたら，また，結局別れを告げられてしまいました。男性って皆そんなに身勝手なのですか？」

　性に関しては，社会にさまざまな情報が氾濫しており，青年たちは混乱しています。その情報のなかには，単に興味本位であったり，刺激を求めるだけのものがあったり，必ずしも人の長期的な幸福を考えていないものもたくさん含まれています。ここでは，学生たちのレポートから考えさせられたこと，幸福な性のあり方とはどのようなものなのか，などの考えを述べていきたいと思います。

第Ⅱ章　青年期の恋愛の発達

1　なぜ，子どもを産むのか

　エピソードに示したように，学生からの性に関する悩みはつきません。性について考えるために，まず，原点に立ち戻りましょう。最も根本的には，忘れがちですが性とは愛し合った2人が子どもを生むための1つのプロセスです。では，なぜ人は子どもを産むのでしょうか。

　山梨県の民間伝承に次のような考え方があります。たとえば，子ども世代が子どもを産み，その時初めて親孝行をしなければならないと感じ，親にそのように話しても，親は子に「子育てはお互い様。私たちも親に育ててもらった。だから，あなたたちも親に恩を感じるとしたら，親からもらった恩を子育てで子どもに返しなさい」と返事をしました。これを「順のくぶし」といいます。この考え方ですと，子育ての世代循環は，恩返しによって永遠にとぎれることはありません。実際そのようにして人類の世代継承はつながってきたのかもしれません。

　もちろん，社会には，子どもを欲しくても身体的条件で子どもに恵まれない夫婦や，社会的条件で子どもをもてない方もいます。そのことを非難しているのではありません。子どもをもつことが可能であることを条件にした議論です。

　それをふまえて，最近，子どもを産む産まないは，女性に与えられた固有の権利という考え方もありますが，子育ては，何万年もの間，人類がやめなかった世代継承の営みです。子どもを産む産まないは，本当に1個人の自由かどうかを考える余地はあるでしょう。

　また，人格発達の1つの目標として，ロジャースの自分に与えられた可能性を十分に発揮するという意味で「十分に機能する人間」という概念があります（Rogers, 1967）。また，同じ文脈で，自分の実存的価値を実現するという意味で「自己実現」という概念もあります。平凡であっても人の親になり人を育てるという行為は，「十分に機能する人間」「自己実現」を具現化する1つの形です。

　さらに，歴史的アイデンティティ（Ⅰ-7参照）という観点からも，子どもを産み，育てたという事実は自分の生きた証を確実に証明してくれるものです。相互性という意味からも，結婚，子育ては大変ですが，その大変さの向こう側に，今まで知らなかった喜びがあることが実感できます。

103

2 性とは本来，自然で当たり前で幸せなこと

　性とは本来，幸せなカップルが愛の結晶として，次世代を残す営みです。不健全であったり，忌み嫌うべきことであるはずはありません。どちらかといえば明るく，健康な営みです。したがって，たとえば，「彼はほしいです。結婚もしたいです。新婚旅行も行きたいです。子どももほしいです。でも性は絶対いや」という態度は論理的に整合しません。まじめな学生の場合，性について，結婚前は大変なこと，いけないことと周りからいわれ，自分でもそう思っていたことが，驚いたことに，結婚後は普通のこと，当たり前のことに変化します。自分の身体の性的発達や，性そのものも，新しい生命の誕生の幸せなプロセスであることを受け入れることも大切です。

3 幸せで大切なことだから，遊びにしてはいけない

　しかし，性が自然で当たり前のことだとしても遊びにしてはいけません。本来，生命を育む営みであるはずの性です。まじめに取り組むのが当然でしょう。子どもの立場からすれば，自分の生命の始まりが間違いだったとか迷惑だったなどと言われたくないはずです。やはり，待ち望まれて生まれてくることが赤ちゃんの信頼感の基礎になります。そういう状況を準備してあげることが大人の責任です。

4 結婚前と結婚後の赤ちゃんの扱いの違い

　また，同様に学生の相談やレポートにおける妊娠についての悩みを聞いていると，結婚の前後の赤ちゃんに対する周りの祝福の度合いが違いすぎることに驚きます。結婚は1つの儀式にすぎない，ただの形式だという考えかたもありますが，事実として結婚前に妊娠した赤ちゃんは，皆の悩みの種となり，結婚後に妊娠した赤ちゃんは，親戚，友人一同から祝福されます。赤ちゃん本人には選ぶことはできないのに，この世に生を受けた瞬間からこうした違った扱いを受けることは理不尽です。できるだけ赤ちゃんに迷惑をかけないように配慮することが，大人の責任でしょう。

5 避妊していても妊娠する

　「上述の心配は，妊娠した場合のことであって，避妊していれば問題ないのではないですか？」という質問を受けます。避妊の必要性は学生たちにも広く浸透

してきているようですが、避妊していれば妊娠しないという間違った思いこみをしている場合も案外多いのです。100組の健康なカップルが、最も一般的な避妊法であるコンドームを用いて1年間性交渉をもった場合、3～15組が妊娠します。したがって、望まない妊娠を避ける、性感染症を予防する意味で避妊は当然のことですが、避妊していたとしても、性交渉をもてば妊娠する可能性が十分にあることを心がけておかなくてはなりません。

しかし、レポートに見るケースでは、ほとんどの場合、妊娠して初めて驚くというものが多く、特に男性は、アイデンティティのための恋愛の心理によって、心理的な準備、覚悟ができていないケースがほとんどです。女性は、2人と赤ちゃんのことを心配しますが、男性は「自分の人生がめちゃくちゃになる」という受け取り方をすることが多いのです。「責任がとれない」といって逃げ出してしまう背景には、こうした心理が働いています。しかし、同じ男性でも、アイデンティティの主題を解決し、親密性への準備が整っていれば、こうしたことにはならないでしょう。まだ、自分が親になる可能性を引き受けるという心理的準備ができない以前に妊娠してしまった悲劇といえるでしょう。

また、妊娠しなかったとしても、性関係をもつことでなかには2人の人間関係がよりよくなるケースも報告されますが、感情に流され2人の人間関係が壊れてしまい、悩むケースも多いのです。感情に流されず、相手に迷惑をかけないように十分な心構えが必要です。

6　3人の幸せのためには

ここでいう3人目は当然ながら赤ちゃんです。3人が幸せになるためにはまず、2人にとって赤ちゃんができてもよい状況を待つことです。極論すれば愛しているからセックスしないということもあるわけです。お互いに就職して経済的基盤、社会的基盤さえできていれば、幸せな出産が迎えられるわけですから。そこまで待てないなら、2人の気持ちを確認し、避妊についてはきちんと2人で勉強することです。案外、間違った情報が氾濫しています。また、最も大切なことは、自分の一生のパートナーとして信頼できる人かどうか、よく相手を選ぶことです。Hしたいだけなのか、相手のことを愛しているのかよく考える必要があります。さらに、妊娠した時の覚悟です。人として、親としての責任を取る勇気があるかどうか、よく自分に問いかけてください。

Column 1　配偶者選択を考えるヒント：赤い糸20本説

①運命的な出会いは生涯１回という思いこみが配偶者（パートナー）選択を困難にする

　学生と話をしていると，時折「１本の赤い糸」の話題が出ます。運命的な出会いが生涯１回という思いこみはかなり一般的なようです。さらにそのことでなかなかその１本に出会うことがないと考えている青年も多いようです。しかし本当にそうなのでしょうか。経験豊かな青年心理学者と「人間一生のうちに出会う人のなかで20くらいの人とは結婚しても幸せにやっていくことができそうだ」ということを話し合ったことがあります。これは，経験による心理学者の直感ですが，文豪トルストイも「アンナ・カレーニナ」の冒頭で「不幸はその家庭の数だけあるが，幸福は一様」だと述べています。つまり，不幸は状況により，健康問題，経済的問題，家庭の問題などさまざまですが，幸福というのは，特別な幸せが存在するのではなく，ごく一般的なものであるということです。その一般的な幸せは，一生のうちに出会う20人くらいの人とはつくり上げることができるという私たちの直感です。

　もし，結婚できる運命の人は一人だけでないのに，一人だけという思いこみをしていては選択をより困難なものにするのではないでしょうか。

②赤い糸20本説

　運命の人になりうる人は20人くらいいるという考えを仮に「赤い糸20本説」と呼びましょう。赤い糸が１本と考えるのも科学的根拠のない思いこみですが，20本あるという考えも科学的根拠はありません。ただし，どちらを信じていた方がより生きやすいかということです。

　ここで「赤い糸20本説」を整理しておきましょう。「人は一生のうち，可能性のある20人のうち，誰と結婚しても同じくらいの幸せを築きあげることができる。特別な白馬の王子様が現れることはない。ちょうどいい人と結婚することで一般的な幸せを得ることができる。さらには，幸せには特別によいということはなく，幸せとは皆一様なもの」という考え方です。この考え方には，愛は受動ではなく，能動的行為だというフロムの思想も加味されています。幸せは白馬の王子様が運んできてくれるものではなく，２人の努力で築きあげるものです。

③赤い糸が１本と考えた場合

　赤い糸が１本と信じている場合どのようなことが起きるでしょう。まず，結婚前に出会う人に対して「この人であるわけがない。だって私の赤い糸は１本よ」と思う可能性は高いでしょう。一人ずつ選ぶ選ばないを決めていく状況で加算的価値の「もっとよい人がいる」と考え出すときりがなく決めることはできません。また，「この人でよい」と決めた瞬間，妥協したことにな

ります。

　また，当然ながら結婚後の人生の方が長いのですから，統計的に結婚前よりも結婚後にただ一人のベストの（と思える）人が現れる可能性が高いと考えてしまうでしょう。結婚後に出会う人のなかにも10人くらいは「もっとよい人」と思える人に出会うことになります（しかし，実は同じくらいの幸せの20人のうちの一人なのですが）。この時，赤い糸が1本と信じていると「私の選択は誤りだった」と思い，結婚をやり直したくなります。

　しかし，このようにして結婚をやり直した結果，幸せだった時期前の家庭と同じくらいの幸せしか手に入らないこと，新しい家庭にも倦怠期がくることなどに気づくことになります。もちろん，はじめの結婚が明らかに間違ったものであるような場合は別ですが。

④赤い糸が20本と考えた場合

　一方，20本と考えると，結婚前の出会いで自分にちょうどよい一般的な幸せが築ける相手として「この人かもしれない」と考える可能性が増します。その意味で出会いを大切にすることができるでしょう。

　さらに，結婚後に素敵な人と出会ったとしても「たまたま次の人が現れただけ，今の自分の選択が間違いではない，やり直す必要はない」と納得できる可能性が増します。やり直しても同じ幸せと考えることができるわけですから。

　同時に，配偶者以外の異性に魅力を感じた時，罪悪感をもつ必要がなくなります。出会いは20回の必然ですから。異性を好きになること，恋することは，感情なのでいつでも起こりえます。しかし，たとえば，すでに自分が結婚していて他の人に好意を感じた時，そこからどう行動するかは理性の問題です。まわりの人の幸せを考えて行動できるかという，愛する能力の問題です。

　こう考えていくと，20人のうち，年齢的，社会的，経済的条件が整ったタイミングの良い時に出会った人と結婚できるということになります。

　「本当にそれでよいのですか」と問われることがありますが，選んだ人とは他の19人とは違い，そこからその人と他の人とはつくることができない歴史という＋αをつくり上げていくことになります。具体的には，結婚式，新婚旅行，そして，2人の生活が始まり，子どもが生まれ，家族が形成されていく，こうした過程は自分がただ一人選んだ人としか経験することができません。そして，2人だけの思い出が積み重なっていきます。

　その意味で「運命の人が現れるのではなく，選択した人がただ一人の運命の人になっていく」のです。

Column 2　成就しなくても愛は成立する

①恋愛がいつもうまくいくわけではない

「愛の本質は理解できたのですが，好きな人に告白してもうまくいきません」という意見は少なくありません。また，「既婚者やすでに恋人のいる異性に告白して，奪い取ろうとする略奪愛は愛ですか？」という質問もあります。当然ながら恋愛は相手のあることなので，こちらが思いを寄せても，相手がそれに応えてくれない場合はいくらでもあります。

②『マディソン郡の橋』の愛し方

ロバート・ジェームズ・ウォラーの小説に『マディソン郡の橋』があります。この物語にはロバート52歳，フランチェスカ45歳の1965年から1982年までの17年間の物語がつづられています。ロバートは世界中を旅するプロのカメラマン，フランチェスカは，ごく平凡な農村の専業主婦で夫と2人の子どもがいました。恋愛などとはほど遠い生活を送っていました。その2人が偶然の出会いによって恋に落ち，2人だけで4日間を過ごします。情熱的な4日間の恋の後，ロバートの家族を捨てて自分と一緒に来て欲しいという告白に，フランチェスカは非常に悩み，苦しみますが，最終的にはこの狭い地域社会で，自分が駆け落ちしたのち，残された夫と子どもたちが味わうであろう悲哀と苦しみを考えた結果，その申し出を断ります。また，ロバートもフランチェスカの思いを尊重して2人は別れます。しかし，ロバートはフランチェスカとの別れのあと，その死の瞬間までフランチェスカだけを思い，彼女を奪い取ってしまおうという衝動と戦い続けます。しかし，フランチェスカの家庭を破壊しないということを最優先した愛し方によってその衝動を抑え続け，最後に死後フランチェスカのもとに届けられた遺書と遺品によって，その思いがフランチェスカのもとに届けられるという物語です。

③2人の愛の形

この2人の愛について，愛の本質である「愛とは，相手の幸せのために自分の喜びとして何かしてあげたくなること」から考えてみましょう。

フランチェスカの場合，物語では，ロバートへの愛が表面に描かれていますが，ロバートの申し出を断った理由は，現在の家族，子どもたちへの思いやりでした。それは，ロバートに対する燃えるような思いではありませんが，静かな，しかし，確固とした家族愛です。後の子どもたちへの遺書のなかで夫に対しても「わかってほしいのは，わたしは穏やかなかたちであなたたちのお父さんを愛していたことです」と書いています。そして，仲のよい夫婦として夫の死まで介護し，最期を看取っています。この物語はロバートへの燃える思いよりも，家族への静かな愛を選んだというフランチェスカの家族

愛の物語としてとらえ直すことも可能です。

ロバートの愛し方について考えましょう。ロバートは自分の思いが逆に相手の幸せを壊してしまうことを考え，身を引くこと，あきらめるということを選択しました。

しかしそのために，ロバートは17年間，非常につらい思いをしました。その思いのなかでフランチェスカとその家族の幸せを遠くから祈っていたのです。この物語には，さらに賛否の意見があるでしょう。しかし，相手の幸せのために自分のできることをするという，これが1つの究極の愛の形であるという解釈も可能なのではないでしょうか。

この物語が発表された当時，主婦は誰でも浮気願望をもっているとか，中年の純愛など古いとか，フランチェスカは家族制度の犠牲になった古いタイプの女性で家族を捨てるべきだったとか，はては，神経症者の愛し方だという論評さえありました。

しかし，この物語を読んで，なぜ多くの人が感動したのでしょうか。それは，フランチェスカが家族の犠牲になってかわいそうなのだからではなく，2人の周りの人の幸せに配慮した2人の愛の悲しさ，美しさ，純粋さに感動したのではないでしょうか。フランチェスカの死後，子どもたちに残した遺書に次のような内容があります。

「ロバートは，私を通じてあなた方2人を愛してくれた。」

会ってもいない2人の子どもをロバートはどのように愛したのでしょうか。2人の子どもから母親を奪わなかった，家庭の幸せを破壊しなかったという形で愛してくれたのです。

④寅さんの愛し方

山田洋次監督，渥美清主演の最高傑作映画「男はつらいよ」は，全48作という世界最長のシリーズになりました。映画のなかで，学歴もなく世間からバカにされながらも，愛情と人間味にあふれたテキ屋稼業の寅さんは，物語のなかで必ず恋に落ちて，最後には振られるといういつも決まった筋書きがあります。

しかし長いシリーズのなかで3回ほど，恋の相手から結婚してもよいといわれることがあります。そのうちの1回である「男はつらいよ 寅次郎相合い傘」の浅丘ルリ子演じるリリーが「結婚してもよい」といってくれるストーリーがあります。しかし，寅さんは「リリーはいい女だぞ。俺と結婚して幸せになれるか」という内容の台詞を妹のさくらに残して旅に出てしまいます。多くの人は「寅は意気地なしのバカだ」といいますが，案外，寅さんはロバートと同じ究極の愛の形を実践したのかもしれません。

第 2 部

青年期の人間関係

[第Ⅲ章] 青年期の親子関係

　青年期においては親からの自立が重要な発達課題であるとみなされています。親子関係は子どもにとって単なる対人関係のひとつではなく，人生の誕生と同時に始まる最も古く，そして生涯を通して維持され，相互に影響を与え合う関係です。また，親子関係は青年の人格形成や心理的適応などさまざまな面において大きな影響を及ぼします。
　青年期の親子関係に関しては，古くから指摘されている青年の反抗や自立といったテーマだけではなく，親密さや愛着の重要性，親子の相互調整的な発達的変化，親の発達課題との関連など，新たな観点からのモデルが数多く提唱されてきています。
　本章では特に青年と両親との関係性を重視した視点から，親子関係の諸問題について概観します。

Ⅲ-1　心理的離乳：依存と自立の葛藤

> **Episode　自立への苦悩**
>
> ### その1　依存の殻を破って
> 　私は小さい頃は甘やかされて育ったのではないかと思います。何かあるといつも親を頼ってばかりいました。私は小さい頃によくいたずらをしたそうです。多分それは親の気を引くためだったのでしょう。小学校，中学校と成績が良かったのですが，親がそれをとても喜んでくれていました。でも，親を失望させてしまうことを恐れ，いつも心のどこかに「良い子でいなければ」という思いがありました。そのため，やりたいことがあっても親に反対されると逆らえずに我慢することが多かったのです。転機は高校生になって訪れました。高校では良い成績を維持することが難しくなりました。頑張ってもできないことがあると諦めの気持ちをもつようになり，また，さまざまな経験をするなかで「良い子でいなければ」という気持ちがふっきれました。そして，親や教師，周りの人たちのことを気にせずに，ありのままの自分でいられることができるようになりました。その後は，大学に入学し，一人暮らしを始めた時に親の存在が大きく感じられました。自分がいかに親に依存していたかを痛感しました。そして，依存的であった自分の殻を破ろうと思ったのです。
>
> ### その2　甘えられなかった私
> 　私の母親はとても管理的，支配的でした。色々な物事を「〜するべき」というように教えられてきました。今思うと，私は母親に甘えたという記憶がありません。母親に愛され，ありのままの自分を受け入れてもらったという安心感を感じたことがありません。母親の期待に応えている自分，母親が喜ぶようなことをした時の自分しか受け入れてもらえないと感じていました。「こんな子にならないと愛してもらえない。見捨てられる」と感じていました。私は「小さな大人」になっていて，母親のおもりをしていたような気もします。本当はもっと甘えたかったのではないか，ありのままの自分を受け入れて愛して欲しかったのではないかと思います。私は育ちそびれてしまったのではないかと思います。大学生になった今でもその思いが残っています。

1 親からの自立

　親から自立する課題は人間に限ったものではなく，多くの動物にとっての共通した課題であるといえます。生と死の個人のライフサイクルと世代交代を繰り返す生殖のサイクルのなかで，子世代は親世代から生きる術を学び，そして成長した後に，子世代は子を産み，親世代となり，また子世代を育んでいきます。一般的には親世代は子世代よりも先にその生を終えることになるため，子世代は親世代の助けなしに生きていく力を身につけていかなければなりません。これが自立の課題です。

　古く，ホリングワース（Hollingworth, 1928）は，青年の心理的自立を「心理的離乳（psychological weaning）」と呼び，12歳から20歳までのすべての青年に，「家族の監督から離れ，一人の独立した人間となろうとする衝動」が現れると唱えました。この心理的離乳の過程を経て，青年は児童期までの習慣を放棄し，新しい習慣を獲得することを学習しなければなりません。しかし，長年培った古い習慣を捨て去ることは心の拠り所を失うことになるため，不安が生じやすくなり，古い習慣を捨てずに親に依存し続けたいという欲求と独立したいという欲求の間で葛藤しやすくなります。この心理的離乳の見られない青年は健康ではない問題のある状態であるとみなされています。そして，心理的離乳を妨げる親の特徴としては，母親の所有的態度や親の過度の支配などがあげられています。

　精神分析理論においても，親からの分離や自立の重要性が強調されています。ブロス（Blos, 1967）は青年期の親からの分離の過程を，マーラーら（Mahler, Pine, & Bergman, 1975）の提唱した幼児期の母子関係における「分離―個体化（separation—individuation）」過程モデルと対比させ，「第2の個体化の過程（second individuation process）」と呼んでいます。青年は，心のなかに内在化された幼児

▷ **精神分析理論**
　フロイト（Freud, S., 1856-1939）が創始し体系化した理論であり，1つの学問分野にまで発展している。精神分析は人間理解のための人格理論であり，精神的疾患の理解と治療のための理論でもある。人の心の階層を意識，前意識，無意識と分類し，特に無意識世界の重要性を唱えた。無意識世界をとらえる方法としては，自由連想法や夢分析が用いられた。また，エス（またはイド），自我，超自我という3つの心の活動がなされる装置があるとするパーソナリティの構造論が唱えられている。

期的な愛情の対象である親からの脱理想化（deidealization）と情緒的離脱（disengagement）によって，家庭外の対象に目を向け，社会の一員になると考えられています。そして，その個体化の過程を経て，青年は自己と他者のイメージの安定性と境界，そして自律性（autonomy）を獲得するのです。

2 さまざまな自立の側面

　経済的自立というと非常にわかりやすいかもしれませんが，心理的自立には複雑で多様な側面があります。たとえば，ホフマン（Hoffman, 1984）は，青年期における自立として，「機能的自立：両親の援助なしに個人的で実際的な問題を管理し，それに向かうことのできる力」「態度的自立：青年と両親との間の態度や価値，信念などに関する分化」「感情的自立：両親からの承認，親密さ，一緒にいたい気持ち，感情的なサポートなどの欲求に過度にとらわれていないこと」「葛藤的自立：両親との関係のなかで過度の罪悪感，不安，不信，責任感，抑制，憤り，怒りの感情を抱いていないこと」の4つの側面をあげています。

　また，ステインバーグ（Steinberg, 2008）は，自律性（autonomy）という概念でこのテーマを整理しています。ステインバーグは自律性を「情緒的自律性」「行動的自律性」「価値的自律性」の3種類に分類しています。「情緒的自律性」は，個人の両親との親密な関係の変化に関する自立の側面を表しています。ステインバーグら（Steinberg & Silverberg, 1986）が開発した情緒的自律性を測定するための心理テストでは，「親への脱理想化：親も時々間違いをする人間であるとみなすこと」「親を普通の人としてみなすこと：親が個別の人生をもつ普通の人々であるという認識」「親への非依存：青年が親に依存することなしに自分自身で物事を行うこと」「個体化：青年が親との関係のなかで自らを個別な存在であると感じられること」の4つの側面を含めています。続いて，「行動的自律性」とは，自立した自己決定，意思決定をし，それに従った行動をとれる力を意味しています。これは一人で決めることができるという側面だけでなく，大人や仲間といった他者からの圧力にさらされて同調したり屈したりすることなく，強い意志をもって決定したり行動することができるということも意味しています。最後に「価値的自律性」とは，道徳的推論や道徳的行動，個人的信念，政治や宗教に関する考えや行動などの発達を意味しています。児童期までは親や教師といった権威ある大人の教える価値を取り入れていきますが，青年期においては知能

の発達と社会的経験による学習から自らの力で価値の探求を行い，価値体系や信念体系を形成していきます。

このように自立にはさまざまな側面があり，相互に関連していると考えられますが，ある側面が自立している一方で，他の側面は十分に自立していないということもあると考えられます。

3 現代青年の特徴：自立できない青年

発達加速現象と呼ばれるように青年期の始まりが前傾化しているのに対して，青年期の終わりは後ろに伸びていき，青年期は長期化していると考えられています。あるいは青年期と成人期の間にある時期として，ポスト青年期（宮本，2004）や成人形成期（emerging adulthood）（Arnett, 2000）という言葉に関心がもたれるようになっています。

日本では現代青年や初期成人期の問題として，ニートやフリーター，非婚化・晩婚化などの問題が指摘され，これらはすべて自立に関連したテーマであるとみなされています。また，「パラサイト・シングル」（山田，1999）や「一卵性母娘」（さらだ，1998）という親への過度の依存や，親子の相互依存のあり方が問題として指摘されています。

現代青年がなかなか自立できず依存期が長期化している背景としては，さまざまな要因が考えられます。宮本・岩上・山田（1997）は，親側の問題として，親の子どもに対する投資期間の長期化と投資量の増大をあげています。「親の愛情のあかし」として，親から子どもへの一方的な援助が拡大し，子どもの役割や責任が問われない関係に陥っているために，親は子どもに自立した大人として生きていく力を与えることができていないのではないかと指摘しています。また，親の長寿化と親側の同居願望，子どものリッチ生活指向と住宅事情（住宅費の高さや住宅取得の困難さ）などが親子の相互依存的な関係の背景にあるという指摘もあります。さらに，今日の経済的不況のなかで，青年が失業や度重なる転職，低賃金での労働などによって経済的に自立できないばかりか，心理的にも自信をもちにくい状況があることも考えられます。

Ⅲ-2　親への反抗

> **Episode　自分らしさを求めて**
>
> 　正志（仮名）は，小学生まではお坊ちゃん風の優等生で，私立中学受験のために熱心に勉強していました。両親は揃って学歴が高く，父親はエリートサラリーマンでした。中学受験を目前にした頃，父親の転勤で転居することになりました。そのため正志は受験を断念し，公立中学校に入学しました。
>
> 　中学入学後，学校生活を送る上で問題となるようなことは全くありませんでした。しかし，母親は学校の校風が気に入らず，よく担任と衝突していました。正志は母親と教師との間に挟まれて戸惑うことが多かったようです。
>
> 　正志は中学校2年生頃から段々と勉強に対する意欲を失っていきました。しかし，母親はそんな正志のそばについて勉強をさせました。中学1年生の頃に比べると，ずいぶん成績は下がっていましたが，それでも高校受験は進学校に合格することができました。
>
> 　高校1年生の1学期までは特に問題はありませんでしたが，夏休みに入り，正志は不良仲間と遊ぶようになりました。そして，2学期から親に見つからないように時々，学校を休むようになりました。また，服装や髪型も段々乱れ，ついには，深夜徘徊やシンナー吸引をするようになり警察に補導されました。
>
> 　母親は，正志が自分の理想とする子どもとは全く正反対の，大嫌いな行動や服装，髪型をしていると嘆いています。また，父親も正志の行動が理解できず力ずくで正志を立ち直らせようとしました。しかし，正志は「高校はもう辞める。この学校にいても意味はない」と言います。そして，正志は断固として退学を認めようとしない両親に対して，「ぼくは小さい頃から何をやろうとしてもいつも駄目と言われて，やりたいことをさせてもらえてこなかった。もう我慢ができない」と言いました。

第Ⅲ章　青年期の親子関係

1　第２次反抗期：反抗期はあった方が良いのか？

　青年期の特徴として、「第２次反抗期」という言葉は一般的にかなり浸透しており、よく知られています。天野（2001）は、小学校４年生から中学３年生までの６学年を対象にして、両親と担任教師に対する「甘え・依存」と「対立・反抗」の意識についての質問紙調査を実施しました。「甘え・依存」は、「〜は心の支えである」「困っているとき、〜に助けてもらいたい」「何かするときには、〜に励ましてもらいたい」などの質問項目から測定され、「対立・反抗」は「〜には、つい反抗したくなる」「〜には口ごたえしたくなる」「〜にやりなさいと言われると逆らいたくなる」などの質問項目から測定されています。結果として、両親と担任教師への「甘え・依存」と「対立・反抗」はいずれも学年差が統計的に有意であり、大まかに言えば、小学校高学年から中学生になるにつれて、両親と担任教師への甘えや依存は減少し、逆に対立と反抗は増大することが明らかにされました。
　しかし、他方では現代青年の特徴として「第２次反抗期」が見られなくなったという指摘もあります。深谷（2005）は、中学生を対象にした質問紙調査の結果、家族の間で良好なコミュニケーションが保たれていること、総じて親子関係はうまくいっている中学生が多く、第２次反抗期的な険悪な親子関係ではなく、仲の良い親子関係が見られるとしています。そして、その良好な親子関係を肯定的に評価するのではなく、子どもが自立のステップを踏んでいないという否定的な評価をしています。

2　反抗と葛藤の背景

　反抗期は青年の自我が成長してきているために生じているという理解が一般的ですが、反抗や葛藤が生じるメカニズムの説明は決して一つではありません。
　アンナ・フロイト（Freud, A., 1936）は、精神分析理論に基づいて、思春期（青年期前期）においては、エスの性衝動が高まり近親相姦的空想や願望が生じてく

▷1　精神分析理論　Ⅲ-1 参照。
▷2　エスの性衝動
　フロイトが唱えた心的装置論では、エスは無意識内に存在し、リビドーと呼ばれる性的欲動エネルギーの貯蔵庫である。リビドーは人の根源的な欲求であり、エスは快楽原則に基づいた快を求め不快を避ける心的活動を行うとみなされている。

るために自我はそれを抑圧しなければならなくなること，また，性衝動と自我の葛藤は超自我にも影響を与え，児童期までの親同一視と理想化の過程によって形成された超自我を抑圧することなどをあげ，こういった内面の心理的力動が親子関係の距離を広げ，両親の代理対象を社会に求めるようになると説明しています。

また，Ⅲ-1でも述べたようにブロス（Blos, 1967）は，青年期においては，「第2の個体化の過程」と呼ばれる，心のなかに内在化された幼児期的な愛情の対象である親から情緒的に離脱（disengagement）するという心理的再構造化を経験し，その過程において葛藤が必然的に生じるのだと述べています。

他方で，スメタナら（Smetana & Villalobos, 2009）は，青年と両親との葛藤は，青年が親の権限の範囲を再交渉しながら自律性を拡大しようとする試みのなかで生じる現象であると説明しています。青年期前期から中期にかけて観察される典型的な親子間の葛藤は，個人の自由や裁量権に関する親と青年の見解の不一致から生じています。たとえば，青年が自室の掃除や着る物の選択，宿題をいつするか，などの問題を「個人的な問題」と見なしているのに対して，親はそれを家族や文化的な因習の問題であるとか，健康や安全に関わる慎重を要する問題であると見なすという両者の見解の不一致が生じている際に両者の葛藤が生じやすいとしています。このような青年と親との見解の不一致は，家庭内の日常的な問題に対してだけでなく，喫煙や飲酒などのリスク行動への関与においても生じています。青年はリスク行動を親や大人が考えるような道徳的，因習的な問題ではなく，個人的な裁量権のある問題として見なしやすい傾向があることが指摘されています。このスメタナらの説明は青年の心理的な内面の問題だけに注目するのではなく，青年と親との社会的認知の不一致という関係性の視点を重視した見方です。

また，白井（1997）は図Ⅲ-2-1に示されるように青年と親との葛藤（コンフリクト）を家族システムにおける適合性の観点から4つに類型化しています。青年期における親子の葛藤は青年の自我が成長している証しであり，発達上ごく自然で望ましいことであると考える立場であれば，青年と親との葛藤は一次元的な連続性のなかでだけ理解されることになります。つまり，葛藤があることは望ましいことであり，葛藤がないことは望ましくないことであるとみなされます。しかし，親子の葛藤は親と子どもの相互作用の結果であり，関係性のなかでその意味を理解する必要があります。白井の図式化によれば，仮に親子間の葛藤が存在したとしても，それが家族システムにおいて適合的か否か，つまり親子関係など

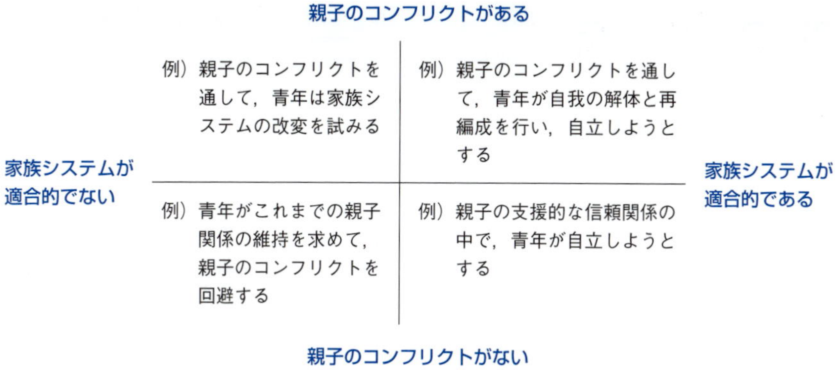

第Ⅲ章　青年期の親子関係

	親子のコンフリクトがある		
家族システムが適合的でない	例）親子のコンフリクトを通して，青年は家族システムの改変を試みる	例）親子のコンフリクトを通して，青年が自我の解体と再編成を行い，自立しようとする	家族システムが適合的である
	例）青年がこれまでの親子関係の維持を求めて，親子のコンフリクトを回避する	例）親子の支援的な信頼関係の中で，青年が自立しようとする	
	親子のコンフリクトがない		

図Ⅲ-2-1　青年期における家族システムの適合性と親子のコンフリクト
（白井，1997に基づき作成。）
注：家族システムが適合的であるとは，青年の自立と愛着の欲求に対して適合的であることをいう。

の家族システムのあり方が青年の自立と愛着の欲求に適しているかどうかでその葛藤の意味が異なることを示唆しています。このモデルでは，親子の葛藤がなかったとしても，青年が自立的である可能性もあること，また，親子の葛藤が青年個人の自立への行動の現れではなく，家族システム全体の問題を解決するための試みである可能性を示しています。

3　反抗，葛藤の意味の多様性

　以上に述べてきたように，青年の反抗という現象は多様な背景をもち，決して単一の意味づけができるものではありません。反抗が健康な自我発達上のサインとして見なせるものである場合もありますが，親や家族の不適切なあり方に対する異議申し立てであり，改変を求めるメッセージである可能性もあります。また，重篤な問題行動として理解できる反抗は，児童期までの積み残し課題が青年期の新たなる発達課題と重なることで，より深刻な状況に置かれている青年の苦しみを表しているのかもしれません。したがって，青年の反抗や親子間の葛藤は単に「第2次反抗期だから」というラベルを貼って済ませることができない現象であること，その個別の意味をよく理解する必要があります。

Ⅲ-3 愛着

> **Episode　心の拠り所**
>
> 　小学校の頃の私はおとなしい子で，何でも一通りできる子でした。私の考えはほとんどすべてと言っていいくらい，親の考えであったと思います。親の意見はすべて正しいと思っていました。特に母の存在が大きかった。でも，中学生の頃には母に反抗するようになりました。母とけんかをすると後ですごく悲しくなり，自分が親不孝であると感じました。中学生のある時，私はとても仲の良かった友だちと小さなことでけんかをしました。私は頑固で気が強かったのでその後ずっと仲直りをすることができませんでした。その友だちはクラスでもクラブでも中心的な人物だったので，私は孤立してしまいました。それまで仲の良かった友だちまでもが離れていってしまいました。私は人が信じられなくなりました。
>
> 　そして，学校には頑張って行ってはいましたが，クラブにはどうしても行けずにいました。母はそのことに気づき，私は泣きながらことの経緯を話しました。すると，母は，「そんなにつらいなら行かなくてもいい」と言ってくれました。その言葉は今でも忘れられません。母は私がクラブに行き始めることができるようになるまでの数か月，じっと私を見守ってくれました。今思うと，ずいぶん心配をしていたことでしょう。私は母にすべてを話したためか，教師に相談しようという気持ちにはなりませんでした。
>
> 　その後もしばらくの間は，人を信じることができず母だけが自分の理解者だと思っていました。しかし，高校生になってからは，自分を冷静に見つめられるようになり，ありのままの自分を認められるようになっていきました。気がつくとまた，人を信じることができるようになり，多くの友だちにも恵まれました。そして，母とはだんだん友だちのような関係になっていきました。

第Ⅲ章　青年期の親子関係

1　青年─両親関係における古いモデルと新しいモデル

　すでに述べてきたように，青年期の親子関係においては，心理的離乳や自立・自律が重要な課題になります。これらはいずれも子どもが親から分離していくことの重要性を強調しています。しかし，サントロック（Santrock, 2003）が近年の研究の動向を整理して述べているように，青年の親に対する心理的な分離や，反抗，親子間の葛藤，ジェネレーションギャップが青年─両親関係の特徴であるとする見解はもはや古いモデルであるとされています。新しいモデルにおいては，①青年の親子関係に見られる葛藤の多くは，日常生活における些細な出来事において現れているもので深刻なものではないこと，②青年の親に対する反抗や葛藤のなかには健全な発達や適応の観点からは必ずしも適切ではないものが混在していること，③親子関係における愛着や親密性は児童期までの親子関係に限らず，青年期においても依然として重要な意味をもっており，青年は親との愛着や結びつきを心の土台にして自立していく，などの見方が研究成果によって支持されているとしています（表Ⅲ-3-1参照）。

2　青年期における愛着

　愛着理論はボウルビィ（Bowlby, 1969；1973）が提唱したものです。ボウルビィは人は乳児期から，愛着の対象との相互交渉のプロセスのなかで，内的ワーキングモデル▷1 を形成すると述べています。個人にとっての良い対象は，近づきやすく，

表Ⅲ-3-1　青年─両親関係に関する古いモデルと新しいモデル（Santrock, 2003に基づき作成。）

古いモデル	新しいモデル
・親からの分離，自律 ・親と仲間の世界は隔たっている ・青年期を通じて，強くストレスフルな葛藤がある ・親子関係は疾風怒濤に満ちている	・愛着と自律 ・両親は重要なサポートシステムであり愛着の対象である ・青年─両親関係と青年─仲間関係には重要なつながりがある ・適度な親子間の葛藤が一般的であり，それが肯定的な発達を機能させる ・親子間の葛藤は思春期的発達の頂点でより大きくなる

▷1　内的ワーキングモデル
　ボウルビィが提唱した概念。人は乳幼児期，児童期，青年期を通じて，自己と他者に対する内的ワーキングモデルと呼ばれる表象を形成し，それによって現実の認知や未来の予測や計画を立てるとされている。

表 III-3-2　親への愛着尺度の質問項目例
（佐藤, 1993 に基づき作成。）

〈不信・拒否〉因子
- 親からあまり好かれていないように感じることがあった。
- 今の親とは違う親が欲しいと思うことがあった。
- 親は, 私の本当の気持ちをわかっていなかった。
- 親は, 私のちょとしたことで, よく気分を害した。
- 親のことを, 嫌いだと思うことがあった。
- 親に捨てられてしまうかもしれないと思うことがあった。

〈安心・依存〉因子
- 心配事や悩みがある時, それを親に話した。
- 親に何か相談したり, 親の意見を聞いたりすることは少なかった。(*)
- 親に悩みを話すのは, はずかしく感じた。(*)
- 学校でのできごとをよく親に話した。
- 何か困ったことがあっても, 親に頼ることはできなかった。(*)
- 親にはげましてもらうと元気がでた。

〈分離不安〉因子
- 親がそばについていてくれないと不安だった。
- 親から離れて一人で行動するのはこわかった。
- できれば, 親とだけ, いつも一緒にいたいと思った。
- 親や家族以外の人とは, 一緒にいても落ち着かなかった。
- 何についても親の意見を聞き, 言うとおりにしていた。

注：質問項目に対しては,「小学生だった頃」を想起して回答する。
(*) は逆転項目で否定した時に得点が高くなる。

信頼に値し, 求められればすぐに助けてくれる愛着対象のモデルとして形成されていきます。そして, 悪い対象はそれとは正反対の愛着対象のモデルとして内在化されていきます。この内的ワーキングモデルは, 子どもが自分と関係している出来事の知覚や行動プランの実行, 制御プロセスにも影響を及ぼします。そして, それは乳幼児期だけではなく青年期や成人期においても重要な働きを維持するとされています（Main, Kaplan, & Cassidy, 1985 ; Ainsworth, 1989）。

　コバックら（Kobak & Sceery, 1988）は, 青年期における愛着関係を表す内的ワーキングモデルには乳幼児期に対応した,「安全型」「回避型」「両価（アンビバレント）型」の3つのタイプがあると述べています。「安全型」とは親への愛着を重要視し, 肯定的な思い出を想起でき, 親との関係において満足している人です。「回避型」とは親への愛着の想起が少なく, 親との関係を過小評価したり, 拒否する人です。「両価型」とは, 親との関係において否定的な側面を解決しきれておらず, 現在においても親密な関係を形成する努力をしている人です。

佐藤（1993）は小学生の頃を回想した上で質問項目に回答させることによって青年の愛着スタイルを測定する方法を考案しています。表Ⅲ-3-2は親への愛着尺度項目の例です。「不信・拒否」は「回避型」，「安心・依存」は「安全型」，「分離不安」は「両価型」にほぼ対応する特徴であると考えられます。

3 愛着と心理的適応

　乳幼児期に形成される愛着関係は青年の健全な発達においても欠かせないものであり，もし，健全な愛着関係の形成に失敗している場合，それが児童期や青年期の人格形成にとって有害な影響を与える可能性があることが指摘されています（Allen & Land, 1999）。

　たとえば，アレンら（Allen, Moore, Kuperminc, & Bell, 1998）は，9年生（日本の中学3年生）と10年生（高校1年生）の愛着の体制（attachment organization）は，友人関係における有能感，抑鬱と不安，非行的行動など広い範囲の青年の心理社会的発達や心理的適応に重要な役割を果たしていることを指摘しています。

　日本においては，五十嵐・萩原（2004）が，中学生を対象にした質問紙調査から，中学生の回答した幼少期の父親と母親への愛着は，不登校傾向と関連していることを述べています。また，島（2007）は，短期大学生と専門学校生を対象とした質問紙調査から，愛着尺度によって測定された見捨てられ不安は神経症傾向と正の相関（r=.51, p<.01）があることを明らかにしています。

　そして，出野（2008）は，児童養護施設で生活する中学生を対象にして，子どもの愛着状態と心的外傷性症状との関連を検討しました。その結果，愛着スタイルの両価性が男女に共通して心的外傷性症状と関連し，回避性は女子にとって心的外傷性症状と関連することを明らかにしています。

▷2　正の相関

　相関係数は，2つの変量の間の関連を表す指標で，ピアソンの積率相関係数（r）が有名。rの値は，－1から＋1までの範囲となるが，プラスの値を示す正の相関は2つの変量の増減が同じ方向を示していること，マイナスの値を示す場合の負の相関は逆の方向を示していることを意味している。数値の絶対値が大きいほどその直線的な関係が強いことを示す。

▷3　心的外傷性症状

　心的外傷体験に由来する症状であり，出野（2008）では，不安，抑うつ，怒り，外傷後ストレス，解離が測定されている。

Ⅲ-4　親子関係の発達的変化

Episode　親を見る視点の変化

　私は小さい頃から「お姉ちゃんだから」と言われ，大人の言うことをよくきき，弟と妹の良いお手本になるように期待されました。私もそれに応えようとしていました。父親は子どもを叱る時によく感情的になり，叩くこともありました。私は小さい頃から父親の前では緊張し，何をするにもびくびくしていたような気がします。

　父親は私の行動について細かいことまでいちいち意見を言ってきました。しかし，小学校高学年から中学生にかけて私は徐々に反発を覚えるようになり，そして，高校生の時にそれが爆発しました。何でも自分の思いどおりにしようとする父親に対して反発し，それに対して何も言おうとしない母親に対してもどかしく思い，腹が立ちました。ある日，父親を批判した時に父親が激怒し，私は強く殴られました。私は家を飛び出し，深夜まで家に帰りませんでした。殴られても涙を見せない私を見ながらたじろいでいる父親を見て，私は父親の弱さを感じました。

　それ以降，私は親の言いなりになっている自分を格好悪いと思うようになり，親に反抗しているにもかかわらず経済的に依存している自分に腹が立ち，アルバイトを始めました。大学はアルバイトをして自力で行こうと頑張りました。

　大学は複数受験しましたが，志望校には合格できず，結局，父親が望む地元の大学に入学することになりました。これは私にとって最大の挫折でした。父親の喜ぶ顔を見て，私は悔しくて，ずっと泣きました。

　不本意で入学した大学でしたが，しばらくすると大学生活も徐々に楽しくなりました。また，なぜか，父親の躾に対しても感謝できるようになってきました。そして，両親のことを短所も長所もある普通の人間として見ることができるようになってきました。両親の立場や育ち方を考える余裕もできてきて，きょうだいに対する接し方も少し変わってきたと思います。

1 心理的離乳の発達的変化

Ⅲ-1で述べたように，青年期の親子関係の課題は，古くより心理的離乳（Hollingworth, 1928）などと呼ばれる自立のプロセスにあるとされています。心理的離乳の概念は，わが国においては，西平（1990）や落合ら（落合，1995；落合・佐藤，1996）によって扱われています。

西平（1990）は心理的離乳を第１次心理的離乳（思春期〜青年期中期），第２次心理的離乳（青年期中期〜青年期後期），第３次心理的離乳（青年期後期以降）の３つの発達段階に分けています。第１次心理的離乳では子どもが親との依存関係を脱却し，親子の絆を壊そうとすることが中心課題になります。しかし，次の第２次心理的離乳では第１次心理的離乳において培った自律性が強調され，子どもは親を客観的にながめ，関係を自覚的に修復し親子の絆の再生と強化を行うことが課題となります。そして，最終段階である第３次心理的離乳は，両親から学んだ価値観を超越し，自らの生き方を確立しようとする真の自己実現を目指す段階であることを述べています。

また，落合・佐藤（1996）は，中学生から大学院生までの青年を対象にして質問紙調査を行い，心理的離乳への過程として5つの段階を設定しています。第１段階は「親が子どもを抱え込む親子関係／親が子と手を切る親子関係」，第２段階は「親が外界にある危険から子どもを守ろうとする親子関係」，第３段階は「子どもである青年が困った時に，親が助けたり，励まして子どもを支える親子関係」，第４段階は「子どもが親から信頼・承認されている親子関係」，第５段階は「親が子どもを頼りにする親子関係」です。中学生の親子関係で多いのは，第１段階から第３段階までの親子関係で，親が子を頼りにしたり，子が親から信頼されているという意識はまだ乏しいです。続く高校生の親子関係は多様なものになっており，最後に大学生や大学院生では中学生とは全く逆に，子どもは親から信頼・承認されており，親が子どもを頼りにしている関係であるととらえています。これらの結果から，青年と両親との関係は，高校生から大学生にかけて大きな質的な転換が生じているのではないかとみなされています。

心理的離乳の概念は，本来，青年が両親との心理的な分離，自立を達成することを記述したものでしたが，西平（1990）や落合・佐藤（1996）の心理的離乳モデルは，青年と両親との分離と再結合のプロセスを描いているのが特徴的です。

すでに述べた通り，分離モデルは古いモデルとみなされていますが，分離と結合の両面を発達的変化のプロセスのなかでとらえている点で，統合的な視点のある新しいモデルであると考えられます。

2 視点取得と親子関係の変化

親子関係の変化は，子どもが親や親と自分との関係に対してどのような見方をしているのか，すなわち，視点取得のあり方から理解することができます。

ホワイトら（White, Speisman, & Costos, 1983）は，青年期から初期成人期までの両親との関係性の発達的変化を視点取得の観点から，大きく6つの段階に分けています。青年期の初期段階においては，青年が両親から分離した自己を強調し，両親を批判する態度が顕著になります。しかしやがて，子どもは両親との関係において自分が何らかの形で寄与しているという関係性の視点や，続いて両親の立場に身を置き，両親の目で物事を見るようになります。そして，両親が自分を一人の個人としてどのように眺めているかということについて明確なイメージをもつようになります。他方で，両親の視点も変化し，子どもが親に対してアドバイスや世話をでき，自分自身の意見をもっている存在であることを理解するようになります。そして，最終段階では親子が互いに個別の人間として見なしはじめ，仲間のような相互性（mutuality）を示す段階に至るとしています。このホワイトらの関係性の発達モデルは，青年が自己の視点から関係性の視点，そして親の視点を獲得していくという認知社会的発達の重要性を指摘しています。

また，長峰（1999）は，中学生と大学生を対象にして面接調査を実施し，友人関係，父子関係，母子関係という異なった社会的文脈における対人葛藤の交渉過程に年齢的な差違が認められるかどうかを検討しています。対人葛藤については仮想的な人物同士の要求が衝突し，交渉する必要がある場面を想定しました。対人葛藤場面での交渉方略のレベルは，視点取得の観点から，「自己中心的で自他の視点が未分化な段階」「自他の視点は分化するが主観的な段階」「自己内省的に相手の立場に立つことで自他を互恵的にとらえる段階」「第三者的視点から自他相互の目標のために視点を協調させる段階」の4段階を設定しています。結果として，友人関係における仮想的対人葛藤場面における交渉過程の発達レベルは，中学生と大学生とで統計的に有意な差が認められ，大学生の方がより高次のレベルの交渉方略を回答していました。しかし，親子関係の対人葛藤場面における交

渉方略については年齢差が認められませんでした。長峰は友人関係においては，関係を維持するために相手の視点に立って自他の要求を調整するといった年齢に応じた社会認知的能力の発達が不可欠であるが，親子関係は血縁関係であり容易に壊れない関係であるため対人関係のもち方に違いが生じるのではないかと考察しています。親子関係においては，視点取得能力が高まるのとはまた別に，より現実的な場面では甘えや依存心，その他の感情的なものが背景にあり，より高次の判断や行為ができないことも多いのではないかと思われます。

3 共変関係

　親子関係の発達的変化は，子どもの側の問題だけではなく，親側の問題でもあります。しばしば耳にする「親離れ，子離れ」という言葉が表しているように，親子双方の自立の課題が唱えられていますが，親も子どもの青年期的な変化に対して態度を変容させていっていることが指摘されています。このような親子双方による態度変容は共変関係という言葉で表すことができます。

　ステインバーグ（Steinberg, 1981）は，思春期的な身体的変化が生じる前後で，青年男子とその両親を対象にお互いの話し合いのやりとりを観察する課題を3回実施しました。その結果，母親ははじめ息子の発言に対して口を挟んで中断させることが多かったのですが，やがて息子が母親に従わなくなると母親は息子に口を挟まず従うようになるという変化が見られています。父親に関してはこのように息子に従うような変化はなく，むしろ息子は成熟に伴い父親に対して従順になっていました。ステインバーグは，このような変化の解釈として，家族関係における勢力地位は男性の方が女性よりも上位であり，子どもが成熟と共に男性としての地位を獲得するために母親が従うようになると述べています。家族内における勢力関係についてこのようなステレオタイプな性役割観を当てはめることには，限界があると思われますが，子どもの成長に伴い，親が子どもに対して同等の権利を認め，威圧的に振る舞うのではなく対等の立場で相互交渉していくようになるプロセスがあると考えることができます。

▷　ステレオタイプ
　人や事柄に関しての何らかのカテゴリーに対して抱く，単純で固定化された知識や信念をステレオタイプと呼ぶ。たとえば，性別や血液型，人種・民族，職業，身体的特徴などに対して，科学的根拠もない偏った考えを盲信してしまうということがある。

第2部　青年期の人間関係

Ⅲ-5　親子間のコミュニケーション

Episode　多様な親子のかかわり

　サークルの仲間である，明日香，裕治，有紗（いずれも仮名）の3人は大学4年生になり，卒業後の進路について急いで考えを決めなければならない時期に来ていました。

　明日香は，自分は人と接するのが好きなので，人とかかわり人のためになる仕事に就きたいと考えています。現在，所属している学部では保育士の資格が取れるのですが，明日香は老人介護などの仕事もよいのではないかと考えています。しかし，なかなか自分の考えが決められないので，両親に相談することにしました。両親は，せっかく保育士の資格が取れる学部で勉強してきたんだから，それを無駄にしない方がよいのではないかと助言をしました。明日香は両親に後押しをしてもらった気持ちになり，保育士を第一希望にすることにしました。

　裕治は，理系の学部に所属しています。自分は専門分野を活かしたエンジニアか研究職に進みたいと考えていますが，それは母親にだけ報告し，了解を得ています。父親には母親から伝わるので直接，話をすることは多くありません。しかし，父親は「他人に迷惑をかけるようなことだけはするな，あとは自分の思うとおりにやってみろ」と普段から言ってくれているので，我が道を行こうという姿勢でいます。

　有紗は文系の学部に所属しています。大学時代は親元を離れ，一人暮らしをしてきたため，両親は卒業後は地元に帰ってきて，ごく普通の会社員になって欲しいと考えています。しかし，有紗は本当は作家になりたいという夢がありました。その夢を両親に話したことは一度もありません。話しても反対されるのがわかりきっているからです。有紗は両親に本当の気持ちを隠したまま，いくつかの会社を訪問し，就職活動をすることを両親に伝えました。

1 親子間コミュニケーションの発達的変化

　児童期から青年期へと移行すると親子のコミュニケーションにも変化が見られるようになります。岡田（2003）は，小学6年生と中学3年生の食事場面での親子の会話について調査を行い，中学生になると親子で食事を共にすることが減少し，食事場面での会話の有用性や楽しさについても否定的な見方が増えることを報告しています。また，藤野・北浦（2006）は，小学5，6年生と高校生の親子のリビングやダイニングなどの家族室でのコミュニケーションのあり方を比較し，小学生に比べ高校生では親子のコミュニケーションが少なくなり，特に親子で行為を共有するためのコミュニケーションが少なくなると報告しています。児童期から青年期にかけて，青年が家庭内で親と共に過ごす時間が減り，家庭外の学校や友人との関係により多くの時間を費やすようになったり，家庭内でも自室で趣味や学習のために多くの時間を費やすようになることは，自立の過程の表れと考えられます。

　しかし，青年期のなかでも親子の関係性は発達的に変化していきます。久保田（2009）は，中学生と大学生の母娘関係のあり方を，会話分析の観点から比較しています。そこでは，研究対象者である母娘は，論理的な思考や議論が必要となる算数課題と，異なる大きさと色のミラーに異なる形と色のストーンをデザインしていくという親子で共に作業を行うミラー課題に取り組み，その課題に取り組む際の親子の会話内容が分析されました。会話の機能を分析するコード化システムは，後述するグローテヴァントら（Grotevant & Cooper, 1985 ; 1986）のものが用いられました。結果として，中学生の方が大学生よりも自分の要求や主張をはっきり述べますが，逆に大学生は中学生よりも，母親の意見を尊重しようとする発言が多くなっていました。また，中学生の母親は大学生の母親よりも子どもが意見を言いやすいように提案したり，子どもが求める要求に応じる傾向がありました。以上の点から，久保田は，青年期後期にある大学生の母娘が対等な関係で課題を遂行している一方で，青年期前期にある中学生の母娘は母親が親として子どもを援助する側に回り，子ども中心に課題を進めていくという関係の違いがあると述べています。このような親子のコミュニケーションのあり方についての年齢差は，Ⅲ-4 で述べた親子関係の発達的変化の特徴と対応したものであると思われます。

2 青年の心の健康，心理社会的発達と親子間コミュニケーションの関係

それでは青年と両親の間で交わされるコミュニケーションのあり方は，どのようなものが望ましいのでしょうか。

佐藤（1986）は，家族療法の理論と実践から得られた知見をまとめ，健康な家族のコミュニケーションの特徴として，交換される情報の量と質にバラエティがある，共感的感情がある，表出される情動に幅がある，話題にタブーがない，自己開示がなされ受容・支持される，言語のみならず身体接触を交えた身体語が使用される，コミュニケーションの方向が直接的であり代弁や一般化がない，送り手の意図に沿ってメッセージが受け取られる，言いたいことがその場で明瞭に伝えられている，などをあげています。

また，岡本・田村（2003）は，高校生を対象にして質問紙調査を行い，高校生が認知している家族の健康さは子どもと両親との対話時間の長さではなく，対話の内容の豊富さや対話の仕方が積極的，肯定的で，相互に信頼し，よく理解し合えているといったコミュニケーションの質に関連していると述べています。

また，グローテヴァントら（Grotevant & Cooper, 1985；1986）は，高校生とその両親とのコミュニケーションのあり方と，子どものアイデンティティ探求や視点取得能力の関連について研究しました。彼らは親子で家族旅行の計画を立てるという集団で意思決定をする課題を呈示し，そこで展開される親子の会話を分析しました。表Ⅲ-5-1は彼らが明らかにした発話の機能の基本的な2つの次元とその行動指標です。まず，「自己主張」と「分離」は，自分自身の意見をはっきりともち，それを示すことができるということを表しており，これは個人の「独自性」を示すものとみなされています。続いて，「滲透性」と「相互性」は，他の人に対する応答や配慮，敬意といった，他者との「結合性」を示すものです。

彼らはアイデンティティ探求や視点取得能力において健全な心理社会的発達の特徴を示す青年の親子間コミュニケーションの特徴は，この独自性と結合性の側面がバランスよく表明されていることだと述べています。とりわけ親のあり方としては，子どもの発言に対する配慮や敬意が失われず，結びつきが維持された状態のもとで，互いが自分を個別で独自な存在として感じており，それを自由に表現し合っているのが特徴だとしています。

表Ⅲ-5-1　家族コミュニケーションの2つの次元とその指標
(Cooper, Grotevant, & Condon, 1983 に基づき作成。)

独自性 (individuality)
- 自己主張 (self-assertion)：自分の意見をはっきりと伝える責任
    例) 行き先やそこでの行動についての直接的な提案
- 分離 (separateness)：自分と他の人との意見の違いの表明
    例) 他の人の提案に対して直接的・間接的に反対意見を表明

結合性 (connectedness)
- 滲透性 (permeability)：他の人の意見に対する応答性
    例) 他の人の提案に対して同意する，他の人に意見を求めたり質問をする，他の人の意見を受けとめる
- 相互性 (mutuality)：他の人の意見に対する感受性と敬意
    例) 行き先やそこでの行動についての他の人を配慮した間接的な提案，対立する意見に対する妥協案や歩み寄りの発言，他の人の考えや感情を述べる

　平石（2007b）は，グローテヴァントらのモデルに基づいて，独自性と結合性を測定する質問紙法による心理尺度を開発し，中学生から大学生までの年代の青年に対して調査を行っています。そして，中学生から大学生までに共通して，青年が親に対して独自性と結合性をバランスよく表明できることと，親子の双方の関係においても，両者が相互的に独自性と結合性のバランスがとれたコミュニケーションを表明し合うことが，青年のさまざまな心理的適応の指標とよく関連していることが明らかにされています。

　また，高橋（2008）は，男子大学生を対象にして，進路選択時の親子間コミュニケーションの特徴とアイデンティティとの関連を検討しています。結果として，親子間で議論を避けないこと，親が青年に受容的，支持的であることが青年のアイデンティティ感覚の高さや職業決定への積極的な取り組みと関連することを明らかにしています。

　平石（2007b）と高橋（2008）の研究結果はいずれもグローテヴァントらの研究知見を支持するものであり，青年と両親との間に，独自性と結合性のバランスがとれたコミュニケーションが交わされていることは，青年自身の心の発達や青年の発達を支える文脈としての親のかかわり方が健全であることの重要な指標であることを示唆しています。

Ⅲ-6 家族システムとライフサイクル

> **Episode　家族の絆**
>
> 　彰子（仮名）は，中学2年生。他人を思いやる気持ちが強く，仲間から頼られる存在です。家族は両親と姉の4人。しかし，両親は不仲で，すでに離婚することを予定していました。母親は会社員でよく残業をしました。姉は高校生で明るい性格のため友だちも多く，部活でもキャプテンを務めていました。両親は共に，子どもに対しては自主性を尊重し，好きなようにやらせる方針で子育てを行ってきたと自負していました。また，教育熱心だったため，学校行事には夫婦揃って参加することが多かったようです。
>
> 　幼い頃より習い事を通して運動や音楽が得意だった彰子は，小学校生活のさまざまな場面で活躍しました。しかし，同学年の子どもよりも大人びており，性格も強かったため納得がいかないことがあると，友だちや教師と対立することも度々ありました。
>
> 　中学に入学すると，彰子はしばしば教師から姉の話をされました。姉はリーダー格で目立っていたため，よく姉と比べられるような気がして嫌な思いをしていました。友だちは，入学早々から他の小学校出身の昭子（仮名）とべったりの関係になりました。昭子もまた家庭に複雑な事情を抱えており，友人関係でトラブルを起こしやすい子でした。2学期になると彰子たちのグループは段々学校でも目立つようになり，上級生の女子のグループからも目をつけられるようになりました。そして，2年生になると，校則違反である茶髪やピアスをしたり，教科によっては，授業を抜け出し，校内の目立たない場所で喫煙をするようにもなりました。その背景では，両親の離婚話は着々と進行し，離婚届を出す準備ができていました。

1 ひとつの有機体としての家族

　家族は青年の心理社会的発達を支える最も重要な社会的文脈のひとつであると言われています（Grotevant, 1997）。青年期の親子関係の問題は，青年個人の内面的な問題として扱われたり，青年と両親との二者関係あるいは三者関係でとらえられることもあります。しかし，他方では特定の二者関係や三者関係を超えた家族システム全体のなかで青年を理解する必要性も唱えられています。家族システムとは家族を個々のメンバーの単なる総和ではなく，家族を全体としてとらえ（family as a whole），ひとつのまとまりのある有機体とみなす考えに基づいたものです。家族関係は夫婦関係，親子関係，きょうだい関係などのようにメンバー間の二者関係の単位で切り取って理解することも可能ですが，システム全体のなかでそれらの関係（サブシステム）を位置づけ，その全体的な意味を理解することが重視されます。

　たとえば，家族療法では，家族システム全体の健康さや病理性を重視します。そして，来談者の抱えている心の問題をその個人の内面の病理によるものとしてみなすのではなく，その来談者が共に過ごしている家族システム全体の心の動きにおける病理や問題の現れとして理解することがあります。

　健康な家族システムの特徴として，オルソンら（Olson, Sprenkle, & Russell, 1979）は，家族関係を形成している3つの機能的次元を唱えています。1つめは凝集性（cohesion）で，家族メンバーの互いの情緒的なつながりや心理的な距離の近さを表しています。2つめは適応性（adaptability）です。これは，何か危機的な状況や家族メンバーの成長に伴う変化などがあった際の，家族内の勢力構造や役割関係などを柔軟に変化させる能力を表しています。親子の上下関係が硬直化せず，子どもの意見が反映されること，家庭の決まりも状況に応じて変えられること，家事の役割分担などが必要に応じて変えられることなどがこれにあてはまります。3つめは，コミュニケーションです。コミュニケーションは家族内で凝集性と適応性をうまく機能させるために重要となるもので，コミュニケーション技法，表現の自由，話題の一貫性，互いの尊敬と信頼などの要素が含まれます。オルソンらは凝集性と適応性が適度なレベルでバランスよく機能している家族が健康な家族であるとする円環モデルを唱えています（図Ⅲ-6-1を参照）。

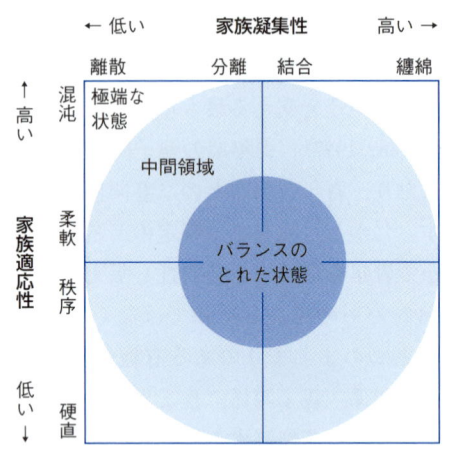

図III-6-1　オルソンらの円環モデル
（Olson, et al., 1979に基づき作成。）

2 家族のライフサイクル

　家族関係は夫婦の形成に始まり，子どもの誕生と成長，子どもの自立などさまざまな出来事を通して変化していくと考えられています。これは家族ライフサイクルとか家族の発達段階という言葉で呼ばれています。

　岡堂（2008）は，青年期の子どもをもつ家族の課題として，子どもの自立への欲求やアイデンティティ確立の課題への対処をあげています。親にとっては，基本的な信頼関係を損なわずに親子の関係を自立や責任，制御の点で再規定することが中心的な課題だとしています。また，親は幼児・児童期までに経験した子どもとの楽しい交わりの喪失感があり，その遊びの世界の喪失に耐えなければならないとしています。さらに親子の境界が日常生活のすべてにわたって明瞭となり，たとえば，個室の要求であるとか，個室に無断で入ることの拒絶などが見られるようになるとしています。こういった自分の個人的な空間を家族内に得ようとする試みはきょうだい関係においても影響を与えることになります。

　髙橋（2008）は，青年期の子どもをもつ家族においては，青年自身が抱えている問題と親の抱えている問題とが絡み合って問題をより複雑化させる場合があり，こういった家族内における多世代の問題に対する理解と世代間境界や関係性の整理が重要になってくると指摘しています。このような家族における親子の問題は

第Ⅲ章　青年期の親子関係

二世代に留まらず，三世代以上の親子の問題が連鎖している場合があり，こういった「世代間の交差」に目を向ける必要があるとされています。

3 家族の背景にある要因

　今日の社会においては，家族の形態と家族が抱える課題は多様になってきています。たとえば，ステインバーグ（Steinberg, 2008）は，両親の離婚，再婚，シングルペアレント，母親の就労，経済的ストレスと貧困などの問題をあげています。

　両親の離婚が子どもに与える影響について，チャーリンら（Cherlin, Chase-Lansdale, & McRae, 1998）は，7歳から33歳までの子どもから成人期までの情緒的問題の推移を調査し，親の離婚を経験していない群，子どもが7歳から22歳までの間に親が離婚した群，子どもが23歳から33歳までの間に親が離婚した群を比較しています。その結果，子どもが7歳から22歳までの間に親が離婚した群の情緒的問題は最も大きく，また時間と共に増大していくことを明らかにしています。離婚や再婚，シングルペアレントの問題は，家族システムの構造的な問題であるととらえることができます。その点では，きょうだい関係や同居している世代数などの観点も家族を理解する上では重要になります。

　また，経済的問題も家族システムに大きな影響を与える要因の一つであるといえます。コンガーら（Conger, et al., 1993）は，家庭の経済的負担が両親の抑うつ状態を招き，その抑うつ状態は夫婦間の葛藤や不適切な養育態度，そして青年の困難さに直接的な影響を与えること，夫婦間の葛藤は不適切な養育態度に直接的な影響を与え，不適切な養育態度が青年の困難さに直接的な影響を与えるという因果モデルを提示しています。

　そして，家族の特徴を理解する上では，家族が共有している価値や宗教などの文化的な要因にも目を向ける必要があります。この文化的要因は家族ライフサイクルの長い歴史のなかで築いてきたものである可能性があり，家族成員の行動を規定する根強い力をもっていると考えることができます。

Ⅲ-7 青年期の子育てと親の発達課題

> **Episode　親の想い**
>
> ### その1　中学1年生男子の母親
> 大人に干渉されたくないということをよく言うようになりましたね。寂しいなとは思いますけど，それだけ大人になってきているんだと考えて，なるべく干渉し過ぎないようにしています。祖父母に口答えをするようになっているんですけど，どこまでエスカレートしていくのかなと時々はらはらします。友だちと遊ぶ行動範囲は広くなりましたね。でも，今のところ家の者に了解を得てから出かけるので心配はありません。
>
> ### その2　中学2年生男子の母親
> 会話が減って寂しいと感じます。自分の時間がもちたいのはよく理解できますけど，家族と一緒に過ごす時間が減ったのは残念です。自分で勝手に色々なことを決めてしまうので困ります。悩み事とかももっと話してくれたらなぁと思います。どうやって自分で解決しているのか時々心配になります。でも体が成長して頼もしくなったなとも思います。
>
> ### その3　中学1年生女子の母親
> おしゃれや流行歌に興味が出てきて，友だち同士でカラオケに行きたいと言ってきた時には，許可すべきかどうか戸惑いました。成長過程にあるのかなとは思うんですが，カラオケは個室なのでちょっと心配です。タバコを吸ったりとか，悪い友だちと一緒じゃないのかとか心配でした。友だち同士のなかでは色々なことがあるみたいなので。自己主張をしたり，積極性が出てきているのは成長したなと感じます。親にも色々なことを話してくれるので嬉しいと思います。でも，子どもが出過ぎていじめの対象になるのではないかと不安になった時期もありました。そういうことは言わないので。思春期に入って色々な誘惑があるし，危険な目に遭わないかなというのが心配。子どもの成長が早すぎて，親の気持ちがついていけていないみたい。

第Ⅲ章　青年期の親子関係

1　青年期の子育ての難しさ

　親に対して反抗的になったり，親子間の葛藤が高まる，などの親子関係の問題を解決することは青年にとっての重要な発達課題です。しかし，青年にとっての課題がある一方で，親にとっても親自身の独自な課題があると考えられています。

　子どもは児童期から青年期に入り，心も体も急激に成長するために，親に対する態度も変わってきます。そのような子どもの変化に対して，親自身も対応を変えていく必要が生じてきます。しかし，親が子どもに対する子育ての態度を調整することは容易なことではありません。

　コールマンら（Coleman & Hendry, 1999）は，青年期の子育ての難しさを指摘し，その理由として，「家族における権威関係の変容」「親役割の不確かさ」「子どもに対する監督やモニタリングの適切さの変化」などをあげています。「家族における権威関係の変容」とは，家族のなかで親が子どもよりも強い権限をもち，さまざまなことについて決定権や権威を発揮していた状況が，子どもの成長に伴って，子どももさまざまな権利を主張するようになり，一方向的な権威の関係から相互性の関係に移行していくことを意味しています（久世・平石，1992）。次に，「親役割の不確かさ」は，親が子どもに対して果たしてきた役割が変化し，曖昧になることを意味しています。親は子どもを育てるために，保護や支持，躾や教育などの役割を果たしています。しかし，自律の欲求が強くなっている子どもに対して，親はどこまで手を出したり，口を出したりすればよいのかを悩み，役割を見直すようになるのです。最後の「子どもに対する監督やモニタリングの適切さ」に関する曖昧さも同様のことを意味しています。親は子どもの安全を守ったり，躾のために，子どもの日常の行動をモニターし，監督し続けています。しかし，青年は親の干渉や統制，監督などを嫌うようになります。そこで，親は手綱を緩めたり，子どもと適切な物理的，心理的距離をとったり，さまざまな決定を子どもに任せるようになります。また，子どもが独力で色々なことができるようになると親も安心して手を離すようになります。この微妙な距離の取り方や統制の仕方は判断がなかなか難しく，親子によって個人差があります。

　宮脇・山本（2006）は，思春期（青年期前期）の子育てにおける不安には，「友達関係と子どもへの対応についての不安」「夫と周りの人からのサポートについての不安」「学校生活と子どもの行動についての不安」などがあり，このような

子育て不安は，パーソナリティ特性のひとつとしての特性不安[1]と統計的に有意な正の相関[2]（r=.485, p<.01）があることを明らかにしています。

また，平石（2007a）は，中学生の子どもをもつ母親に対する面接調査と質問紙調査によって，母親が子どもの思春期的な心身の成長に対して，肯定的な見方や感情を抱いていることが，子どもに対して主体性を尊重し，過干渉になったり介入しすぎないような適切な心理的な距離を保つ態度と関連していることを明らかにしています。また，子どもの成長に対して，否定的な見方や感情を抱いていると子どもに対する態度も不安定なものになり，悩みや不安が増大する可能性も示唆しています。

そして，渡邉・平石（2007）は，児童期から青年期への移行において，母親が「子どもと良好な関係を構築し，その関係を維持していくための行動」を養育スキルと呼んでいます。養育スキルは，道徳性スキル，自尊心スキル，理解・関心スキル[3]の3つの側面から成っていますが，特に，子どもに対して理解と関心を示し，家族との会話の時間をもったり，子どもの友人関係や勉強のことを把握していること，子どもと気楽に話すことができる姿勢を示しているという理解・関心スキルは，子どもが親との間の相互信頼感を抱くことと関連しています。また，その相互信頼感が子どもの心理的適応感や自尊感情に影響を与えている可能性が指摘されています。

以上に述べてきたように，青年期には青年期特有の子育て上の困難さがあり，それを乗り越え，子どもと適切にかかわっていく方法を理解するためには，親自身の個人的な背景要因についても考慮する必要があります。

▷1　特性不安
　不安にはさまざまなものがあるが，状態不安と特性不安を区別することが多い。状態不安とは，不安を喚起させやすいある状況下において生じているものであると見なすが，特性不安は，状況にかかわらず，不安を抱きやすいその人のパーソナリティの特徴を重視した概念。

▷2　正の相関　（Ⅲ-3）参照。

▷3　道徳性スキルと自尊心スキル
　道徳性スキルは，子どもに日常生活における規範，慣習，生活態度を教示する態度，自尊心スキルは子どもの気持ちを配慮したり，子どもに肯定的なメッセージや自立・成長を促進する態度を意味している。

2 親の発達課題

　青年期の子どもをもつ親の多くは，発達段階としては，中年期に位置しているといえます。中年期は人生半ばの過渡期に差しかかり，「中年期危機」に直面しやすい傾向があります。やまだ（2002）は，中年期には老いの自覚，「夢」の喪失と現実修正，親と子の対立，結婚生活の見直しなど，さまざまな葛藤をいくつも重ねて経験しやすいと述べています。特に母親は家事や子育ての主たる担い手であることが多いため，家族内での対人関係上の役割葛藤を経験しやすい面があります。親子関係という点では，青年期の子どもとの関係だけではなく，老年期にある親との関係もあり，三世代の間に挟まれながら親も子も世話をしなければならないという，いわゆるサンドウィッチ状態になり心理的負担は大きくなると言われています。また，青年期の子どもの自立は，母親にとっては「空の巣症候群」▷4と呼ばれるような喪失体験につながることもあります。

　また，ステインバーグら（Steinberg & Steinberg, 1994）は，青年期の子どもが中年期である親のメンタルヘルスを脅かす「引き金」になる可能性を示唆しています。その引き金の内容として，子どもの思春期的な身体的な外観の変化，性的成熟，異性とのデート行動，自立，情緒的な離脱，脱理想化があげられています。親にとって子どもが身体的に大人になり性的存在になることや，子どもとの心理的距離が開くこと，また，子どもに対する権威の喪失，親役割の混乱や喪失などが親自身の未解決課題を再燃させたり，新たな課題を引き起こす刺激になる可能性があるのです。

　青年期の親子関係は，青年期である子どもと中年期である親との相互作用であり，親が子どもにどのような影響を与えるかという観点だけではなく，子どもが親にどのような影響を与えているのかという観点も大切です。親自身も子どもとかかわりながら自らの発達課題に取り組んでいると理解できます。

▷4　空の巣症候群
　空の巣症候群とは，中年期にある女性，特に主婦が陥りやすい中年期危機を表す用語。子どもが青年期や成人期に入り，親元を離れて巣立ってしまうことにより，愛する対象である子どもや子育て役割を喪失し，同時に，夫婦関係においても夫の多忙さや関係の希薄さが重なることにより，家庭が空っぽになってしまった空虚感や離別感，喪失感，孤独感などを感じ，抑うつ症状を呈している状態を表している。

Ⅲ-8　親子関係と友人関係のつながり

Episode　社会性を育む親子関係

　忠司（仮名）は，現在，高校1年生。体育の時間がつらく，また，対人恐怖的な症状があるために学校には行けないでいました。それでも忠司は，勉強の遅れを気にして自宅での学習だけは熱心に取り組んでいました。忠司は幼少期から真面目な良い子で，親の言うことをきちんと守り，習い事なども問題なくこなしてきました。小学生時代は性格は優しく，おとなしかったのですが，成績が良く，学級委員を務めることも度々ありました。友だちも数名いましたが，忠司は運動が苦手なため，外で駆け回ったりするような遊びはせずに，家でコンピューターゲームや読書，ラジオを聴くのが好きな子でした。

　忠司には妹が一人いましたが，妹は母親の言うことをあまり聞かないところがあったため，母親は忠司を理想的な形で育ててきたと自負していました。しかし，父親は仕事が忙しく忠司をあまり外に連れ出して遊んであげることができなかったため，もっと男の子らしくなることと，社会性を身につけて欲しいと望んでいました。

　中学生になり，成績は良かったのですが，運動はとても苦手でした。そして，2年生になり忠司は同級生の男子集団にいじめられるようになりました。忠司はそれをきっかけに，クラス全員が自分を無視する，人が怖いと言うようになり，外を歩いても誰かが自分を襲ってくるような不安を覚えるようになりました。忠司は友だちが全くいない状態になり，3年生の後半から学校に行けない状態になってしまいました。そして，高校には無事に入学したものの，しばらくするとまた学校に行けなくなってしまったのです。

第Ⅲ章　青年期の親子関係

1　親子関係と友人関係の関連についての初期のモデル

　青年期の親子関係と友人関係の関係については，さまざまな見方があります。クーパーら（Cooper & Cooper, 1992）は，この両者の関係についての初期のモデルとして，「精神分析モデル」「社会化モデル」「認知モデル」の3つをあげています。「精神分析モデル」では，ブロス（Blos, 1967）の第2の個体化モデルが表しているように，青年は親から心理的に分離し，重要な対象が親から仲間関係へと移り変わることの必要性を強調しています。友人は親の代理であり補償的な存在であるという見方です。「社会化モデル」では親子関係と友人関係は異なる2つの世界で競合，対立する関係であるという見方をします。友人関係は若者文化の価値を有しており，大人に対する反抗や葛藤が生じやすいという見解です。最後の「認知モデル」は，親子関係と友人関係の相補的な関係を強調しています。そこでは，友人関係は親子関係のような非対称的な大人からの一方向的な権威の関係とは対照的な平等の関係であると位置づけています。子どもは平等である立場の友人関係を通して，自分とは異なる多様な視点に直面し，対人交渉を通してその他者の視点を統合していく力を発達させていくと考えられています。

2　タテ関係からヨコ関係への発達における挫折

　親子関係と友人関係との関連を精神分析モデルのように発達的移行の観点でとらえる立場の例として，池田（1997）が不登校事例の研究から提唱した「タテ関係からヨコ関係への発達における挫折」というテーマがあります。池田によれば，健康な発達過程において，子どもは児童期から思春期・青年期にかけて徐々に親（タテ関係）から自立していき，同性の友人，異性の友人へと重要な他者をヨコ関係へと移行し，その対人関係の世界を広げていきます。ヨコ関係は「社会化」を意味する重要な方向性であり，そこではまず第一に「共にあること」や「連帯感」などの感覚が形成される必要性があります（図Ⅲ-8-1

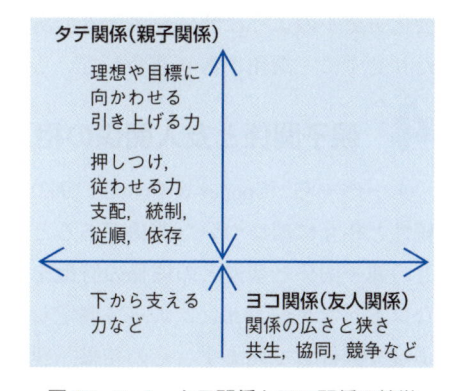

タテ関係（親子関係）
- 理想や目標に向かわせる引き上げる力
- 押しつけ，従わせる力　支配，統制，従順，依存
- 下から支える力など

ヨコ関係（友人関係）
- 関係の広さと狭さ
- 共生，協同，競争など

図Ⅲ-8-1　タテ関係とヨコ関係の特徴

を参照)。しかし、不登校児の場合、親の過度の支配や取り込み、子どもの分離不安、親の期待や要求に過剰に応えようとする態度などによって、子どもがタテ関係に強く縛られ、ヨコ関係を広げられずに挫折するという問題が生じることがあります。こういった発達的観点からの対人関係の困難な状況を「タテ関係からヨコ関係への発達における挫折」と呼んでいます。池田（1997）はタテとヨコの関係の均衡を回復し、健全なヨコ関係の広がりを目指すことが治療教育上の課題であると述べています。

3 儀式化モデル

近藤（1994）は、エリクソン（Erikson, E. H.）が唱えた儀式化（ritualization）の概念を用いて、子どもの家庭場面と学校場面における適応の過程を説明しています。儀式化とは、「特定の目標や価値観に基づいてその方向へ向かうように働きかける水路づけや訓練の過程」という意味です。学校では教師が明示的、暗示的に生徒に対してある特定の期待や要求を示しています。また、子どもには子どもの世界とルールがあるため、子ども同士による儀式化も行われています。そして、家庭内においても同様に、親子、家族の間で儀式化が行われていると考えられています。これらの儀式化はそれぞれが独立に生じていますが、それぞれが相互に関連し合うことになります。それぞれの集団内での儀式化で要求される行動様式が一致しているものであればよいのですが、不一致が生じている場合には、子どもの心に葛藤が生じることになると考えられています。

この儀式化モデルではシステムの視点が重視されていますが、先に紹介した社会化モデルのようにサブシステムである親子関係と友人関係の対立だけを強調したりせずに、調和があり適合している状態も考慮されています。

4 親子関係と友人関係の相互的な影響

クーパーら（Cooper & Cooper, 1992）は、青年期の親子関係と友人関係には連続性と相互に結びついた関係があると述べています。彼らは、初期青年期の子どもの親子関係と親友との関係の特徴を、意思決定課題において観察される言語的なコミュニケーションによって測定し、表Ⅲ-5-1で紹介した概念的枠組みによって分析しています。その結果、親子のコミュニケーション場面と比べ、親友とのコミュニケーションにおいては、意見の不一致や結合性（滲透性と相互性）

がより多く表明されているという対人関係の文脈における差異が見出されました。しかし，個人差の観点からの分析結果では，親友との関係における独自性（自己主張と分離）と結合性の表明の仕方は親子関係におけるそれと関連しており，連続性があることを明らかにしています。また，親子関係のあり方は，友人関係における<u>有能感</u>や，親密な友人関係の維持に中心的な役割を果たしていると思われる<u>自尊感情</u>や<u>葛藤解決のスキル</u>とも関連していることが示唆されました。

　他方で，ダディス（Daddis, 2008）は，友人関係が親子関係に与える影響について個人的な<u>裁量権の認知</u>という観点から検証しています。彼は，青年は個人の自由の範囲を親友が許されている個人の自由と比較しており，そのことが親との意見の不一致に通じている可能性を示唆しています。青年の親の権威の裁量権に関する推論は親友のそれと類似性が高く，どういった問題が個人的な問題かを決定する際に親友は影響力があることを見いだしています。親に対して何らかの要求をして交渉する際に，「友だちの家では認められている」「友だちはみんなそうだ」と友だちを引き合いに出しながら，親に自分の要求を通そうとする行動は一般によく見られます。これは青年が親に対する自律性を獲得する際に友人関係の影響を受けていることをよく表しています。従来の研究においては，親子関係が青年の対人関係や心理的適応に影響を与えているという一方向的な因果関係が検討されることが多かったのですが，近年では双方向の因果関係を重視する視点が増えてきています。

　以上に述べてきたように，親子関係と友人関係の関連については，多様な見解が存在しています。これらの見解はどれが正しいというものではなく，いずれの見解も複雑で多様な青年期発達の現象を説明するのにそれぞれが有効な側面をもっていると考えられます。

▷　**自尊感情**
　英語の self-esteem の訳語で，自尊心とも呼ばれる。自己に対する評価的な認識や感情を表し，自分は基本的に価値ある存在であると見なし，自信や自己肯定感がもてている状態。

[第Ⅳ章]
青年期の友人関係

　児童期までとは異なり，青年期には親と教師の絶対性が揺らぎはじめます。同世代の価値観を強く意識し，友人関係，先輩後輩，異性交際から影響を受けることが以前にも増して大きくなっていきます。
　なかでも友人関係は青年にとって身近な関係ですが，家族とは違い，やはり社会的な関係です。しゃべったり笑ったりして気を許せる仲間でもありますが，軽く見られれば不快です。強がりを言うことも見栄を張ることもあります。ふだんは一緒がいいけれど，みんなから離れて1人になりたいときもあります。安心のもとでもあり，たまに悩みのタネにもなります。
　そして友だちがいることは青年にいろいろな気づきをもたらしてくれます。同世代の同性の友だちはもう1人の自分のような存在だからです。いいやつも困ったやつも，めいめいの個性でいろいろな姿を見せてくれます。私たちは友だちを見て自分のことを考え，自己理解を深めていくようです。

Ⅳ-1 友人関係とは何か

Episode 友だち至上主義への疑問：友だちはそんなに必要なものなのか

　以下の文章は，ある医学博士が書いたもので，個性の心理学についての本（須賀，2003）に引用されています。

　「友達がいない」とか「友達とうまくいかない」とかいうことを言い募る人に，たとえば私はいらだってしまう。だいたい「友達」って何なのか，そんなに必要なものなのか，「うまく」いくって何なのか，「うまく」いく必要なんかあるのか。

　私は友達の少ない（いないのかもしれない）人間で，いま私はほとんど毎日〈略〉働き，それがない日は家族との時間に当てているから，友達と会う暇もない。友達と会う暇があれば，映画や芝居を見に行きたくなる。〈略〉勉強会をする仲間や〈略〉同僚などはいるのだが，そのような人たちは「友達」ではない気がする。〈略〉

　本当に深く人間的な幸福感が人付き合い，ソーシャルな人間関係から生まれるものであろうか。私は疑問に思っている。それは人間的幸福のスパイスであるかもしれないが，所詮スパイスである。人間の心の実質のほとんどは，一人であることと極度に親密な誰かとの関係とから生まれると私は思う。

　精神医学者が書いた『孤独』（ストー，1999）という本では，人間関係はとても重要なことだがそれが人生における唯一のことではないとして，孤独の重要な役割が論じられています。また，『友だち100人できません』（諸富，2007）という本を書いたカウンセラーは，「ひとりはみじめ」「友だちは多い方がいい」「みんなと一緒がいい」という思い込みについて議論し，時には人間関係を一休みすることの大切さを論じています。

　以上のような議論が多数あることは，友人関係が多くの人の心に重大な影響力をもつことの証明でもあるように思われます。

1　親子関係や恋愛関係との違い

　生まれた子どもが最初に出会う人間関係は，親子関係です。生まれた瞬間から，すでに親は存在しています。求めなくても，すでに与えられているのが親子関係です。生みの親との関係は血縁関係であり，その関係は消えませんし消せません。また，親子関係は，親が子どもを愛する，親が子どもを育てる，という上から下への一方向的な愛情関係です。それから，親子関係は，現状以上には広がりません。すでにあるものを受け入れていくだけで，自由に取り替えたり，増やしたりできる関係ではありません。

　家のなかから外に出て，外の世界で遊ぶようになると，同年齢・同世代の子どもと出会います。保育所や幼稚園，そして学校に入ると，多くの時間を同年齢・同世代と一緒に過ごすことになります。そして友人関係がつくられていきます。「友だち100人できるかな」と歌われるように，入学の頃には，みんなと仲良く友だちになることが求められます。学校側も，同じクラスの子はみんな友だちという言い方をしますから，新入生は一度に20人，30人の友だちをもつことになります。友人関係は「ここにいる子はみんな友だち」という横並び状態が始まりです。

　恋愛関係は，友人関係から始まることもあります。そして家族関係に発展することさえあります。しかし，恋愛関係の場合には，関係する相手は1人であることが基本です。そこが友人と恋人の大きな違いです。友だちは何人いてもその関係を維持できますが，複数の恋人と相思相愛の関係を継続することはできません。また，恋人は自分だけのものかもしれませんが，友人はそうではありません。自分の友人が他の人の友人であることも普通にあることです。友だちを自分だけのものにすることはできません。さらに，恋愛関係は自分たちが主体的に築いた関係ですが，恋愛関係が深まり，結婚して婚姻関係となった場合は，恋人同士は夫婦という家族に変わります。子どもが生まれれば，子どもを媒介として両親という1つの単位となり，子ども世代に対峙する親世代として協同し，家庭を築いていきます。社会的・法的な責任も生じ，ある程度拘束された関係となります。

2　友人関係の特質

　友人関係の特徴は，(1)何かを共有している関係：「おな（じ）中（学校）」であ

ったり，趣味・関心が共通していたり，時には秘密を共有していることもあります。「『ウチら』と『おソロ』の世代」（中村，2004）と呼ばれるように，仲間うちで同じブームを共有したり，グッズをおそろいにしたりすることもあります。(2) 主体的につくられる関係：同じクラスのなかでも，さらに友だち関係は分化していきます。学校によって組織されたクラスというフォーマルな集団のなかに，仲のよい子たちが結びついたインフォーマル・グループが自然発生していきます。友だちは，友だちになりなさいと誰かに言われてなれるものではなく，その人たちが主体的に結びついてできていくものです。教師や親が介入しにくいので，友だちづくりが苦手な子を援助するのは簡単ではありません。学校にできることは，席替えや班替えを何度かしたり，グループ学習の時間を設けたり，学校行事やレクリエーションなどを企画したり，出会いの場をいくつも用意して待つということです。(3) 対等な関係：友人関係は基本的に同年齢・同世代との関係ですから，親子関係や教師との関係のように，年長者がいろいろ配慮してくれる関係ではありません。また，何かを達成するための組織でもないので，リーダーやフォロワーといった明確な役割分担もありません。部活の先輩―後輩のような敬語を使ったり，緊張したりする関係でもありません。水平的なヨコの関係ですから，気楽に自分を出せるのです。いつも同じ人だけが使役させられたり（パシリ），からかわれたりするのは，対等な関係ではないという点で友人関係とは言えないのではないでしょうか。それ以外にも，遠矢（1996）は「友人関係は，お互いの立場の『対等性』，関係構築の『自発性』，お互いが影響し合う『相互的互恵性』に特徴づけられた関係」と指摘しています。また，友情の本質は「互恵性（reciprocity）」と「関与性（commitment）」である（トンプソンら，2003）という指摘もあります。

　これらとは別に，友人関係の特徴には，それを裏づける明確な根拠がつかみにくいという不確かさがあげられます。親子関係なら血縁や同居，見た目や価値観の類似性など，わかりやすい根拠があります。恋愛関係は，相手も1人，自分も1人というわかりやすい二者関係ですから，誕生日やクリスマスのデートなど，自分が相手から最優先の待遇を受けていれば，恋人だとわかるでしょう。キスやセックスなどの性的関係も，愛しているという言葉も，他の人とは違う特別な関係であることの根拠になると思われます。スポーツや仕事のチームという関係であれば，優勝や仕事の完成など，共有する明確な達成目標があります。それを共に目指していることが，自分たちがチームであることの根拠になります。しかし，

一般的な友人関係においては，自分たちが友だちであることを確認できる根拠はありません。友だち関係は1対1の二者関係とは限りませんし，自分の友だちが同時に他の人の友だちであることも普通によくあることです。友人関係はいくつもの友だちの輪が五輪旗のように重なりあっている関係であり，そのぶん，本当に自分に友だちがいるのかどうか不安になったり，わからなくなったりすることもあります。友だち同士が文房具をおソロにしたり，同じファッションをしたり，常に一緒に行動したりするのは，自分たちが友だちであることを確認して安心したいからかもしれません。

3 友人関係から得られるもの

　友だちとはどこで出会えるのでしょうか。その多くは学校です。18歳から24歳を対象とした調査によれば（内閣府政策統括官，2004），友人を得たきっかけは「学校で」（91.5%），「職場・バイト先で」（36.6%）です。「ネットで」（1.6%）はほとんどありません。そして，学校に通う意義の第一位も「友だちとの友情をはぐくむ」（61.5%）ということでした。多くの若者が，友だちを得るために学校に行き，学校で友だちを得ているということになります。勉強は家で一人でもできますが，友だちは家に一人でいてはできません。学校は，先生たちが友だちづくりの機会を提供してくれる場所だと考えられます。学校を辞めたり，卒業して就職したりすると，それがよくわかります。不登校，フリーター，ニートの問題は，友だちをつくりにくい環境に身を置いているということでもあります。

　では，友だちから得られるものは何でしょうか。それは，安心感です。同じ年齢で，同じ状況にあり，同じような不安を抱えている者同士だから，いちいち細かいことを説明しなくても，話が通じます。いろいろ逆に聞かれてしまい，話したいことまで進まず面倒になることもありません。話しているうちに，みんなも同じような気持ちでいることがわかれば，安心できます。自分だけがおかしいのではないかと不安になる気持ちを消してくれるのが友だちの存在です。友だちもグラビアアイドルの雑誌を隠しもっている。友だちもアルバイトをしている。友だちはピアスをしていない。友だちの様子を見たり，友だちの話を聞いたりしながら，自分の行動の良し悪しを判断していきます。友だちも自分と同じだとわかると，青少年の心は安心し，落ち着いてきます。

Ⅳ-2 現代の青年の友人関係

> **Episode** 現代版君子の交わり？：友だちとは当たり障りなくニコニコと
>
> 女子生徒がカウンセラーに話をしています。
>
> 「友だちっていうのは，ある程度の数がいれば一人ひとりとはそんなに親しくなくてもいいんじゃないかって，このごろ思うのね。いつも同じ人たちが一緒にいてくれるなら誰でもいい。それ以上は求めない。友だちがいないのは，みじめに見えるからダメ。友だちいないと休み時間とか間がもたないし，体育で2人組になるとき困るし。でも友だちができても，つきあってみないと自分と合うか合わないかはわからないから，やっかいなこともある。いろいろ考えている子の話は重いし，できれば聞きたくない。よくわかんないけどがんばって，っていうくらいしかできない。悩み事やグチばかり言う子はみんなからいやがられる。そういうのは学校の友だち向きの話題じゃないし。だから自分も言わないようにしてる。なかには，すぐに人の揚げ足を取ってからかったり，自分のことを悪く言ったって取る子もいるから，自分がしゃべるときは気を遣う。当たり障りのない話題がグッド。話題が誰かの悪口になったら，黙っているか，わかんないって言って逃げる。うっかりうなずいたりしたら，自分も悪口を言ってみたいに言われるから。すごく気が合う子ができて，何でも話せたらうれしいだろうけど，親しくなりすぎるのは少しコワイ気がする。深くつきあった後でケンカしたり，別の子のところに行かれちゃったら，絶対傷つくし。そんなことになるなら，最初から話しすぎないほうがいいもの。だから，あまり自分から深入りしないで，誰からもきらわれないで，ニコニコ3年間無事に過ごせたら，そういうのが一番イイって思うの。漢文で習った『君子の交わりは淡きこと水の如し』って感じ？」
>
> 「うーん，ちょっと違う気がするけど……。」

第Ⅳ章　青年期の友人関係

1　多くの友人との満足できる関係

　青年の対人関係は，時代の影響を大きく受ける部分があります。ケータイが普及する以前は，一台の「家（の）電（話）」を家族で共有するのが当たり前でした。異性からの電話を取り次いでもらえなかったり，秘密の相談事を親のいる居間で話すしかなかったりした時代があったのです。今や電話は一人一台の所有となり，ケータイの自由な使用を許されたら青年期と言えるのかもしれません。現代の青年の多くは，親に知られることなくいつでもどこでも誰とでも直接連絡をすることができますし，遠方に住んでいる人とメールで知り合い，友だちづきあいをしていくことも可能です。親の側からすると，子どもの人間関係を把握しにくい時代になっています。青年にとっては，常に友だちと連絡可能なので，安心感もあるでしょうが，ケータイへの対応に時間を取られるという弊害もあります。友だちのメールに返信しなくても平気，という人は少数派でしょう。文通とは違い，本人さえ努力すれば瞬時に返信できるので，返信のスピード，いわゆる「即レス」が友情の証と考える若者もいるかもしれません。

　以前の青年心理学書を見ると，青年は友人を渇望し，恋愛的な熱情で友人関係に忠誠を尽くし純粋な友情を求め合うが，それゆえその関係は一度の不誠実でも絶交という形で壊れるということが書かれています。また大学生の手記の8割が，なんだか表面的，壁があるなど，友人関係に対する否定的な内容を含んでいたそうです（西平，1959）。親や社会には反抗して背を向ける，その一方異性との恋愛にも制約があるという時代には，青年の他者を求める心が友人関係に向かうのは当然の帰結であったでしょう。そして理想主義的に真摯な友情を求めれば求めるほど，真の友人を探し求めてもその思いは満たされず，不全感をおぼえることも多かったと考えられます。「今，ここにない」理想を純粋に追い求めるほど，「今，ここにある」現実は色あせて見えるものですから。

　それでは，現代の友人関係はどうなっているのでしょうか。社会の価値観は多様化し，多くの権威は弱体化し，社会規範は相対化されつつあります。学校に行かない子どもも，就職しない若者も，結婚しない大人も，それを理由に社会から排斥されることはありません。価値観が多様化し，個人を尊重しますから，他者に対して介入することも少なくなり，地域でも，職場でも，血縁関係でも，以前の方が人間関係は濃密だったと思われます。社会が便利になったことも，人と人

第2部　青年期の人間関係

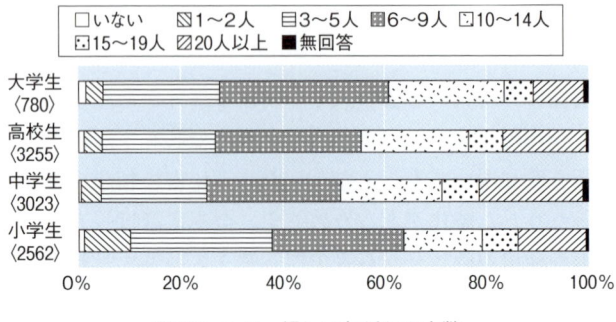

図IV-2-1　親しい友だちの人数

とが助け合う必要性を少なくしました。「自己責任」という言葉に象徴されるように，社会からの支配も支援も不明瞭になり，多くのことが個人の判断に任されているように思われます。このような社会状況にあって，しばしば友人関係は希薄化していると指摘されますが，すべての人間関係が希薄化しているのであれば，友人関係もそうなるのが道理です。

　しかし，第7回の世界青年意識調査において，「同性の親しい友人がいる」という回答をした日本の青年（18歳～24歳）は，94.8%でした。また，友人関係の満足度を比較しても，「満足」という割合は1983年は54.0%，1988年54.1%，1993年64.1%，1998年74.6%，2003年72.0%と上昇傾向にあるといえます（内閣府政策統括官，2004）。また，「現在よくつきあっている親しい友達は，何人くらいいますか」という問いへの回答は，図IV-2-1の通りでした（総務庁青少年対策本部，1999）。中学生では「20人以上」，高校生・大学生では「10～14人」という回答でさえ20%以上あり，親しい友だちがたくさんいることがわかります。調査結果からは，青年が多くの友だちと満足できる関係を構築していることが推察され，希薄化という指摘とはかなり異なっています。

2　友人関係の「希薄化」と「選択化」

　青年の友人関係が希薄化しているかどうかについては議論があります（福重，2006）。青年の友人関係を「深い―浅い」という視点から見て，友だちづきあいが浅くなった，希薄化したと単純にとらえるのではなく，「深い―浅い」とは異なる枠組みでとらえた選択化という視点を入れた議論です。従来の「浅く広い」関係と「深く狭い」関係という対比に加えて，場面場面に応じて友人関係を使い

分けるような選択的な友人関係があり，それが今日の若者には比較的多く見られるとの指摘があります（辻，2006）。これは，友人という言葉で表される範囲が広がり，濃密な関係も浅薄な関係も，古いつき合いも新しいつき合いも友人として1つにくくられてしまうために，友人関係が希薄化したように見える場合があるという指摘です。また，ゲームは遊び仲間と，おしゃべりは学校の友人と，相談は親友と，といったように場面や用途で友人を使い分けることで友人関係が一極化せず（友人構造の二重化，岡田，1990），結果として希薄化しているように見えるという指摘でもあります。友人関係には，親しい友人もいれば，会えば挨拶をするというくらいの友人もいます。幼なじみといるときと，大学に入ってからの友だちといるときと，ネット上の仲間とパソコンでやり取りをしているときとで，自分の相手に対する態度が違うということもあるでしょう。青年期の友人関係においては，はじめは誰に対しても深く密着したつき合いをしなければならないという思いこみが見られるものの，やがては必ずしも深く密着したつき合い方をしなくてもよく，自分でつき合い方を柔軟に選んでよいという考え方へと発達していくことが示されています（豊田，2004）。

　友人関係は，他の人間関係と同じ程度には，過去の時代に比べて希薄化していると考えるのが妥当だと思われます。しかし，友人関係のなかの個々の関係ごとに見れば親しさの程度は多様であり，年齢とともにその多様さを肯定して幅広い友人関係を保てるようになっていくと考えられます。そして友人と見なせる人の数も増えていき，そのなかから場面や自分のニーズに合わせて相手を選ぶことができれば，友人関係の満足度も結果的に高くなるということではないでしょうか。

3 現代の友人関係の3タイプ

　岡田（2007）は，現代青年の友人関係を3つに分類しています。(i)群れ指向群：傷つけあうことを避け，円滑で楽しい関係を求めるタイプ。他人からよく思われたいと思い，他人から影響されやすいという特徴があります。(ii)関係回避群：他人との内面的な関係を避け自分にこもるタイプ。自分に対して否定的な感情をもっているという特徴があります。(iii)個別関係群：お互いの内面的な気持ちをさらけだしあう「昔ながらの友人関係」を指向するタイプ。自分を肯定し，自分の言いたいことは言えるという特徴があります。現代的な特徴と考えられるのは，群れ指向的な友人関係と，関係回避的な友人関係ということになります。

第2部 青年期の人間関係

Ⅳ-3　親友の存在

> **Episode**　親友かどうかの判別：親友と呼んでいいのか教えてよ
>
> 　下記の文章（岡田，2007から一部改変して引用）は，新聞の投書欄に掲載された投書です。
> 　「僕には，同じクラスに親友と呼べる人がいます。でも，彼が自分のことをどう思っているのか分からず，不安です。彼に悩みを相談したいのに，もし自分のことをただの友人と思っていたら『邪魔だろーな』と思ってしまって，なかなか彼に心を開けません。友人はまじめな人です。いつも一緒にいて，明るい顔をしてくれます。親友かそうでないかを知る方法があれば教えてください。」
>
> 　この投書の人のように，自分は相手を親友と思っているけれど，相手が自分を親友と思ってくれているのかどうかわからない，だからそれを知りたいという人がいます。また，友だちはいるけれど自分には「親友」がいないのではないかと気にしている人もいます。なかには，自分の友だちの前で，「親友」が欲しいと嘆く人さえいます。友だちではなく「親友」がいるという確信は，どうしたら生まれるのでしょうか。
> 　相手を親友だと思えた理由を書いてもらい，それを分類した研究（種村，2006）では，「一緒にいるから」「自己開示できるから」「継続した関係をもてるから」「相談できるから」「やさしく楽しいから」「共感・理解できるから」「よく会話するから」「一緒にいて安心できるから」という理由が上位を占めました。聞いてみたら相手が親友だと言ってくれたからという理由は1％にもなりませんでした。
> 　「友情とは，告白されることのない情熱である」（ボナール,1966）。どうやら，告白なしに，相手を試したり確かめたりすることもなしに，自分たちの友情を信じられるようになるしかないみたいです。まずは自分が相手を「親友」だと信じてしまうこと，それが確信を得るための早道のように思われます。告白も確認も友情には不要……ではないでしょうか。

第Ⅳ章　青年期の友人関係

1　親友は青年期においてこそ重要である

　友人関係にある相手を表す言葉には，友，友だち，仲間，畏友，親友，悪友などいくつもあります。ある雑誌の友情に関する特集号の巻頭言では，親友は次のように説明されていました。親友とは，「ただ仲良くて親しいというだけでなく，お互いが心を許し，深く理解し合った，かけがえのない存在」（望星，2006）。

　親友という言葉には，特別な響きがあり，ただの親しい友だちという以上の願いが込められているように思われます。そのため，「信友」「真友」「心友」という表記にしたくなる人もいるでしょう。親友は，選りすぐられた友人という意味で使われることが多く，友だちの数が多いという人でも，「仲間から友達を絞り，友達の中から親友を絞るとなると，〈略〉本当の意味で気のおけない友達は，2，3人といったところであろうか」と述べています（なぎら，2006）。

　青年期には友人関係は分化しており，ひとりの青年が，結びつきの強さや親しさの程度が異なる多様な友人関係をもっていると考えられます。親友も友だちですが，バイトでだけ一緒になる友だちも，やはり友だちです。

　しかし，「一般には，青年期になると『徒党』的関係から『仲間』ないしは『仲よし』，『親友』へとその主体が移行する」（井上，1966）と考えられており，青年期には，「多数の友人を求めるよりも，深い心のつながりをもった2，3人の少数の親友を求めるようになる」（松下，1969）と言われてきました。

2　親友の人数

　「（同性で）親友といえる人が何人くらいいますか」という問いに対する青年（19歳～28歳，学生・有職者・無職を含む）の回答は，いない（3.0％），1人（9.0％），2人（19.1％），3人（24.1％），4人（7.6％），5人（16.0％），6人以上（20.6％）となっていました（総務庁青少年対策本部，1986）。親友の数について言うと，1～3人という回答で半数以上を占めています。また，1～3人という回答者数の比率は，23歳まで（48.4％）と24歳以上（56.1％）とで異なり，未婚（49.1％）と既婚（60.5％）とでも異なっていました。「いない」という回答は，23歳まで（2.3％）と24歳以上（3.6％）とで若干異なり，未婚（2.3％）と既婚（4.7％）とでも若干異なっていました。年齢が上がり，結婚もすると，新たな親友は得にくいということのようです。

高校1年生に対する調査（手塚・酒井, 2007）では, 現在通っている高校に親友がいるという回答が77.4%であり, 親友の人数については, 3人（22.5%）, 1人（19.4%）, 2人（13.6%）という順になっていました。一方, 現在通っている高校以外に親友がいるという回答は91.2%であり, 同じ高校に親友がいるという回答よりも約14%も多かったのです。親友の人数については, 2人（20.9%）, 1人（19.2%）, 3人（7.5%）という順でした。なお, 同じ高校以外の親友の場合, つき合いの長さは, 5年以上前から（46.9%）, 4年から3年くらい（34.3%）, 2年から1年半くらい（13.4%）という順になり, 親友とのつき合いはかなり長いといえます。親友と会う間隔については, 高校が違うせいでしょうか, ほとんど会わないという回答（14.9%）も意外に多いのでした。大学生においても, 接触頻度の異なる2種類の親しい友人を比較した研究（丹野, 2008）があります。ふだんから会う機会の多い親しい友人がいると回答した大学生は88.0%でしたが, めったに会えないが親しい友人がいると回答した大学生は93.1%と, それ以上でした。また, 大学生女子ではめったに会えないが親しい友人との方が, 親密度も高いという結果になりました。めったに会えないが親しい友人との関係はこの先も長く続いていくと展望している場合, この友人との関係に対する満足度は高く, 精神的健康にも関連してくることが明らかにされています。

　親友の有無と人数に関しては, 小学生から社会人までを対象とした調査結果（種村・佐藤, 2007）もあります。「あなたにはいま,『この人が私の親友だ』と思える人はいますか」という質問に対して,「いる」「いない」「わからない」の3つの選択肢で回答してもらいました。「いる」という回答は, 小学生で最も多く（86.1%）, 中学生（68.1%）・高校生（67.9%）にかけて減少し, 大学生で再び増加しますが（82.0%）, 社会人では再度減少しました（70.5%）。「いない」という回答は, 小学生（1.5%）から社会人（18.0%）にかけて順に増加していきます。そして,「わからない」という回答が中学生（28.3%）と高校生（27.7%）では多く見られ, 4人に1人が「わからない」と答えていたことになります。また, 親友だと思える人の平均人数は, 小学生6.67（SD = 5.80）人, 中学生5.55（SD = 6.21）人, 高校生3.48（SD = 2.62）人, 大学生3.23人（SD = 2.50）, 社会人2.81（SD = 2.31）人となり, 年齢が上がるにつれて減少する傾向と, 親友数の分布する範囲が狭くなってくる傾向がうかがわれます。年齢が進むにつれて親友の数が少なくなることは三島（1994）も報告しています。年齢が上がるにつれて, 人格

的には成長していくと考えられますし，対人関係も広がっていくと考えられます。にもかかわらず，親友の数が減少していくのは，親友がただの親しい友だちとは異なる存在であることを示唆しています。年齢を重ねるにつれ，親友らしい親友しか親友とは思えなくなるということではないでしょうか。

3 親友という存在の意味

　親友に関して，一般的な知見や調査結果を見てきましたが，実際のところ，親友とはどのような友人をさすのでしょうか。「他の仲間と区別される友人」であり，「互いの心の深い部分まで語り合いつつ，さらに互いの成長を図っていく」存在であると宮下（1995）は述べています。また，大学生に対して回顧法を用いた親友概念の研究（岡林，2005）では，小学6年時点における親友との関係はいつも一緒にいるということを重視していましたが，大学生時点では助けられたり助けたりする関係を重視していることを報告しています。大学生を対象として親友と仲間の位置づけを比較した難波（2005）は，親友は，目的・行動の共有の顕著さは仲間に比べて低いだろうと考察しています。河合（2005）も，目的や理想を共有する存在はむしろ仲間とか同志と呼ぶにふさわしいと述べています。これらのことから考えると，仲間とは理想や目標を共有し，それを遂行し達成するために行動を共にする，目的性と凝集性の高さを特徴とする集団でのつき合いといえそうです。それと比較して親友は，気持ちや信頼を共有し，お互いの存在そのものが互いの支えとなっている互恵性の強さを特徴とした，個人と個人のつき合いといえるでしょう。存在自体が重要なので，代わりのいない，かけがえのない存在です。しかし，親友は同じ学校にいるとは限らないので，頻繁に会うとは限りません。このような理由で，お互いを親友であると確認させてくれる客観的な根拠を見いだすのは困難になります。「あなたには親友がいるか」という問いに対して，真剣に考えれば考えるほど，「本当の友だちが自分にはいるだろうか，親友がいるのだろうかと疑わしくなってくる」（落合，2002）のもしかたがありません。「友情とは年月のことである」（佐野，1988）との指摘もあります。大学生の親友とのつき合いの長さは平均5.2年という報告もあります（藤田，1997）。自分たちは親友だと確信するには，積み重ねた時間という根拠が必要なのかもしれません。

第 2 部　青年期の人間関係

Ⅳ-4　生涯発達のなかでの友人関係

> **Episode　おとなの友情の味わい：いい年の友集まりて憂いなし**
>
> **その1　縦糸の友・一生の友**
>
> ある作家が，目の摘出手術を控えた友人に，きみを縦糸の友達にした，と伝えたそうです。「織物は縦糸が決まらないと，横糸がひっかからない。つまり，縦糸は一生の友，横糸は一過性の友ということだよ。これはきみの問題じゃないんだ。僕が勝手に決めたことだから」。この年長の友人からの友情宣言は一生忘れられないものになりました（ピーコ，2002より構成）。
>
> **その2　旧友再会・同窓会**
>
> ある大学教員が，同窓会で思いました。「同窓会が楽しくなったのは，いい年になってからだな。普段は先生と奉られているが，ここでは作家でも先生でもない。威厳を保つ必要もないからいい気分だ。みんなも昔のあだ名で呼んでくれる。ここにいる友だちは，地位や業績に関係なくお互いを認め合っている。大人になる前からの知り合いだからだ。名刺を出す必要もない。地位や業績で自分を見せる必要はないからだ。集まって昔の話をして，お互いが共有している過去を確かめ合うこと以外何もいらない。古い友だちが大切に思えるのは，年を取ったおかげだな（河合，2005を参考に構成）。
>
> **その3　現世の孤独・来世の再会**
>
> ある高齢の独居老人が言いました。「年寄りになって寂しいのは，『おじいさん』と呼ばれることが多くなり，自分を名前で呼んでくれる友だちがいなくなったことだ。その代わり，親兄弟も友だちの大半もあの世にいるので，あの世が身近に思えるようになった。あの世がこわいところじゃなくなってきたよ。」

第Ⅳ章　青年期の友人関係

1　遊び相手から語り合う仲間へ

　幼児期，児童期と比較して青年期の友人関係の特徴を述べた井上（1966）は，幼児期を「だれとでもなりうる」「遊びの友だち」，児童期を「選択的になる」「生活の友だち」，そして青年期を「厳選する」「心の友」と記述しています。これらの変化は，友だちという存在が，何を一緒にする相手かを考えるとわかります。その場で一緒に鬼ごっこをして遊ぶ相手であれば，鬼ごっこのルールさえ知っていれば，知らない子でも別段困りません。学校のなかで一緒に係活動をしたり，登下校を共にするような相手となれば，誰でもよいわけではありません。気の合う友だちと一緒が楽しいはずです。そして，悩みを語り合ったり相談したりする相手は，お互いのことをよく知っていて，秘密も守れる特定の相手が安心です。

　青年期以降は，学校という同年齢集団ではなく，職場，地域，家庭が生活の中心となります。職場の同僚や地域の隣人は，つき合いはあっても，友だちとは少し違います。大人の多くは青年期までに友人関係を形成しているので，友だちがほしいという欲求はもう強くありません。また，加齢には勝てませんから，友だちと遊ぶよりも休むことが優先になります。遊ぶ相手よりも，寝転がるソファーが必要になるのです。結婚したり子どもが生まれたりすると，常に家族と一緒です。友だちまで手が回りません。さらに大人には新しい4月が来ても，クラス替えも進学もありません。毎年毎年あったはずの変化，友だちづくりの季節はもはやありません。つまり，職に就き家庭をもつようになると，新しい友だちはできにくいのです。子どもを通して「ママ（同士の）友（だち）」「おやじの会」になることはあっても，やはり学校時代の友だちのようにはなりません。青年期までの友だちづき合いを細く長く続けていくのが，成人期以降の友人関係の現実です。

2　同質性の堅持から異質性の許容へ

　児童期から青年期にかけての仲間関係の発達を3つのグループで説明する理論があります（保坂，1996；保坂・岡村，1986）。(i)**ギャング・グループ**：児童期後半，小学校高学年頃に現れる集団での仲間関係です。同一行動をすることで得られる一体感が重んじられ，同じ遊びを一緒にする者が仲間，遊びを共有できないものは仲間扱いをしてもらえません。親離れの時期でもあるため，大人から禁止され

ている危険な行動を敢えて行い，そこでまた仲間関係を確認するようなこともあります。(ii)**チャム・グループ**：思春期，中学生頃によく見られる仲よしグループ。集まっておしゃべりをし，一緒に「そうそう」「だよねー」と共感し合い，お互いの共通点や類似性を確認し合って，安心感を覚えます。みんなと同じであるという同一感，自分が仲間から浮いていない，外れていないという適合感を感じることで自分に自信がもてます。しかし，集団の団結力を強めるような過去の劇的な体験，協同して行う行動，達成しようとする目的や目標などはありません。ですから，一緒にいる時間を多くもち，たくさんの会話を重ねて心理的に接近し，集団としての結びつきを維持します。(iii)**ピア・グループ**：一体感や同質性を基盤とした(i)(ii)とは異なり，異なる個性を許容し，互いの異質性を認め合った上で結びついている友人関係です。年齢が進み，まわりに合わせるよりも自分らしくいたいと思うようになる頃に適した関係です。集団凝集性は低くなり，仲間からの圧力も弱くなります。無理に同調しなくても排斥される心配はありません。個が尊重され，同一であることへの強制はゆるくなっています。

　個人と個人の間の関係性を基盤として友人関係を築いていくには，必ずしも集団という枠組みは必要ありません。しかし，個が確立する以前の年齢が低い段階では，何らかの行動やルールで各人を統制し，集団の凝集性を高めることで仲間関係を維持しようとします。みんなで同じ行動をし，みんなの話に同調していくことは，仲間関係を維持することに役立ちます。しかし，集団外に仮想敵を想定して集団間の対立が起きたり，集団内に仮想敵を設定して仲間はずしをしたり，集団の凝集性を高めようとして排他的になったりしてしまうこともあります。異質性を許容できることは，対人関係を不快にしないためにも重要と考えられます。

3　青年期以降の友人関係

　図Ⅳ-4-1は，困った時に助けてくれる友人の有無を年齢別に示したものです。25歳未満では，100%近くの人が，そのような友人がいると答えています。しかし，46歳以降では70%程度に下がり，76歳以上では，ほぼ50%まで下がります。友人と仲違いをした結果ではなく，友人が他界している場合の増加によると考えられます。図Ⅳ-4-2は，困った時に助けてくれる友人がいる場合（「はい」）といない場合（「いいえ」）の違いが，現在の充実感にどのように関連しているかを見たものです。25歳未満の青年期から35歳までは，友人がいる場合の方が，充実

第Ⅳ章　青年期の友人関係

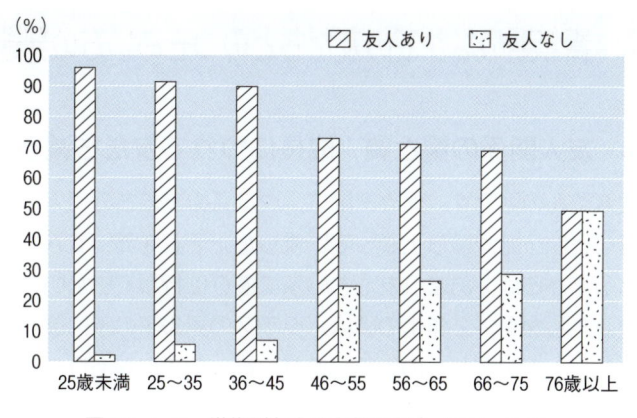

図Ⅳ-4-1　世代別友人の有無の割合（柏尾，2000）

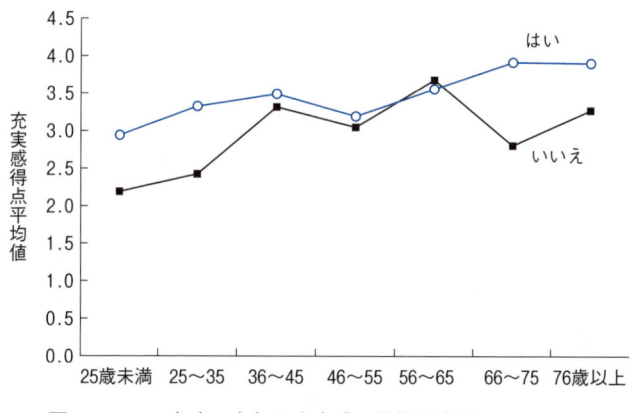

図Ⅳ-4-2　友人の有無と充実感の世代別検討（柏尾，2000）

感が高いことが見て取れます。36歳から65歳までの年齢層では，友人がいる場合といない場合との差はごく小さいです。そして66歳以降では，友人がいる場合の方が，充実感が高いという結果に戻ります。36歳から65歳までの年齢層を，結婚して子育てが始まり子どもが結婚して独立し子育てを終えるまでの期間，あるいは働き盛りといわれる年齢から退職して第2の人生が始まるまでの期間，と仮定してみます。すると，この期間は，成人として家庭生活や職業生活の第一線で活動している多忙な期間であり，友人とかかわる余裕のない時期であることが推察されます。成人期は，友人関係の空白期間ともいえます。

Ⅳ-5 青年期のなかでの友だちとのつきあい方の発達的変化

> **Episode** 友人関係の量と質：成長につれて友だち減るのかな
>
> 　小学生Aくんの話です。休み時間に，クラスの友だちの何人かが，家に遊びに行くという話で盛り上がっていました。それを聞いてAくんは，6年生になってからは，あまり友だちの家に遊びに行っていないことに気づきました。たしか1，2年生の頃は，クラスの男の子の家はほとんど知っていましたし，どの友だちの家にも遊びに行ったことがありました。でも6年生のクラスでは，家に遊びに行ったことのない友だちが何人もいます。どうしてだろう？　そう思うのでした。
>
> 　中学生Bくんの話です。休み時間に，教室の後ろでふざけている3人のクラスメイトの姿が目に入りました。子どもっぽい遊びしているなぁ，中学生なのに。自分はもうあんなことをしないけどな。そういえば，その3人とはあまり話をしたことがありません。同じクラスなのに，同じ男子なのに，どうして話をしたことがないんだろう？　考えてみると，中1の時は，クラスの男子女子全員と話したことがありました。中2では，あまり話したことのない女子も出てきました。中3の今では，同じ組の男子にもあまり話したことのない人がいます。自分は友だちが少なくなってきたのではないかと少し心配になりました。
>
> 　高校生Cくんの話です。小・中と同じ学校で同じ部活だった友だちと，偶然学校の帰りに会いました。卒業式以来です。今は学校も違うし，部活も違います。久しぶりだったので，暗くなるまで話をして，次の日曜日には家に遊びに行きました。でもずーっと友だちの部屋でしゃべるだけで，外にも出ないし，ゲームもしませんでした。帰り道，ふと思いました。今日はしゃべっていただけで，何にも遊ばなかったぞ。いつからしゃべることが遊ぶかわりになったんだろう？　家に帰ってから，このことを大学生の兄に話すと，大学生が遊ぶっていうことは一緒に酒を飲むことだと言われました。思わず，「そんなの遊びじゃないよ！」と言ってしまいました。兄は笑っていました。

第Ⅳ章　青年期の友人関係

1　6種類の友だちとのつきあい方

　青年期は自分自身が変化していく時期です。友だちに求めるものも変化していきますし，友だちと一緒に何をするかも変わっていきます。青年期のなかで，友だちとのつきあい方はどのように変わっていくのでしょうか。青年期の友だちとのつきあい方を6種類で表した研究から説明してみましょう（落合・佐藤，1996；落合，1998；佐藤，1999）。

（1）つきあい方1：本音を出さない自己防衛的なつきあい方

　自分のありのままの姿を見せないで友だちづきあいをする傾向を表します。「友だちと本音で話すのは避けている」というような人のつきあい方です。自分を友だちに見せることを弱さだと考えたり，本当の自分を友だちに見せて笑われ，傷つくことを恐れていたり，こんな自分を見せたら嫌われてしまうのではないかと心配しすぎていたりすることがあります。高校生・大学生よりも中学生に多く見られるつきあい方であり，男女での差は見られません。

（2）つきあい方2：友だちと同じようにしようとする同調的なつきあい方

　できるだけ友だちに合わせて同じようにしようとする傾向を表します。「友だちみんなと何でも同じでいたい」というような人のつきあい方です。一人だけ変わったことがないように，自分だけ目立つことがないように気をつけています。その方が安心ですし無難だからです。中学生で最も多く見られ，高校生，大学生の順に少なくなっていきます。男子より女子に多く見られます。

（3）つきあい方3：誰とでも仲良くしていたいと願う全方向的なつきあい方

　相手を選ばずどんな人とも仲良くし，できるだけ多くの人と友だちになろうとする傾向を表します。「どんな友だちとも仲良しでいたい」というような人のつきあい方です。優しい博愛的な姿勢ともいえますし，見方によっては八方美人と非難される可能性もあります。大学生に比べて中学生・高校生で多く見られ，男子よりも女子に多く見られます。

（4）つきあい方4：自分が理解され，好かれ愛されたいと願うつきあい方

　みんなから好かれ愛されたいという気持ちで友だちづきあいをする傾向を表します。「友だちみんなに好かれたい」というような人のつきあい方です。友だちから受け入れられ，認められることをそれだけ強く必要としていると考えられます。意外な気もしますが，中学生よりも大学生・高校生で多く見られます。男子

より女子に多く見られるつきあい方です。

（5）つきあい方5：自分に自信をもって友だちと向き合えるつきあい方

友だちと自分の考え方や感じ方が違っていても，その事実を受けとめることができる傾向を表します。「友だちと意見や考えがくいちがっても自信をなくしたりしない」というような人のつきあい方です。友だちと自分の間の違いに気づいても，悲しくなったり，気持ちが揺らいだりはしないので，変に気を遣うことなく，お互いの気持ちを出し合うことができます。お互いの個別性を尊重した相互に自立した関係と言えます。学校段階の差は見られませんが，女子よりも男子に多いつきあい方であることが大きな特徴です。

（6）つきあい方6：自分を出して積極的に相互理解しようとするつきあい方

傷つくことがあるのを承知のうえで深いかかわりを求め，積極的に友だちづきあいをしていく傾向を表します。「友だちと本当の姿を見せ合うことで，少しくらい傷ついてもかまわない」というような人のつきあい方です。内面の深いところでわかりあうことを求めていると考えられます。中学生よりも，大学生・高校生で多く見られ，男子よりも女子に多く見られます。

2 友だちとのつきあい方の2次元

これら6種類のつきあい方をさらに統合してみると，友だちとの関係が「広いか狭いか」「深いか浅いか」の2次元にまとめることができます（図Ⅳ-5-1）。

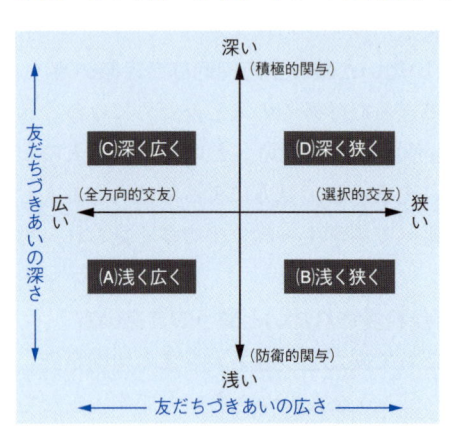

図Ⅳ-5-1　友だちとのつきあい方の2次元と4パターン

縦の軸は，「友だちと積極的に深くかかわろうとするか―防衛的に浅くかかわろうとするか」という「友だちづきあいの深さ」を表します。横の軸は，「誰とでも友だちになる広い範囲のつきあい方をするか―相手を選択し限定した友だちとの狭い範囲のつきあい方をするか」という「友だちづきあいの広さ」を表します。

友だちとのつきあい方の2次元で見ると，まず浅いつきあい方から深

第Ⅳ章　青年期の友人関係

いつきあい方へと，友だちづきあいの深さが変化します。そしてその後に，広いつきあい方から狭いつきあい方へと，友だちづきあいの広さが変化します。ここからわかるのは，深い友だちづきあいをしていくためには，必然的に相手を選ぶことが求められてくるということです。発達的に見ると，友だちとのつきあい方は次第に選択的になり，狭く限定された相手と友情を深めていくことになります。

3 友だちとのつきあい方の4パターン

　友だちとのつきあい方の2次元を組み合わせ，各次元の特徴を総合してみると，友だちとのつきあい方は4パターンに分けられます。「(A)浅く広く」「(B)浅く狭く」「(C)深く広く」「(D)深く狭く」というつきあい方です。中学生から大学生までの間に，この4パターンがどのように変化していくのかを男女別にグラフにしたものが図Ⅳ-5-2と図Ⅳ-5-3です。男子よりも，女子で大きな変化があることがわかります。4パターンの発達的な変化は，(i)「(A)浅く広く」というつきあい方が減少し，「(D)深く狭く」というつきあい方が増加していく，(ii)女子では，中学生で「(A)浅く広く」というつきあい方が多く見られ，高校生では「(C)深く広く」というつきあい方が多くなる，(iii)男子では，中学生で「(B)浅く狭く」というつきあい方が多くなる，ということがあげられます。まとめると，友だちづきあいの広さは男女で少し異なるのですが，発達の方向としては，友だちづきあいは深く狭いつきあい方へ変化していくものと考えられます。

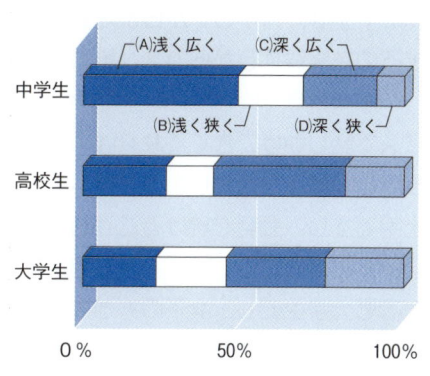

図Ⅳ-5-2　女子における友だちとのつきあい方の4パターンの変化

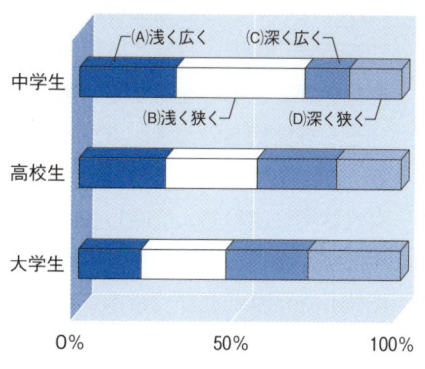

図Ⅳ-5-3　男子における友だちとのつきあい方の4パターンの変化

167

第2部 青年期の人間関係

Ⅳ-6　友人関係の形成と孤独感

> **Episode** 友と出会うまでの孤独：新入生　旧友（とも）と離れて新友（とも）を得る
>
> 　下記の文章（カトロナ，1988から引用）は，アメリカのUCLA（大学）の新入生が入学して7か月後に書いたものです。
> 　「このような大きな大学に入学したことは，私にとって大きな変化でした。中学や高校では，"ベスト・パーソナリティ"や"最も人気のある生徒"に選ばれていたのに，私は最初からやり直さなければなりませんでした。見知らぬ人ばかりの長い道を歩くことは，最初のうちはかなり苦痛でしたが，いつしかそれにも慣れてきたようです。」
>
> 　受験して入った中学，高校，大学などで，このような気持ちになったことがある人は多いのではないでしょうか。クラスの大半が生徒会長や学級委員の経験者である場合も多いでしょう。まわりがみんな優秀な人に見えてしまい，自分がたいして取り柄のない，ちっぽけな人間に思えることさえあります。誰も自分を知らない。まわりはみんな大学になじんでいるように見える。気後れして急いで部屋に帰って自分一人，そんなとき人は孤独を感じます。自分だけがみじめでひとりぼっちな気がするかもしれませんが，決してそうではありません。多くの学生は，入学してから友だちができるまでの間，一時的に孤独感が高まるのを経験するからです。誰もが友だちができるのを待っています。
> 　そんな気持ちのとき，誰かがキャンパスで話しかけてきてくれれば幸いですが，友だちをつくる早道は自分から話しかけることでしょう。概して女性は男性よりも人に話しかけるのが上手ですし，会話を続けることも上手です。相手の服装や持ち物を「かわいい」とほめたりして，上手に相手に関心を示すことができます。幼稚園児でも大学生でも，女子の方が男子よりも早く誰かと仲良くなるように見えます。その代わりに，男子は女子よりも少し，孤独に強くできているのかもしれません。

第Ⅳ章　青年期の友人関係

1　青年を孤独にするのも友だち，救うのも友だち

　大学新入生の孤独感についての研究によると（カトロナ，1988），新入生の75％が，入学してから孤独感を味わったと報告しています。しかし，7か月後には，孤独感を味わっていると回答した新入生は25％に減少していました。「改訂版 UCLA 孤独感尺度」で測定した孤独感得点も，入学2週間後，7週間後，7か月後と減少していったことが報告されています。つまり大学新入生の孤独感の高まりは，一時的なものであったと考えることができます。

　「改訂版 UCLA 孤独感尺度」では，「孤独感は，人の社会的関係のネットワークが，その人の願望より小さいか心理的な満足感を低下させる時に生起する」と定義されています（工藤・西川，1983）。つまり，孤独感には対人関係が大きく影響しているということです。そこで，友人，恋人，家族という対人関係のうち，何が新入生の孤独感に関連しているのかが調べられました。その結果，孤独感を高める要因は，友人関係の不満，恋人との関係の不満，家族との関係の不満という順で大きいことが示されました。接触頻度について調べてもこの順番は同じでした。友人関係に対する満足度の低さ，友人と接触する頻度の少なさが，大学新入生の孤独感を高める第一の要因と考えられたのでした。そして，後に孤独感を感じなくなった学生は，友人関係の満足度が高まっていたこともわかりました。

2　孤独感の高い人の対人行動の特徴

　日本でも，先に紹介したアメリカの研究と同じ「改訂版 UCLA 孤独感尺度」20項目を用いた研究があります（工藤・西川，1983）。得点範囲は，孤独感をまったく感じることがなければ20点〜孤独感をいつも感じていれば80点，中間の点数は50点です。平均点を見ると，大学新入生の男子は41点，女子は36点でした。大学3年生では，男子が36点，女子が37点でした。また，筆者が2006年5月に新入生用の講義で実施した結果では，男子が43点，女子が39点でした。新入生では，男子学生の方がより孤独感を感じているようです。なお，大学生の点数は40点前後ですが，中間の点数よりも低い40点という点数は，孤独感をめったに感じないというレベルのことです。

　また，孤独感の高い人の対人行動の特徴も報告されています（工藤・西川，1983）。孤独感の高い人は，友人の数が少なく，気楽に語り合える友人が少なく，

デートをする回数が少なく，友人と行動を共にする機会が少なく，人から電話がかかってくることが少なく，人に電話をかけることが少なく，仲間の集まりに誘われることが少なく，人から相談を受けることが少なく，この2週間に1人で夕食をとる回数が多く，休日を1人で過ごすことが多かったそうです。どれを見ても，大学という新しい環境に慣れる前の新入生の特徴と重なります。

新入生は，新しい大学で新しい友だちができることを望んでいます。それが得られるまでは孤独感に苦しむけれど，望んでいた新しい友だちが見つかり友人関係を形成していくことで，一時的な強い孤独感は減少していくと考えられます。

3 孤独感の発達と友人関係の形成

今度は，青年期の孤独感の発達から，友人関係を考えてみましょう（落合，1988）。青年期における孤独感は，図Ⅳ-6-1のような2次元構造で説明され，A型→B型→C型→D型という順序で発達的に変化していきます。

A型の人は，まわりの人が自分のことをよくわかってくれていると思って安心しており，孤独だと感じることは少ないようです。"自分をわかってくれる人がいる。友だちとはわかりあえる"と考えているので，友人関係に悩むことは少ないと考えられます。

B型は孤独感の始まりです。自分をわかってもらえなかった経験から，現在自分のそばにいる人は，自分をわかってくれないと思い，"わかってほしいのに友だちが自分をわかってくれない。自分をわかってくれる友だちが今はいない"と孤独を感じています。しかし，いつかわかってもらえる，どこかに自分をわかってくれる人がいる，そのような期待をもっています。B型の場合には，自分をわかってほしいという一方的な気持ちが強すぎて，対等な関係，互恵的な関係を築くにはまだ未成熟なところがあるかもしれません。

願った理解者が現れずにいると，人間はもともと1人であること，どう頑張っても2人は1つにはなれないという事実に気づきます。それが，人間の個別性に気づいたC型の孤独感です。"もともと違う人間なのだから，友だちと気持ちが通じなくても当たり前"と思い，友だちとわかりあうことをあきらめることもあります。C型の場合には，過去に友だちとのトラブルを経験してしまい，友だちをつくるから裏切られる，人を求めるからつらい思いをすると考え，はじめから1人でいることで，1人になる（される）ことを未然に防ごうとしているところ

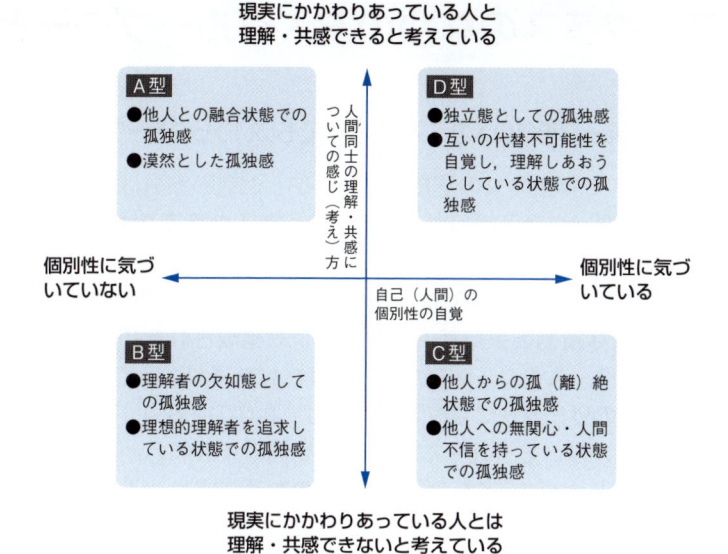

```
                現実にかかわりあっている人と
                理解・共感できると考えている

        ┌─────────────┐ 人  ┌─────────────┐
        │ A型         │ 間  │ D型         │
        │●他人との融合 │ 同  │●独立態としての│
        │ 状態での    │ 士  │ 孤独感      │
        │ 孤独感      │ の理│●互いの代替不 │
        │●漠然とした  │ 解・│ 可能性を自覚 │
        │ 孤独感      │ 共感│ し，理解しあお│
        │             │ に  │ うとしている │
        │             │ つい│ 状態での孤独 │
        │             │ ての│ 感          │
        └─────────────┘ 感じ└─────────────┘
個別性に気づ              (考)              個別性に気づ
いていない  ←─────────── え)─────────────→  いている
                          方
                     自己（人間）の
                     個別性の自覚
        ┌─────────────┐      ┌─────────────┐
        │ B型         │      │ C型         │
        │●理解者の欠如│      │●他人からの孤│
        │ 態としての  │      │ (離)絶状態で │
        │ 孤独感      │      │ の孤独感    │
        │●理想的理解者│      │●他人への無関│
        │ を追求して  │      │ 心・人間不信 │
        │ いる状態での│      │ を持っている │
        │ 孤独感      │      │ 状態での孤独 │
        └─────────────┘      │ 感          │
                             └─────────────┘

                現実にかかわりあっている人とは
                理解・共感できないと考えている
```

図IV-6-1　孤独感の規定因の構造と4類型の特徴（落合，1999）

があります。本心では，友だちとわかりあいたいのです。でもそれは論理的に考えてみても無理なことだと理屈をつけて孤独に耐えています。C型の場合，友人とふれあう機会を自分から避けているところがありますが，内心では何かのきっかけを待っているのではないでしょうか。

　D型の人も，人間のもつ個別性を理解していますが，実際に友だちとわかりあえることも知っています。別々の個性なのに，わかりあおうと努力し，その結果ある程度までわかりあえることを喜べるのです。個別な心をもつ人間同士が100%理解しあうことを期待するのは確かに現実的ではないでしょう。でも，人間はわかりあえないという立場に立ち，人と関係をもつことや友だちと深くかかわることを避けていては友情は育ちません。他者に対して開かれていることがD型の特徴です。"2人は1つにはなれない，でも1人ではない"と，個別性は自明のこととして受けとめられ，孤独感にさいなまれることからは卒業しています。誰とも違う1人だけの存在だから，自分も，そして他の人もかけがえのない存在として尊重することができます。こうして，D型まで移行した場合には，深みのある人間理解に基づいた友人関係が形成されると考えられます。

Ⅳ-7 クラスのなかの友人グループの光と影

> *Episode* グループ形成のメカニズム：誰とでもいいからグループ組まなくちゃ
>
> 　「小学校5，6年生の女の子たちは難しい」と言う教員は多いです。その理由の1つが，クラス内のグループです。あるクラスでは，女子児童が大きく3グループに分かれていました。Aグループ：勉強もスポーツもできる目立つ子たちでできたA1グループと，A1グループのマイナー組織（2軍）のような役割を果たすA2グループで構成された10人グループ。A2グループは，A1グループから格下げされた子が降りてきたりします。A1グループのリーダーに気に入られると，A2の子がA1に昇格していくこともあります。Bグループ：クラス委員の子を中心としたまじめでしっかり者の5人グループ。グループ内のもめごとは少ない。Cグループ：残りの子たちが集まってできたような5人グループで結束力は弱い。実際には2人グループと3人グループに分かれて行動することが多い。
> 　なお，グループ間には明確なヒエラルキーがあるとの指摘もあります（辛酸，2008）。
> 　Aグループ，Cグループは，それぞれ1つのグループではあるのですが，実際には複数のグループが合体している「連合グループ」です。下位グループ構造の無い「単一グループ」ではありません。でも人数が多い方が，クラスのなかでの発言権も増しますし，何人かが学校を休んでも，残された人が1人になる可能性は低いです。寄らば大樹の陰という感じで，安心なのでしょう。メガバンクや政党内の派閥にも似ています。
> 　Cグループは，AグループとBグループの二大勢力のはざまに生きる子たちが，自分たちを第三勢力とするために連合しています。実際にはそれほど気が合う仲間ではなくても，グループとしてまとまらないと，存在感も発言権も得られませんから，5人で1つになるしかなかったのです。仲が良くなくても残った人同士がグループ化することは，ビリヤード現象（三島，2004）と呼ばれています。
> 　このような構造をもつ女子児童たちが，修学旅行で4人ずつの5班編制を組まなければならなかったら，担任と彼女たちはどう対応するのでしょうか……。
> 　　　　　　　　　　　　　　　　　（浅井，1990に基づき一部改変して構成）

第Ⅳ章　青年期の友人関係

1　グループでの友人関係

　「友だち」という日本語は，複数の概念が明示（井出，1990）されています。そもそも友だちとは複数の人たち，個人ではなく集団のことを指しているのでしょう。ふだん一緒に行動するグループの有無と人数については，表Ⅳ-7-1のような報告があります（杉浦，2000）。一般に，男子の方が女子よりもグループの人数が多いとされますが，これは男子と女子の遊び方の違いにもよるようです。「男の子は『一緒に遊んで』，女の子は『喋って』友達になる」（坂口，1997）と言われています。サッカーをしたりゲームをして遊ぶには，ある程度人数がいた方がよいのですが，親しくなくても別に困りません。他方，安心して自分の気持ちをうちあけ合うには，ある程度決まったメンバーで，秘密も守れないと困ります。みんなが会話に参加するには，ある程度人数も絞る方がよいでしょう。友だちと何をすることが多いかによって，友人関係の形態も異なったものになります。

2　女の子のグループ

（1）女の子とグループの長く深い関係

　「特定の親しい仲間とは積極的にかかわり合うが，それ以外の児童とは，かかわり合おうとしない小学校高学年女子児童のいわゆる『仲良しグループ』」（三島，2007）は，担任教諭の悩むところです。クラス全体としてのまとまりを築きにくいという指導上の問題だけではなく，「高親密性・高排他性」をもつグループ内では「集団内いじめ」が生じたときに逃げ場が無いこと，いじめが解決されずに，いじめのターゲットが次々に交代していくことなどが指摘されています（三島，1997）。中学・高校のスクールカウンセラーや養護教諭は，不登校との関連で，

表Ⅳ-7-1　所属グループの有無とグループの人数（中学生〜大学生）
（杉浦，2000より筆者が作成。）

		調査者数	グループなしの人数（％）	グループの平均人数（SD）
中学生	男子	187	4 (2.1)	6.1 (3.5)
	女子	179	2 (1.1)	4.5 (1.9)
高校生	男子	315	25 (7.9)	6.2 (3.5)
	女子	213	14 (6.6)	4.4 (1.5)
大学生	男子	109	7 (6.4)	5.3 (2.3)
	女子	124	8 (6.5)	4.6 (1.7)

女子の「グループ」に注目しています。グループに入りそびれることやグループから外されることが不登校のきっかけとなる場合があるからです。「生徒は自分の属しているグループからはみ出ないように並々ならぬ努力（気の遣いよう）をしている」（保坂，1993），「グループを離れればクラス内に身の置所がない，しかし，グループ内には微妙な葛藤が存在し，毎日，神経をすり減らしている」（菅，1994），「女の子のグループは離合集散が相当に激しい」（中村，1998），などの指摘があります。大学教員も，古くから女子学生のグループを研究しています（永沢，1967）。近年でも女子大学の学生の間では，「『グループ』に入れていないと死活問題」（中川，2000）といわれているそうです。学校を卒業してもグループはあります。「公園デビュー」（本山，1998）という言葉を聞いたことがあるでしょうか。公園の砂場などで，先行して子どもを遊ばせている母親集団の輪のなかに，新参者の母と子が参入することの難しさや緊張感を述べたものです。

　女性は同世代とのヨコの対人関係に気を遣い，男性は，先輩―後輩，師弟，上司―部下のような上下（主従）関係に気を遣う（ヴィヒャルト，1998）とされますが，このように概観すると，女性にはどの年齢でもグループというつきあいがついてまわるようです。

（2）グループの人数

　女子のグループの人数は，「グループの平均的な人数は4，5名が多く」「グループの中でも2人ずつの組になりたがる」（天野，1986），「大体5〜6人だが，そのなかには特に親しい者同士のペアがいくつかできていたり，どのペアに対しても第3の人になりやすい生徒が混じっていたりする」（保坂，1993）などの指摘があります。7人グループでお昼ご飯は食べているが，もともとは3人と4人の別グループであり，教室移動などでは分かれて行動しているということもあります。グループの人数だけを尋ねた場合には，4人，7人という回答が最も多く，平均人数は6人でしたが，このような下位グループまで考慮した場合には，女子高校生のグループは3人という回答が最も多く（2人：18%，3人：27%，4人：21%），平均人数は4人でした（佐藤，1995）。3人という1人あぶれそうな人数のグループが多いことも，グループのもめやすさを表しているのかもしれません。

（3）グループの形成

　クラスのなかのグループは，新学期のごく短期間の間につくられます。ですから，最初に話しかけられた相手や座席の近くの人とグループになっていくことも

多いです。校内で一緒にいる相手を確保したいという気持ちが強いので，お互いに深く知り合う前にグループはできてしまいます。いったんグループが形成されると，休み時間も居場所があるので安心です。グループに入れなければ，「その1年間は文字通り『孤独地獄』を味わう」（菅，1994）といわれています。グループに所属する理由は，複数の友人に支えられて安心だからという積極的な理由と，グループに入らず1人でいるとまわりから変な人だと思われ浮いた存在になるからという消極的な理由があります（佐藤，1995）。女性にとっては，人前で1人でいることはタブーのようです。しかも，「『一人でいるのが嫌』というより，他人の目を気にして『一人でいることを周囲から見とがめられることが嫌』」（阿部，1990）なのです。学校で1人になることを避けるには，複数のグループを合体させて人数の多いグループにし，グループ内で何人か風邪で欠席しても絶対1人にならないだけの十分な数を確保する（数は力の連合グループ）か，あるいは風邪で発熱しても友だちを1人にしないために登校してくるほどの強い絆で結びついた，一枚岩の少数集団（ちぎりの固い単一グループ）を組織するかです。しかし，2人だけのグループでは，いかに親密でも行事や団体行動の班づくりの時は人数が足りず，肩身を狭くして他のグループに混ぜてもらうことになります。一方，日常の学校生活では，授業その他で2人組になるように言われることも多いです。したがって，ある程度の人数のグループにいて，そのなかで親しい相手を1名確保しておくというのが世情に長けた人の方略のようです。

3 クラス内友人グループの問題

　クラス内のグループが問題になるのは，グループ間の境界が高く，内部の拘束力や密着性，閉鎖性，排他性が強くなるときです。グループ間の移動を許さない，他のグループの人と親しくさせない，グループの人と常に一緒に行動する，などの縛りをかけると，グループは楽しくなくなります。学校やクラスのなかの居場所ではなく，いなければならない場所になります。他のグループとの境界もゆるやかにし，グループ内部の縛りもゆるやかであると，グループも楽しく，クラスも楽しくなるでしょう。学校適応に影響するのは，親友の存在よりも，むしろグループの有無であることが指摘されています（伊藤，2002）。自分を受け入れてくれる決まった仲間がいることは，学校という社会のなかでは何より心強いことだからです。

Ⅳ-8　友だちとの距離

> **Episode　友との蜜月が崩れるとき：熱き思い微妙にずれる午後3時**
>
> 「あなたと，ともだちになりたい」，まっすぐに私を見つめて，彼女はそう言った。強く，言葉にして友情を求められ，私はうれしかった。そして2人はともだちになった。違ったクラブに所属していたが，下校の時も彼女は待っていてくれた。しかし1年も待たずして2人の蜜月に微妙なズレが生じ始めた。遠慮がちではあったが，彼女はいつでもどこでも「一緒」であることを求めるようになった。そして「同じ」であることも。ほかの子と話していると，背中に視線を感じた。彼女だった。「わたしとだけともだちでいて」という手紙を手渡された。悲しそうな彼女の表情を見るたびに，私は後ろめたさにとらわれ，とらわれた分だけ，よりいっそう，理不尽な思いにとらわれていった。彼女は友情に「一緒」で「同じ」ことを求めたが，私は彼女のように一途にそれを求める気持ちにはなれなかった。そうじゃなくたってともだち……。かといって，2人の友情観の違いを彼女にぶつけ，2人の「違い」に直面することもできなかった。友情のなかに，「なんでも一緒」，「あなたと同じ」ことを求める気持ちは，彼女だけでなく私のなかにもあったのだろう。（落合，1990より一部改変して要約）
>
> 　青年は友情に何を求めているのでしょうか。何を望むにせよ，相手に強く求めれば求めるほど，深い思いは不快で重いものに受け取られかねません。2人の思いがいつまでも同じとは限らないからです。
>
> 　上記の事例は10代女性のもので，下記の論考は50代男性です。太く短い友情には情熱が，長く続く友情には距離感が必要なのかもしれません。
>
> 　「気のおけない無二の親友がいるというのは楽しいことかもしれないが，毎日会ったり，毎日メールのやり取りをしている無二の親友というのは気持ちが悪い。大方は2年もすればけんか別れをするのが落ちであろう。友はいつ別れてもよいから友なのだ。〈略〉相手をコントロールしない，ということが他人とつき合う上で一番大事なことだ。」（池田，2002より一部抜粋）

1 人と人との間

「人間」という字は，漢詩のようにジンカンと読めば，世の中という意味です。世の中は，人と人の間からできています。人は人との間で生まれ，育っていく存在であり，関係性のなかで生活していく存在です。人間一人ひとりは，個別性をもった存在であり誰とも同じではありません。その個別な存在同士の間に関係が生まれると，1人では得られない楽しさと喜びを経験することができます。

「好きなもの」が同じであると，友だちと仲良くなることは容易になります。たとえば同じ作家やアーティストを好きな人同士であれば，話はいくらでも盛り上がります。好きなスポーツが同じなら，自分たちでプレーしてみたり，一緒に大会の観戦に行ったりすれば，さらに親しくなります。「好きなものを共有した」という経験が，知り合い程度の関係を友だちの関係に変えていき，1つの目標やあこがれを共有するようになると「友情」が生まれる（齋藤，2005）という指摘もあります。確かに，何かを共有していることで2人の間に関係性が生じますが，共有するということは，別々の個人と個人がその間に媒介物を置くことであり，個人と個人がまったく重なり合って1つの同じものになるということではありません。いくら仲が良くても，2人が同調して1つになろうとすると無理が生じます。自分たち本来の個性を抑制することになってしまうからです。

友だちと親しくなると，共有する時間や空間が増大し，2人の間の心理的距離は接近していきますが，接近しすぎると息苦しさや拘束感，自己疎外などを感じる事態も発生してきます。恋人同士でもこれは同じです。

2 山アラシ・ジレンマ

心理的距離がある程度近くなければ親しいとはいえませんから，心理的な距離が遠い場合は，友人関係が成立しているとはいえないでしょう。そうかといって，何もかも同じというほど近づきすぎては，やがて息苦しくなります。この「人間にとって居心地のよい親密さとはどういうものなのか」を表す有名な寓話が山アラシ・ジレンマ（ベラック，1974）です。

冬であまりに寒いので，2匹の山アラシがピッタリ寄り添って暖めあおうとしたけれど，なにせトゲだらけの身であり，お互いの体を傷つけあってしまいます。とてもくっついていられません。でも離れて安心すると，今度は寒くていられま

せん。近づいてみたり離れてみたりを何度もやってみた後に、「ようやく山アラシたちは、お互いにそれほど傷つけ合わないですみ、しかもある程度暖め合えるような距離を見つけ出した」(ベラック、1974)のです。接近することを選択したいが、接近することを選択できないというやりようのなさが、このジレンマです。この寓話の主眼は、適当な距離の取り方をすることでお互いに居心地がよいと思える関係が成立するということでしょうが、それだけではないかもしれません。他者と近づけばある程度傷つけ合うことになるのは必然だということも示しているように思えます。「つき合うことは突き合うこと」(中村、2003)でもあるからです。快適な関係を楽しめるには、ある程度の時間と多少の傷つきを要する、ということかもしれません。

　友だちとの絶交はある程度親しい友人関係が成立してから生じるものです。知り合って間もないうちに絶交するということはありえません。恋人とのケンカも、ある程度関係が成立してからでなければ起こりません。ある程度親しくなり、心理的距離が近づき、お互いに相手に踏み込んでもよい関係になったときに、つい相手をからかって傷つけたり、相手が落ち込むような鋭い指摘をしてしまったりすることが起きてきます。相手に何の関心ももっていない人同士なら、無関係ですから傷つけ合うおそれはありませんが、その代わり一緒にいたいとも思わないでしょう。言いたいことが言い合える心理的距離の近さには、楽しいことばかりではなく、時には傷つけ・傷つけられることも含まれます。

3　現代の友人関係に見られる山アラシ・ジレンマ

　藤井(2001)は「現代の青年は相手と親密な関係をもちたいと願う一方で、傷つけあうことを怖れ、『適度な』心理的距離を模索して揺れ動いている」と述べ、「近づきたいが近づきすぎたくない」「離れたいが離れすぎたくない」という2種類のジレンマに関する興味深い研究をしています。なぜ近づきすぎたくないのかというと、それによって自分がいやな思いをするのも避けたいし、相手にいやな思いをさせるのも避けたいからです。また、なぜ離れすぎたくないかといえば、自分が寂しい思いをするのも避けたいし、相手に寂しい思いをさせるのも避けたいからです。「友だち同士なのに」あるいは「失いたくない友だちだから」傷つけ合ったり、寂しい思いをしたりさせたりすることをおそれているのです。

　昔の人であれば、人間関係の摩擦は友だち関係につきものと言ったかもしれま

第Ⅳ章　青年期の友人関係

せんが，このようなことを気にしてためらうのが現代青年特有の「やさしさ」のようです。しかし，表面的なやさしさや思いやりの背後には，自分から他者に接近した場合に相手から拒否され自分が傷つくことを恐れるあまり，真の友だち関係を形成しようとしない，ふみこめない心性」が作用している（岡田，1990）との指摘もあります。拒否されて自尊心が傷つくのはかなわないから，あえて立ち入らないようしているのではないか，という指摘です。ですが，傷つきたくない，嫌われたくない，バカにされたくない，迷惑をかけたくないという4つの心理こそが友だちをもてない人に共通する原因である（笠原，2000）という指摘もあります。友人関係においては，いやな思いをさせてしまったり，いやな思いをしたりすることはあります。迷惑をかけたりかけられたりもします。友だちとの間ならそれぐらいは「アリ」だという友人観をもっている方が，親しい友人関係になりやすいのではないでしょうか。傷つき・傷つけることを過剰に警戒していると，友だちとの関係を維持していくことはたいそうな難題に思えてきます。

　また，自分が寂しい思いをしたくないので友だちから離れすぎたくないという場合には，相手の顔色をうかがったり，相手の機嫌に過剰に反応して心配したり思い悩んだりする「萎縮」（藤井，2001）した態度になってしまいます。相手にいやな思いをさせたくないから近づきすぎたくない，自分が寂しい思いをしたくないから離れすぎたくない，という場合には，そばにいてもいいと言ってほしくて，相手の気持ちを確かめたり試してみたくなる「しがみつき」（藤井，2001）と呼ばれる反応が現れやすくなります。自分がいやな思いをしたくないからもう近づきすぎたくないという場合には，「見切り」（藤井，2001）をつけて相手とかかわらないようにしてしまいます。実際には，いろいろな気持ちが1人の人の心のなかで渦巻くかもしれません。友だちに嫌われたのではないかと気に病んだり，友だちの気持ちを確かめてみたくなったり，友だちとの関係をあきらめてもうかかわりたくなくなってしまったり……。

　さて，寓話のなかの2匹の山アラシは対等な関係のようでした。もし，どちらかが屈強でトゲが平気だったり，気が強くていばっていたり，片思いだったりして，力関係に偏りがある場合にはどうなるでしょうか。そのときには，ジレンマは2人に共通した問題ではなく，どちらか1人だけを苦しめる問題となってしまうかもしれません。

Ⅳ-9 友人関係の負の側面

> **Episode　計算ずくの仲間関係：仲間でも踏み台にして保身かな**
>
> 　俺は中学では失敗した。親が引っ越しをしたので，新しい中学ではもとからの友だちはいなかった。友だちをつくるために最初からガンガン飛ばしてウケを取り，1日で人気者になった。そして，地元の小学校出身者で固まった，強い位置のグループに入れた。それなのに，嫌なあだ名をつけられ，徹底的にいじられた。部活だけが心のよりどころだった。親友がいたからだ。
>
> 　高校でも親友と一緒にバスケ部に入った。中学時代の「いじられキャラ」を消す。中学の頃は強めの奴だったのだと思わせるように振る舞う。クラスでもバスケ部でも，人数の多いグループをつくるように画策した。部活後にみんなでパフェを食べに行くときも，計算した。靴ひもを直すふりをして順番から外れ，今日まだ話していない奴の隣の席をゲットする。この時期は，全員と均等に仲良くなっておく必要があるからだ。友だちとのトークでは，ツッコミでウケが取れて成功した。ツッコミキャラで立てるということは，強さもアピールできる。いじられキャラにはならずに済む。そしてコイバナトークでは司会進行役というおいしい役回りを取り，自分についてはウソを入れて「自虐的ウケねらい」をする。
>
> 　そのとき俺はこの仲間のなかに一人風采の上がらない男がいることに気づいた。こいつをいじられキャラに仕立て上げれば，自分がいじられキャラにならずに済むんじゃないか。「人気者といじられキャラは紙一重」。俺は人気者の座を狙い，彼にはいじられキャラになってもらおう……。
>
> 　　　　　　　　　　　　　　　　　　　　　（木堂，2006より構成）
>
> 　高校生が書いたこの小説には，他人を犠牲にしてでもいじり・いじめの対象になりたくないという恐怖，男子の勢力関係のいやらしさ，自分中心の計算づくの仲間関係とその破綻などが，気分が悪くなるほど事細かに描かれています。

第Ⅳ章　青年期の友人関係

1　友だちというストレス

　友人の存在は自分を支えるものでもありますが，自分を責めるものにもなります。自分が不登校で学校に行けない時，同じクラスの友人から"待っているよ"と言ってもらうことは，励みになり支えになるでしょう。しかし，応援してもらっているのに登校できずにいると，こんなに良い友だちが支えてくれるのにがんばれない自分に対して自己嫌悪を感じることもあります。

　友人がいることで，自分も友人のようになりたいとがんばれたり，友人からの一言で自分の良さに気づかせてもらえたり，友人から受ける良い影響もありますが，非行化の契機として友人からの誘いがあることも知られています。家族病理などにより小学校段階で早期に非行化した子どもがリーダーとなり，中学入学後，思春期前期の不安定な精神状態にある者たちを追従者，取り巻きとして巻き込み，非行が蔓延するという指摘（安川，1998）もあります。

　古くは，青年期の特徴を表すものとして「対人恐怖」的な心性が指摘されていました（永井，1994）。対人恐怖は対人場面とのかかわりで現れる神経症症状であり，人前での緊張や赤面，人から見られることが気になること，人といると表情が硬くなってしまうことなどへの不安，羞恥，恐怖のことです。その後，より現代的な問題として，「ふれ合い恐怖」（山田，1992）が論じられるようになりました。これは，従来の対人恐怖が出会いの場を問題としていたのに対し，ふれ合いの場を問題としています。対人恐怖的な心性は，少し知っている程度の間柄の相手と道ですれ違う時に，知らないふりをしようか声をかけようかドキドキして隠れたくなるような怖さです。一方，ふれ合い恐怖的な心性は，もう少し関係ができている相手との間で生じます。授業や会議などフォーマルな活動の時にはふつうにやれます。ですが，その後の流れでみんなで雑談をしたり，食事をしたりする場面では間がもてそうになく，それが怖いのです。現代の大学生においても，対人恐怖的心性，ふれ合い恐怖的心性は見られます（岡田，2007）。

　対人恐怖的心性はまだ関係が成立していない相手との間で生じ，ふれ合い恐怖的心性は形式的には関係のある相手との間で生じると考えると，その次に現れる対人関係の問題は，一応の友だち関係が成立している相手との関係内で生じる恐怖や不安になりそうです。友人に対する気遣い，友人から嫌われ排斥されることへの恐怖，友人間での自分の立ち位置，役割，キャラが不利なものになることへ

の不安などでしょうか。しかし，関係のある間柄にあって，その関係内から逃げ出すことは困難です。逃げ出すことは，友人関係を手放すことになるからです。

2　友だちから嫌われたくないという心理

　多くの青年は，友だちを求めています。友だちなんか一人もいらないという人は，ごく少数派です。学校に通っていて友だちが一人もいないという人もいないでしょう。しかし，友だちができても，安心できるとは限りません。友だちからどう思われているか，嫌われていないかが心配になることがあるからです。

　友だちから「拒否されたくない」という気持ち（拒否不安）は，人と親密になりたいという気持ち（親和傾向）と同じく，一種の親和動機とされ，両者には正の相関があります（杉浦，2000）。そう考えると，友だち関係にプラスに働くようにも思われますが，実際にはそうなりません。「拒否されたくない」と強く思うことで，友だちに気を遣い，自分を抑えるからです。自分を出さなければ，波風は立たないかもしれませんが，友だちとの関係は深まりません。拒否不安は，女子では中学生が高くその後低下し，男子では高校生で高く，大学生で低下します（杉浦，2000）。大学生は深い友人関係を築くことができる段階にあります。拒否不安が低くなることが，深い関係を築くことに関係すると考えられます。

　友だちからどう思われているかを気にし，友だちから嫌われたくないとばかり思っていると，保身のために友だちに合わせて同調していくことになります。同調的なつきあいは中学生から大学生にかけて低下していきますから，嫌われたくないという心理と友だちに同調する心理も関連していると考えられます。他者の視線を強く意識すること，友人からの評価懸念の強さが，同調的な友人関係を引き起こしていることが示されています（上野・上瀬・松井・福富，1994）。

3　仲間うちでのいじめ

　『平成20年版青少年白書』（内閣府，2008）では，文部科学省のいじめ調査における定義の変更が記されています。平成18年度「児童生徒の問題行動等生徒指導上の諸問題に関する調査」において，「いじめ」とは「当該児童生徒が，一定の人間関係のある者から，心理的・物理的な攻撃を受けたことにより，精神的な苦痛を感じているもの」と定義されました（文部科学省，2009）。注では，「一定の人間関係のある者」とは，「例えば，同じ学校・学級や部活動の者，当該児童生徒が

関わっている仲間や集団（グループ）など」を指すことが付言されています。この変更は，いじめは友だちとの間で生じるという認識を付け加えた結果でしょう。

　意図的，継続的ないじめが行われる場合，それはクラス内，部活内，登下校の際など，いずれの場合も，仲間うちと呼べるような一定の人間関係の範囲内で起こっています。加害者と被害者が同じ遊び仲間に見えたり，一緒に行動しているように見えながら裏では無視されていたりする場合もあり，「親密で排他的なインフォーマル集団内で起きる『いじめ』は，解消することが難しいばかりか，発見することすら容易ではない」（三島，1997）と言われるゆえんです。調査結果（内閣府，2008）によれば，いじめの様態は，言語的なからかいや攻撃（66.3%），仲間はずれや無視（25.4%），軽度の暴力行為・遊ぶふりをしての暴力行為（18.2%）の順で発生しています。金品の強奪や明白な身体的被害ならいざ知らず，上記のいじめの場合には，第三者がいじめを確認し，告発することは困難です。

　小学校5，6年生を対象とした調査では，親しい友人からいじめられた体験は，男子に比べて女子に多く，親しくない者からいじめられた経験には男女差がありませんでした（三島，2003）。親しい友人がいじめる側にまわり，友だちである自分をいじめてくるという苦しみは，女子において起こりやすいということです。また，友だちではない子にいじめられた体験は，友人関係に対する満足感に関連しませんでしたが，親しい友人からいじめられた体験は，友人関係に対する満足感を大きく低下させることが示されました（三島，2003）。友だちではない子から受けたいじめは，努力すれば忘れられるのかもしれません。しかし，親しい友だちからいじめられた経験は，人を傷つけ，臆病にします。その後の友人関係にまで，その傷跡は影響していきます。

　友だちだと思っていた相手からいじめを受けることのつらさは，その傷跡の深さと痛みが違います。悪人が暴力をふるっても，それは驚きではありませんが，自分と仲のよい友だちが，自分を傷つけたり苦しめたりすることは裏切りであり，理解しがたいことです。友だちからの攻撃であるからつらいのです。友だちが自分を攻撃する存在，つまり友だちではないということを認めるのは，楽しかった過去の日々を否定し，自分の友だち関係を否定することであり，耐え難いことです。ある期間が過ぎたり，卒業したあとに何もなかったかのように友だちづきあいが戻る場合もないわけではありませんが，その仕打ちを本当に忘れられるかは疑問です。した方は忘れられても，された方は忘れられないのがいじめです。

Column 3 文芸作品のなかに描かれた友人関係

　私たちが生きているのは現実の世界ですが，小説や映画やマンガなどの創作の世界のなかにも真実はあります。自分の人生観や理想とする人間関係が，小説などのメディアに影響を受けていることさえ少なくありません。ですので，友人関係について描いた作品を紹介している心理学の本もたくさんあります。ヘルマン・ヘッセの『車輪の下』，ロマン・ロランの『ジャン・クリストフ』，マルタン・デュガールの『チボー家の人々』などが以前の青年心理学書には取り上げられていました。

　また，近年の読みやすい友情論の1つである『スラムダンクな友情論』（齋藤孝　2002　文春文庫）には，著者が『巨人の星』と『あしたのジョー』を通して友情という関係を学んだと書かれていますし，『スラムダンク』『まんが道』『さぶ』など多数の作品が紹介されています。

　ここでも，いくつか紹介してみましょう。女の子の友人関係については，『自虐の詩・下』（業田良家　1996　竹書房文庫）のなかに，幸江と熊本さんの友情と裏切りと赦しが，居たたまれないような画風とストーリーで描かれています。これに対して『るきさん』（高野文子　1996　ちくま文庫）は，大人の女性の淡々とした日常の友人関係が軽妙洒脱に描かれています。仲良しが到達する1つの理想型かもしれません。

　男子の友人関係については，『中学生日記』（Q.B.B.　1998　新潮文庫）が，中1の男子の世界を40名学級の多彩な登場人物で描いています。男の子たちの遊びや会話の内容がよくわかります。また，『河よりも長くゆるやかに』（吉田秋生　1994　小学館文庫）は，それぞれに家庭に事情のある2人の主人公を中心とした高校生活が描かれています。彼らが橋の上から"河の下流は，汚れはするけれど海に近いし，広くゆったりと流れる"と会話するシーンは，成人になることを美しく肯定した言葉なのだろうと思われます。

　マンガや小説ではありませんが，『友だちは無駄である』（佐野洋子　1988　ちくまプリマーブックス）も楽しく読めるエッセイです。著者の子ども時代から中，高，浪，大，そして大人になってからの友人関係が語られています。著者の「友情とは年月のことである」という言葉には重みがあります。

　詩歌では恋愛が歌われることが多い印象があります。西洋の詩や万葉集などの和歌はそうかもしれません。しかし，東洋の漢詩には友との別離をうたう「別る」「送る」という詩が多く見られます。転勤する友，左遷される友，隠居する友を慰め勇気づけたいという気持ちは古今東西変わりがありません。さよならだけが人生だ，というあの名文句も，友との別れの詩を日本の作家が意訳して生まれたものです。

第 3 部

青年と社会

[第Ⅴ章]
青年期と学校

　本章では，学校社会のなかで生活する青年について，さまざまな角度から学習してもらうのが主な目的です。「学校」はなにも，勉強するだけの場所ではありません。もちろん，勉強をするのは重要なことですが，学校内でのさまざまな人間関係を経験しながら友情を育んだり，また自己について考え自分の将来について思いをめぐらせるというのも，大勢の同年代の人々との出会いがあって，初めて成立する事柄です。つまり，青年が学校で学ぶことは，いわゆる勉強と人間関係がその双璧といってよいと思われます。学校では，一般的に，この前者については「学習指導」として，また，後者に関しては「生徒指導」として教育をしていきますが，青年は，この両面をしっかりと内在化しながら，歩みを進めていく必要があります。そのプロセスにおいては，青年の悩みや不安が高じてさまざまな不適応行動が生じてしまう可能性もありますが，それを援助するのも「生徒指導」の大きな役割の１つとなります。

第3部　青年と社会

V-1　青年期における学校の意味

> **Episode　学校の現状**
>
> **教授A**：20年近く前（1990年）に，相原さんという人は，「病理環境としての学校」と題して，次のようなことを言っているんだよ。「学校教育の社会的機能を問題にする場合，次の２つの機能がとりわけ重要になる。１つは，人格形成（教育）機能，もう１つは，選抜（人材供給）機能，である。前者についてはいうまでもない。後者は，社会の諸分野に人材を供給・配分する機能で，この機能がなければ社会や集団の存続・維持・発展はあり得ない。……ところで，選抜や選別は本来，教育とは無縁なものである。……しかし，現実には，社会の側の要求，社会全体の高学歴化，個々人の高学歴期待などを背景に，学校は，選抜・選別機能をいちだんと際立たせてきている」（相原，1990）。
>
> **学生B**：20年前にも，受験競争が激しかったのですね。この間に，大きな時代や社会の変化があったのでしょうが，この指摘にもあるように，学校については，相変わらず，本来の教育機能を強化しようとするのではなく，選抜・選別機能ばかり優先させ続けているように感じますね。
>
> **教授A**：どんなことから，そう感じるの？
>
> **学生B**：僕も小学校時代から学習塾に通い，有名校を目指して勉強してきました。中学時代や高校時代もそうでした。とにかく有名校に入学しないとどうしようもないという気持ちでした。大学に入った時には，その反動からか，勉強する意欲が湧かなかったこともありました。
>
> **教授A**：そうかぁ。相原さんの指摘から20年も経っているのに，今の日本の学校の状況も，その時とあまり変わっていないみたいだね。本当に，困ったものだね。

第Ⅴ章　青年期と学校

1　学校とは何か

学校教育法第1条によれば，学校とは，「幼稚園，小学校，中学校，高等学校，中等教育学校，特別支援学校，大学及び高等専門学校とする」とあり，同2条で，「学校は，国（国立大学法人及び独立行政法人国立高等専門学校機構を含む。），地方公共団体（公立大学法人を含む。）及び私立学校法第3条に規定する学校法人のみが，これを設置することができる」と規定されています。

総務省青少年対策本部（2004）が，18～24歳の青年に「学校に通う意義」について調査した結果では，日本の青年の1位は「友達との友情をはぐくむ」（61.5％），2位は「一般的・基礎的知識を身につける」（51.0％），3位は「学歴や資格を得る」（42.5％），4位は「専門的な知識を身につける」（41.2％），5位は「自分の才能を伸ばす」（27.9％）等となっており，日本の青年は，学業のみならず友人関係も重視しつつ，学校生活を送っていることを窺うことができます。

2　同世代との関係

学校における同世代との関係の代表は，上でも述べた友人関係です。佐藤（2004）は，現代の青少年の友人関係の実態について，次の6点を指摘しています。簡潔にまとめてみましょう。

（1）本音を出さない自己防衛的なつきあい方

このつきあい方は，自分のありのままの姿をみせないで友だちづきあいをする傾向であり，本当の自分を友だちにみせて笑われたり，傷つくことを恐れています。高校生・大学生よりも中学生に多くみられるつきあい方であり，男女差は特にありません。

（2）友だちと同じようにしようとする同調的なつきあい方

これは，友だちに合わせようとする傾向であり，自分が友だちと違っていたり，自分だけが目立つということを恐れています。中学生で最も多く，高校生，大学生になるにつれて減少していきますが，男子よりも女子に多いという特徴があります。

（3）できるだけ多くの人と仲良くしていたいと願う全方向的なつきあい方

どんな人とでも友だちになりたいと思っているつきあい方で，相手を選ばない傾向があります。中学生・高校生で多く，男子よりも女子で多くみられます。

(4) 自分が理解され，好かれ愛されたいと願うつきあい方

これは，皆から愛され，好かれたいという気持ちで友だちづきあいをする傾向で，自分から友だちを理解しようとするのではなく，まだ受け身的な傾向が強くあります。大学生・高校生で多く，男子よりも女子に多くみられます。

(5) 自分に自信をもって友だちと向き合えるつきあい方

友だちと意見がぶつかることを恐れずに，友だちと真正面から向き合うつきあい方です。自分と友だちが別の個性をもった人間であることを理解しており，友だちと違っていても，自信をなくしたり傷つくことはありません。女子よりも，男子に多いのが特徴です。

(6) 自分を出して積極的に相互理解しようとするつきあい方

これは，深い関わりを求め，積極的に友だちづきあいをしていく傾向であり，本音を言い合い，内面の深いところでつきあうことが友人関係だと考えています。中学生よりも大学生・高校生で多く，男子よりも女子で多くみられます。

これらに基づいて，青年期における友人関係の変化をまとめると，男女とも年齢に伴って，「浅い」つきあいから「狭い」つきあいへと変化し，さらに「深い」つきあいへと変化がなされるという発達のプロセスが明らかにされています。「いじめ」を始めとした友人関係のトラブルはよく見受けられますが，それらも，青年期における複雑な友人関係の発達の一環として理解することも可能と考えられます。

ところで，青年期における友人関係の意義とは何でしょうか。宮下（1995）は，次の3点をあげています。第1に，自分の不安や悩みをうちあけることにより，情緒的な安定感（安心感）が得られるという点があります。人間は，自分の話を聞いてもらうだけで少なからず不安な気持ちが軽減されるものですが，青年の場合には，同じような不安や悩みを抱いていることも多く，自分だけではないということを知ることによって，より緊張感が和らぎます。第2に，自己を客観的に見つめることができるという点があります。健全な友人関係には，自己の長短を知るきっかけになるなど，自己の内省や気づきを促進させる働きがあります。第3に，人間関係を学ぶことができるという点があります。友人関係は，楽しいことばかりではありません。時に，喧嘩やトラブルなども起こります。これは，友人関係に限りませんが，こうした問題を少しずつ解決していくことによって，友

人関係はさらに深まっていきます。

3 異世代との関係

　学校における異世代の代表は，もちろん教師です。青年と教師との関係を考えた場合，まず，その意味として，「情緒の安定」や「大人としてのモデル」等の機能が考えられます。

(1) 情緒の安定

　青年にとっての重要な他者の機能は，感情面と道具面に分けられますが (Darling et al., 1994)，特に，青年の家族との信頼関係などが十分に育まれていない場合，教師等の家族以外の大人が感情面のサポート源として重要であることが指摘されています。これは，ある限られた青年の情緒の安定に，教師の存在が重要であることを意味しますが，悩みや不安の多い青年期においては，一般的に教師のこの面で果たす役割は大きいものがあると考えられます。たとえば，友人関係の悩みや自分の進路について，教師に相談をするというようなことは，大学でも頻繁に生じます（筆者は，学生相談担当ということではありませんが）。相談に来た時には不安な表情を浮かべていた青年が，元気を取り戻して帰っていくということもよく経験します。これは，中学や高校でも同じことでしょう。友人や家族に相談しにくいことでも，やや異質な人間関係である教師には，比較的気楽に相談できるということもあるようです。

(2) 大人としてのモデル

　教師は，言わずと知れた人生の先輩です。もちろん，親もそうですが，青年にとっては，さまざまな大人と出会い，その生きざまを見つめることが，自分の人生を考えたり進めていく上で，非常に重要な作業といえます。大人を見つめ，彼ら自身の人生の色々な話をしてもらいながら，青年は，自分の将来を展望していきます。現代は，「大人モデルの不在」の時代（宮下・杉村，2008）といわれていますが，尊敬できる大人の実例を，最も身近な大人の一人としての教師のなかに見いだすこともよくあります。青年にとっては，尊敬できる教師を見つけ，その人の人生をじっくり見つめてみることで，今後の自分の人生の大切なヒントが得られるのではないかと考えられます。

第3部　青年と社会

V-2　モラトリアムを生きる

Episode　エリクソンの青年期

教授C：エリクソンという心理学者の名前を聞いたことがありますか？

学生D：高校の授業で，少しだけ勉強したことがあります。確か，エリクソンという人との関連で，アイデンティティとかモラトリアムの話も出てきました。

教授C：モラトリアムってどういうことだか知っている？

学生D：よくはわかりませんが，猶予期間というようなことを聞いたような。

教授C：よく覚えているね。確かに，そういうことなんだよ。簡単に言えば，青年の自己探求のために社会が準備している猶予期間ということなんだ。

学生D：もう少し具体的に話していただけませんか？

教授C：山本さんという人が，次のようなエリクソンの人生のひとこまを紹介しています。「……このような状況の中で，エリクソンは，将来の見通しを得ることも，進むべき道を見出すこともできず，漂泊の旅に出る。ドイツは緑の野と森の国である。森といっても日本のような雑木林ではない。丘陵地帯にどこまでも広がる深い森林（人工林）である。…迷いの中で，エリクソンは読書をし，スケッチをして過ごしたのである。彼は当時をふりかえって自らアイデンティティの混乱の時期であったと述べている。1年にわたる漂泊は，半分は現実と心の混乱からの逃避であり，半分は自己探求のための魂の漂泊であったといえるだろう」（山本，1995）。エリクソンは有名な心理学者ですが，そのような彼にも，青年期には深い悩みをかかえた時期がありました。つまり，青年がアイデンティティを確立していくために，社会が準備した猶予期間のことをモラトリアムと言うんだよ。

学生D：何となくわかった気がしますが，今の自分と照らし合わせて考えた時，まだ実感が湧きません。今度，また，詳しく教えてください。

第V章 青年期と学校

1 モラトリアムとは何か？

「モラトリアム（moratorium）」は，エリクソンの用語であり，正式には「心理社会的モラトリアム（psycho-social moratorium）」と呼ばれます。この用語は，アメリカの第31代大統領が，第一次世界大戦後のドイツ救済策として打ち出した「フーバー・モラトリアム」にヒントがあるとされています。フーバー・モラトリアムとは，敗戦国ドイツに対して，戦争賠償金の支払いと国際借款の決済を1年間停止する（猶予する）という経済政策で，インフレや復興に苦しむドイツへの救済策として導入されました。エリクソンは，この政策の基本的な意味内容（支払いの猶予）を拝借し，青年期を特徴づけるものとして「モラトリアム」という用語を使用しました。青年期は，いわば社会に出るための猶予期間であり，試行錯誤や経験を積みながら，たくさんの知識や内面の充実などを図る時期であると考えたのです。次に説明する部活動やアルバイト，価値観・信念の確立などが，青年がモラトリアムの期間に行う試行錯誤や経験の代表ですが，このような諸経験の積み重ねを経て，青年は，徐々に大人への階段を上っていくと，エリクソンは考えました。

2 部活動，アルバイト

部活動は，教育の一環として小学校から始まりますが，中学校以降，徐々に活発になっていきます。中学校や高校では，部活動（通称：部活），大学では部活動やサークル活動と呼ばれ，呼び方が異なることもありますが，これらはいずれも，部活動として考えてよいものです。部活動は，基本的に，学生本人が自分の好みや希望に従って自由に選択するもので，それゆえ，部活動のメンバーは，ある程度共通の志向性をもった者が集まってきます。部活動の内容は実にさまざまですが，一般的に，文化系・体育系といった2つの柱で整理して考えることができます。

では，部活動は，青年たちにどのような影響を与えるのでしょうか。部活動の意味としては，自己の好みや適性を知るという点や，共通の目的をもった仲間集団のなかで社会性を培うことができる点などが考えられますが，この活動を通して，自己の居場所を見つけたり，自己探求を行うということもあるようです。たとえば，サークル活動に打ち込んでいる大学生はそうでない学生よりも自己を肯

定的に認識している（武内・浜島, 2003），アイデンティティの確立の程度が高い（宮下・大野, 1998）といった結果が見いだされています。モラトリアムの時期に，部活動にかかわり，思う存分自己探求を楽しんでみてはどうでしょうか。

アルバイトもまた，部活動と同様，青年の経験の蓄積や自己探求の1つの方法として考えることができます。アルバイトには，もちろん，お金を稼ぐという意味（目的）もありますが，小平・西田（2004）によれば，大学生はアルバイトを，人間関係や社会，自分自身等について学ぶ場として捉えているということです。

学生時代のアルバイトは，うまく活用することにより，自己の特徴や職業適性などをより明確にしていくことができます。現代は，大学を卒業して仕事に就いても，ごく短期間（3年ほど）でそこを辞めてしまう人が多くいます。これは，ある面で，学生時代を有効に活用できていないという証拠ではないかとも考えられます。アルバイトに励むということは，自分の将来に向けた歩みを考えていく上で，非常に重要な意味をもっていると考えられます。

3 価値観・信念の確立

人生を考えると，目先のことばかりを考えて行動したり，場当たり的な行動を繰り返すだけでは，うまく進んでいかないということがよくあります。人生を進めていくに当たっては，その人自身の基本的なものの考え方が重要になってきます。それを価値観と呼びますが，これを鍛えておくことも，青年にとって重要なことです。

たとえば，宮下（1994）は，大学生を対象に調査を行い，「物質・機械志向」（お金や物に執着しようとする価値観），「人間的環境志向」（環境問題等に配慮しようとする価値観），「対人関係志向」（人間関係を大切に考えようとする価値観）という3つの価値観があることを見いだすとともに，これらと疎外感との関連について検討を行いました。そして，「人間的環境志向」や「対人関係志向」の価値観が高い人ほど疎外感が低く，「物質・機械志向」の価値観が高い人ほど疎外感が高いという結果が見いだされました。この結果より，青年の適応にとっては，お金や物に執着する価値観よりも，環境や人を大切にする価値観の方がすぐれているということがわかりましたが，どのような価値観をもつかということはそもそも各自の自由であり，自らの考えを整理しておくことが最も重要なことと考えられます。価値観は，ここに紹介した以外にもたくさんあります。自分との対話や人

の意見なども聞きながら，自分の生き方に適した価値観を発見してほしいものです。

　人生は，「選択」の連続によって進行していきます。価値観の吟味をおろそかにしていると，いざという時に，痛い目にあう可能性があります。たとえば，場当たり的な発言をして信用を失ったり，無責任な行動をして友人を失ったりすることもあります。進路をどうしようかとか，どの職業に就こうかなどの差し迫った問題以外にも，日々，価値観が問われるような状況に遭遇するものです。青年は，モラトリアムという時期を最大限に活用して，自問自答しつつ，自己の生き方について考えてほしいと思います。価値観の確立は，一朝一夕でできることではありません。自己吟味を繰り返し，その修正を繰り返すなかで，徐々にしっかりとした形でまとまってくるものです。

　この価値観がより洗練され，確信の域にまで到達したものを「信念」と呼びますが，ここまで到達するためには，さらなる経験と時間が必要で，青年期には，その前段階として，価値観の吟味と一応のその確立ということを成し遂げておくことが重要と考えられます。

4　モラトリアム「完全形骸化」の時代

　しかしながら，宮下・杉村（2008）は，現代において，モラトリアムは完全に形骸化したと述べています。少しだけ引用してみましょう。「……たとえば，高校生はもちろんのこと，大学生の忙しさも尋常ではない気がする。大学生では，アルバイトなども当然あるが，学校生活においても，たくさんの資格を取るために授業をびっしりと埋めている者がいるし，大学院に行くために，卒業論文や修士論文，受験勉強に追い立てられている者もいる。大学に在籍しながら，専門学校に通い，資格の取得を目指そうとする者さえいる。これは，何を意味するのであろうか」。この文章は，現代社会が，青年のモラトリアムを保障する場になり得ていないのではないかという深刻な問題点を指摘したものです。青年期は，誰でも道に迷ったり，袋小路に入ってしまったりすることがよくあります。青年が，自分の将来を見つめながら人生の歩みを進めていくということは，非常に時間のかかる大変な作業なのです。このような時代ですが，時には，このモラトリアムという言葉を意識しながら，じっくりと自分の人生を進めていくことも考えてほしいと思います。

V-3　青年期の学習指導

> **Episode　大学における学習**
>
> 教授E：大学での勉強は，高校までとは随分違うのではないかと思うのですが，感想はどうでしょうか？
>
> 学生F：確かに随分違うと思います。だいいち，高校までは受験勉強が中心ということもあって，知識を暗記して覚えるということを毎日やっていました。私は教員養成の学部に入学しましたが，入学当初の大学の授業は，人数は多いし，ただただ専門とは無関係な授業を受け身的に受けるという味気ないものでした。
>
> 教授E：2年生になった今はどうですか？
>
> 学生F：そうですね〜。専門の授業が多くなり，興味が湧く授業が増えてきましたが，高校までとは違って，一生懸命にその内容を記憶しなければならないという授業は，それほど多くないと思いました。レポート課題なども増え，自分から自主的に勉強する機会が増えました。大学では，ただ授業を受け身的に受けるというのでは，あまり得られるものがないということに気づきました。
>
> 教授E：では，大学で学ぶとは，どういうことだと思いますか？
>
> 学生F：できる限り，専門的な知識を吸収することはもちろんですが，それをただ受け身的に学ぶのではなく，自ら学び取ることや，自らの考えをまとめる力を養うことではないかと思います。私は，小学校の教員になることを希望していますので，大学では，さまざまな知識を獲得しながら，自らの教育観を確立していきたいと思っています。
>
> 教授E：それは，いいことに気がつきましたね。これからの大学生生活も，有意義に送ってほしいと思います。

第Ⅴ章　青年期と学校

1　「学ぶ」ということ

　青年が「学ぶ」という時，それはいわゆる学校での教科書的な勉強や受験勉強に限らず，学問や人生における勉強等の広い意味での「学び」が大切になってきます。それは，高校生以降に特に顕著になりますが，「受け身から能動へ」とか，「答えを求めることから問いや解決方法を自分で見つける」というように，主体性や問題解決的な「学び」の重要性ということに他なりません。宮下・杉村（2008）も指摘する「知の消費者から知の生産者へ」という移行が，青年期に生じるのです。

　青年は，近い将来，大人になります。これからの社会を担い，新たな文化を創造していくその主体となるものです。自分のためのみならず，今後の社会のために，積極的・主体的な「学び」が必要とされるのです。

2　ピアジェの発達理論

　ピアジェ（Piaget, J., 1896-1980）は，子どもの認知や思考，社会性の発達等について研究したスイスの心理学者です。ピアジェの発達理論の概要は，次の通りです。

（1）感覚運動的段階（0〜2歳）
　対象の認知（思考）を，感覚と運動によって行う段階です。つまり，直接，物に触れたり動かしたりしながら，外界の対象を認識していく段階です。

（2）前操作的段階（2〜7歳）
　この段階の子どもは，直接的な感覚・運動に頼らなくても，イメージを駆使することにより，思考することができるようになります。

（3）具体的操作段階（7〜12歳）
　科学的思考としての「操作」が可能になる段階ですが，それが，まだ具体的な対象物に限られている段階です。

（4）形式的操作段階（12歳〜）
　「操作」が本格的にできる段階で，具体的なものに限らず抽象的なもの（記号や言語など）についても論理的な思考ができるようになります。

▷　序-4 「知的発達・道徳性の発達の特徴」も参照。

3 青年期の認知的発達

　ピアジェの発達理論によれば，青年期は「形式的操作段階」に相当します。楠見（1995）は，この段階の思考の特徴として，次に示す「仮説的思考と可能性の思考」「論理的思考」「科学的思考」の3つを指摘しています。

（1）仮説的思考と可能性の思考

　「青年期には，具体的な事象を越えた仮説的な思考が可能になる。……こうした，抽象的思考や反省的思考は，青年期の思考を特徴づける自己認識や社会的認識の発達を支えている。とりわけ，形式的思考を自分の内面に頻繁に向ける傾向がある。そして，青年は，アイデンティティ，価値，人生，愛，友情，道徳，宗教などの意味を問うことになる。」

（2）論理的思考

　「論理・数学的な操作の発達においては，高次の操作として，具体的操作の合成や命題操作が可能になる。そして，確率的概念，三段論法などの利用が可能となる。こうした論理・数学的構造は，学校場面や学問領域における思考に関しては普遍性をもっている。……」

（3）科学的思考

　「形式的操作段階には，仮説的思考，論理的思考を基盤にして，科学的思考が可能になる。すなわち，仮説演繹的思考やすべての可能性を現実で検証することができる。例えば，振り子課題，化学薬品課題，天秤ばかり課題などにおいては，変数の組み合わせ操作に基づいて，体系的な検証ができるようになる。」

　このように，青年期は，児童期に比べて，認知的な面で格段の成長を示し，抽象的思考や，論理的・科学的思考などが一斉に発達を遂げます。自己の存在や人生について考えることも自由にできるようになります。答えのない問題に対して，自分なりの「答え」を用意したり，思索を深めていくことが可能になるのも，認知的発達の成果といえるものなのです。

4 動機づけの方法

　上述のような特徴から，青年の学習指導に関しては，受け身的な形態の授業ばかりではなく，青年が主体となるような形態の授業を適宜利用していくことが不

可欠となります。青年の興味・関心を喚び起こす教材を用いたり，青年自身に考えさせるような材料を準備することも大切なことと考えられます。

この点に関しては，市川（1995）の「学習動機の6要因モデル」が参考になると思われますので，次に，これを紹介したいと思います。市川（1995）は，学習動機の6要因モデルとして，「充実志向」「訓練志向」「実用志向」「関係志向」「自尊志向」「報酬志向」という6種類の動機づけの方法を指摘しています。

①充実志向：学習者が興味・関心をもち，自ら進んで取り組めるような教材や課題を用意する。

②訓練志向：知識や技能の習得が，それを得る過程でさまざまな力がつくことを理解させる。学習が，他の場面でも応用できることを示す。

③実用志向：学習することが，実際の生活や人生等で，どのように役に立つのかを理解させる。

④関係志向：教育する側と学習者との人間関係，学習者同士の人間関係に配慮し，全人格的なつき合いを重視する。

⑤自尊志向：学習者のすぐれた点を積極的にほめて，自信をもたせるようにする。また，他者との競争意識をもたせ，表彰するなどして，人から認められる場面をつくる。

⑥報酬志向：学習することやその成果に対して，褒美や小遣いを与えたり，罰を与えたりする。基本的に，賞賛と叱責により，対応しようとする。

これらは，いずれも，青年を動機づける方法として有効と考えられますが，これまで記述してきた青年期的な特徴からすれば，「充実志向」が最も効果的なように思われます。青年は，自ら主体的に学ぶ存在であり，問題解決的な学習を得意とすることから，この方法の卓越性が理解できると考えられます。また，人間関係に配慮する「関係志向」も，共に学ぶ喜びを知る等の意味において，有効な方法と考えられます。逆に，「報酬志向」は，多用しすぎると，青年の動機づけを削いでしまう可能性も予想され，注意深く使用する必要があると考えられます。

V-4 青年期の生徒指導

> **Episode　校門圧死事件**
>
> **教授G**：1990年7月6日，神戸にある高校で，「校門圧死事件」という大事件が起こったのですが，これを知っていますか？
>
> **学生H**：私は知りませんが，どのような事件だったのでしょうか？
>
> **教授G**：これは，校門付近で遅刻指導を行っていた教師が，登校終了のチャイムと同時に，安全を確認しないまま鉄製の門扉を閉めたことにより，女子生徒1名が門扉に挟まれ圧死したという事件です。
>
> **学生H**：なぜ，そのようなことが起こってしまったのですか？
>
> **教授G**：当時は，全国的に校内暴力等の学校の荒れが顕在化していた関係で，学校側は厳しい校則の適用など，管理主義的な教育を行っていました。この高校では，校門付近で教師が時計を見ながら，秒まで読んで遅刻の指導を行っていました。
>
> **学生H**：でも，学校というところは，子どもを教育する場ですよね。いくら学校が荒れているからといって，ここまでするのは，やはり行き過ぎだと思うのですが。
>
> **教授G**：そうだよね。学校教育の場で，子どもの命を奪ってしまうということが起こったのだから，これは非常に重大なことです。教師たちは，教育を放棄してしまっていたと言われても，仕方ないと思いますよ。
>
> **学生H**：この事件の後で，学校現場に何か変化は起こったのでしょうか？
>
> **教授G**：子どもを教育するための機関である学校で，いわば教師が子どもを殺してしまったという前代未聞のこの事件は，当時，大きな社会問題となり，その後，このような過度に厳格な校則の見直しの流れが加速していくことになりました。
>
> **学生H**：私も，将来，教師になりたいと思っていますが，今後，決してこのような過ちがないよう，自分自身も戒めていきたいと思います。

第Ⅴ章　青年期と学校

1　生徒指導の定義

　生徒指導とは，坂本（1990）によれば，「一人ひとりの児童生徒の個性の伸長を図りながら，同時に社会的な資質や能力・態度を育成し，さらに将来において，社会的に自己実現ができるような資質・態度を形成していくための指導・援助であり，個々の児童生徒の自己指導の能力の育成を目指すものである」と定義されています。文部省（1988）の定義もこれとほぼ同じです。21世紀に入った今日でも，この定義は概ね踏襲されていると考えることができます。すなわち，生徒指導とは，教師の「指導・援助」に基づいて，児童生徒が「自己指導の能力を育んでいく」ということを内容とする概念です。

　また，文部省（1981）は次のように述べています。「現在の学校教育，特に中学校や高等学校の教育において，青少年の非行その他の問題行動の増加の現象とそれに対する対策の必要性が挙げられるが，生徒指導の意義は，このような青少年非行等の対策といったいわば消極的な面にだけあるのではなく，積極的にすべての生徒のそれぞれの人格のより良き発達を目指すとともに，学校生活が，生徒一人ひとりにとっても，また学級や学年，さらに学校全体といった様々な集団にとっても，有意義にかつ興味深く，充実したものになるように目指すところにある」。つまり，生徒指導には，いわば２つの目的があり，１つは，非行等の問題行動に対する指導（消極的目的），もう１つは，すべての生徒の人格の発達を目指す指導（積極的指導）ということになります。この内容も，現在の文部科学行政においてほぼ踏襲されていますが，生徒指導の基本的な捉え方として，よく覚えておいてほしいと思います。

2　生徒指導と授業との関係

　上で述べた「生徒指導の２つの目的」からすると，生徒指導は，特別な個別指導のみではなく，生徒全員を対象とした指導ということになります。そうであれば，通常，教師が行う授業においても指導を行う必要があります。たとえば遅刻や私語，他人に対する迷惑等があれば，随時，授業のなかで指導する必要があります。また，その子どもの努力が見えたり，望ましい行動等をした場合には，しっかりとほめていくということも大切なことです。

　また，宮下（2005）によれば，生徒指導と非常に密接なかかわりをもつ教科と

して,「道徳」と「特別活動」(高校では「特別活動」のみ)が指摘されています。たとえば,「中学校学習指導要領解説——道徳編」(文部科学省, 2008b)では, 中学校教育における「道徳」の意義として,次の5点をあげています。

① (前略) 教育基本法第1条に「教育は,人格の完成を目指し,平和で民主的な国家及び社会の形成者として必要な資質を備えた心身ともに健康な国民の育成を期して行われなければならない」と規定されているように,教育は人格の完成を目的としている。道徳教育はこの人格の形成の基本にかかわるものである。
② 道徳は,また,人と人との関係の中での望ましい生き方を意味している。
③ 更に道徳は,具体的に,人間社会の中で人間らしく生きようとする生き方という意味を持っている。
④ 人は人間関係の中ばかりでなく,自然の中でも生きている。
⑤ 人格の形成に終わりはなく,絶えず成長していこうとするところに,人間の特質がある。

また,「中学校学習指導要領」(文部科学省, 2008a)では,「特別活動」の目標は,「望ましい集団活動を通して,心身の調和のとれた発達と個性の伸長を図り,集団や社会の一員としてよりよい生活や人間関係を築こうとする自主的,実践的な態度を育てるとともに,人間としての生き方についての自覚を深め,自己を生かす能力を養う」と規定されています。

道徳は「よりよく生きること」を考えさせる科目であり,また,特別活動については,「学級や学校の生活の充実と向上」等を目指す科目であることから,生徒指導との関連が最も深い教科と考えられています。なお,「総合学習」の時間を利用して,「生きる力をつけさせよう」と考えるような場合もあるようです。

3 生徒指導の本質

生徒指導は,教育の重要な柱です。とすると,「教育」の効果がすぐに得られるとは限らないのと同様に,「生徒指導」の効果もすぐに目に見えるかたちで得られるとは限りません。生徒によっては,1年後や2年後,場合によっては数十年後ということも考えておかなければなりません。教師の行う「生徒指導」は,それほど根気の必要な仕事なのです。こう考えると,生徒指導とは,「一人ひとりの子どもの人生に寄り添う指導」ということができると考えられます。その時

だけではなく，一人ひとりの子どもの人生を長い目で見ながら，今現在において精一杯かかわるということになると思います。

たとえば，クラスのなかに不登校の男子生徒がいるとしましょう。教師は，特別な指導を必要とする生徒と出会ったわけですが，まずは，この問題はすぐには解決しないと考える方がよいと思います。なぜなら，この生徒が不登校に陥ったのにはそれなりの理由があり，また，その理由は非常に複雑に入り組んでいる可能性があるからです。教師は，その生徒の人生のある時点で偶然出会ったわけですが，その生徒には，（教師が把握しきれない）その以前の人生もありますし，（卒業というかたちでの離別後の）その後の人生もあります。限られた時間のなかでは，自ずと対応にも限界があります。そのような必然をよくわきまえた上で，できる限り精一杯，この生徒と向き合うことが大切なのです。すなわち，「すぐには良くならないかもしれないが，今やれることを精一杯やろう」と考えて，対応していくことが重要なのです。

「生徒一人ひとりの将来の人生を見据えながら，今現在をかかわる」。このような言い方が，「生徒指導」を的確に表現していると考えられます。

4　生徒指導上の留意点

（1）解決を急がない

上でも記述しましたが，生徒指導の基本的な姿勢としては，慌てずにじっくり対応することが何よりも重要です。何度注意しても，行動が改まらなかったり，成長が見えないこともあります。決して解決を焦らないことです。

（2）「安心」と考えない

現在，何ら問題のない生徒に対して，「指導の必要はない」とは決して考えないこと。生徒は日々成長しますが，成長途上の彼らにとっては，目に見えないものの，内面に葛藤や不満等が内在している場合もあります。すべての生徒に対する日々の指導を怠らないことが肝要です。

（3）コミュニケーションをとる

生徒指導の対応の基本は，生徒とのコミュニケーションです。授業のみならず，学校生活のさまざまなところで，生徒とのコミュニケーションに心がけることが，生徒にとって重要のみならず，不適応行動の予防にも繋がります。

V-5 生徒―教師関係

Episode　理不尽な保護者の出現

教授 I：モンスターペアレントという言葉は，聞いたことがありますか？

学生 J：学校の授業でも勉強しましたし，マスコミの報道や，テレビドラマまでやっていたので，みんな知っていると思います。

教授 I：じゃぁ，少し説明してもらえないかな。

学生 J：確か，学校や教師等に対して理不尽な要求を繰り返し行う保護者のことだと思います。「自分の子どもばかり叱るな」とか「写真を撮る時に，自分の子どもを真ん中に置け」とか。あるいは，いくら言っても給食費や教材費を支払わない親なども，そうだと思います。

教授 I：そうだね。このモンスターペアレントの問題は，全国の学校の悩みの種になっているんだよ。学校というのは，子どもを教育する場であるのに，このような親とのややこしい関係もあって，教員たちを悩ませているんだ。教員によっては，ノイローゼやうつ病になってしまい，学校を休む人までいるんだよ。

学生 J：このような親には，どのように対応していけばいいのでしょうか？

教授 I：そうだね。私としては，このような親の話でも，きちんと聞いていくのが一番いい対応だと思っているんだ。最近は，親も仕事や生活の悩みをたくさん抱えている人が増えています。強いストレスを抱えている人が増えているというか。

学生 J：でも，最近は，その対応マニュアルまで作られていて，事細かに決めごとがなされていると聞いたことがあります。

教授 I：私もそれは知っています。でも，人間の心は，マニュアルではなかなか対応しきれないように思うよ。

学生 J：難しい問題ですね。私も，これからじっくりと考えてみたいと思います。

1 教師とは何か

　教師は，もちろん学校において学習指導を行う者を指しますが，教師の役割はこれにとどまるものではありません。これ以外に，もう一つの柱として，生徒指導（生活指導）という役割があります。これは，子どもの人格指導に相当するもので，子どもの人格的な成長を目的として行われる指導です。

　このように，教師とは，子どもの学習指導ならびに人格指導を行う大人を意味しますが，近年は，保護者との関係に腐心することも多く，その役割が複雑になってきている面があります。

　保護者との関係に関連して，尾木（2008）は，いわゆるモンスターペアレントに，次の5つのタイプが存在することを指摘しています。

①我が子中心型：何でも自分の子どもを中心に考える過保護・過干渉な親。
②ネグレクト型：子どもに無関心で育児全般が放任状態の親。
③ノーモラル型：常識と非常識の区別がつかない親。
④学校依存型：家庭でやるべき雑事まで学校に頼んでくる甘ったれ親。
⑤権利主張型：自分の要求を通すために法律や権威を振りかざす親。

　現代においては，このような保護者への対応を考えるのも，教師の一つの重要な役割となりつつあります。

2 魅力ある教師とは

　「魅力」とは，単に好き・嫌いのみに限られませんが，この点から，教師の魅力について検討した研究があります。

　本多・高木・小川（1968）は，好きな教師，嫌いな教師の条件について研究しています。それによると，小学校4年生では，「やさしい」「親切」「ユーモア」「一緒に遊ぶ」が好きな教師の上位4位，「気短」「がんこ」「乱暴」「厳格」が嫌いな教師の上位4位，小学校6年生では，「ユーモア」「親しみやすい」「やさしい」「一緒に遊ぶ」が好きな教師の上位4位，「えこひいき」「気短・怒りっぽい」「がんこ」「独断的」が嫌いな教師の上位4位となっています。中学校2年生では，「ユーモア」「親しみやすい」「指導熱心」「はきはきしている」が好きな教師の上位4位，「えこひいき」「気短・怒りっぽい」「こごとをいう」「教え方がよくない」が嫌いな教師の上位4位となっています。小学生に比べて，中学生に相

当する青年期になると，「ユーモア」や「親しみやすさ」とともに，「はきはきした指導熱心な教師」といった，熱心な学習の指導者や人生を導いてくれる教師という面が重視されると考えられます。岸田（1983）も，中学生から高校生では，厳格で熱心な学習指導者，人生の教師という専門的かつ人生の先達としての教師という面が期待されることを指摘しています。これは，青年は自己の人生と向き合うという作業を行う必要があり，そのために，教師を見る視点が，質的に変化してくることを意味しているのではないかと考えられます。

3 教師期待効果

児童・生徒の現在や将来の学業成績・行動等に対する教師のさまざまな期待を，教師期待といいますが，このような教師がいだく期待によって，児童・生徒の行動等がその方向に変化する現象が見いだされており（Rosenthal & Jacobson, 1968），これを教師期待効果と呼んでいます。たとえば，教師が期待を寄せる子どもは，学業成績が向上したり，逆に，あまり期待しない子どもは，学業成績が下がったりすることが生じるといわれています。このようなことが起こる背景には，教師があまり意識することなく，期待する子どもと期待しない子どもに，異なるかたちのコミュニケーションを与えている（つまり，期待する子どもには，より多くの微笑みやうなずきを与え，期待しない子どもには，短時間しか考える時間を与えない，など）ことがあると考えられています。

教師の多くは，成績の良い子どもや従順な子ども，自己の満足感を満たしてくれる子どもに対して，特別な配慮や高い期待を寄せること（Tal & Babad, 1990）や，教師は，自分の好む子どもに対しては彼らの実態よりも高く評価し，そうでない子どもには実態よりも低く評価することなどが知られており，注意深い対応が必要と考えられています。

教師には，何よりも公平な態度が求められますが，このような教師期待効果の存在を十分に認識し，一人ひとりの子どものために，それを賢く利用していくという観点が大切であろうと思います。

4 学級経営と生徒の適応

教師の学級経営と子どもの適応との間には，関連があるといわれています。ここでは，教師の学級経営を「リーダーシップ」の観点から捉え，両者の関係につ

いて考えてみたいと思います。

　三隅・吉崎・篠原（1977）は，教師のリーダーシップを，「目標達成機能（Performance，P機能）」，「集団維持機能（Maintenance，M機能）」の2つから捉えています。P機能とは，授業や生徒指導（生活指導）を行うというような目標達成を目指そうとする機能，M機能とは，学級集団をまとめていこうとする機能です。このP機能とM機能を組み合わせて，教師のリーダーシップは，PM型（P機能とM機能が両方とも高い教師），P型（P機能のみが高い教師），M型（M機能のみが高い教師），pm型（P機能，M機能とも低い教師）の4つのタイプに分類されます。

　三隅・矢守（1989）は，中学校の教師を対象に，この教師のリーダーシップ類型と，生徒のスクールモラール（授業満足度・学習意欲，学級への帰属度，学級連帯性，生活・授業態度からなる）との関連について研究を行いました。その結果，PM型リーダーシップの教師のクラスでは，これらのスクールモラールが最も高く，他方，pm型の教師のクラスでは，スクールモラールが最も低いことを見いだしました。これにより，教師がどのようなやりかたで学級経営を行うかによって，子どもの学習意欲や学級への帰属意識，生活態度等の適応状況に違いがあることがわかりました。このような傾向は，小学校の教師とその子どもを対象とした研究でも，同様の結果が見られています（河村・田上，1997）。

　これらの研究の結果から，いわゆる教師が子どもを教育しようとする機能（P機能）は，もちろん子どもの適応にとって重要ですが，それだけでは十分ではなく，学級の個々の子どもの心情に配慮したり，学級内の人間関係づくりを促進させようとする機能（M機能）も，同じくらい重要であることがわかります。管理的な教師は，とかくP機能を優先させがちですが，M機能もしっかりと取り入れながら，バランスの良い学級経営をしていくことが求められるのではないでしょうか。

V-6　いじめ

> **Episode　いじめの残酷さ**
>
> **教授K**：これまでに，いじめを受けたり，いじめをしてしまったことはある？
>
> **学生L**：自分としては，どちらもないと思っています。ただ，人間関係のなかで，自分はしたつもりはないのに相手がそう思ってしまうこともあるので，その辺りは心配もありますが。また，自分の周りでは，中学校時代にそういうことがありました。暴力を振るうとか，お金を奪い取るとか。
>
> **教授K**：そうなんだ。いじめはいつまでたってもなくならない非常に困った問題だね。随分前のことなんだけど，1994年11月27日に，いじめを受けていた愛知県西尾市の中学2年生が自殺をしたという事件のことは知っている？
>
> **学生L**：そのことは大学の授業で勉強しました。確か，いじめグループに，カバンを隠されたり，自転車の泥除けを壊されたり，お金をせびられたり，人前でズボンを下ろされたりするなど，数々のいじめを繰り返し受けたという話を聞きました。その他にも，同じ授業で，東京都中野区の中学2年生の話も聞きました。教師も加担するかたちで「葬式ごっこ」と呼ばれるいじめを受けて自殺してしまった中学生の話です。
>
> **教授K**：よく覚えているね。ごく最近でも，こうしたことが何件かあったように記憶していますが，残酷極まりないよね。
>
> **学生L**：自分は，いじめにはかかわった経験がないので，なぜこのようなことが起こるのかよくわからないのですが，どうしてこんなことが起こるのですか？
>
> **教授K**：いじめをする人は，基本的に弱い人なんだ。だから，自分よりも弱い人を探し出して，自己の優位性を誇示しようとするんだ。他にも理由はあると思うので，また，勉強してみてくださいね。
>
> **学生L**：わかりました。

1 いじめの定義と実態

　文部科学省の調査では，これまで，いじめを「自分よりも弱いものに対して一方的に，身体的・心理的攻撃を継続的に加え，相手が深刻な苦痛を感じているもの」と定義してきましたが，いじめ自殺の多発等を背景に，2007年1月にこれを見直すことを決め，現在では，いじめられた子どもの立場に立つかたちで「子どもが一定の人間関係にある者から，心理的・物理的攻撃を受けたことにより，精神的な苦痛を感じるもの」という定義が採用されています。また，これまでは，いじめを「発生件数」で集計してきましたが，2006年度からは「認知件数」に変更し，集計を行っています。

　これらの定義によるいじめ件数（総数）の推移は，1994年度5万6,601件，1995年度6万96件，1996年度5万1,544件，1997年度4万2,790件，1998年度3万6,396件，1999年度3万1,359件，2000年度3万918件，2001年度2万5,037件，2002年度2万2,205件，2003年度2万3,351件，2004年度2万1,671件，2005年度2万143件，2006年度12万4,898件と，1994年度から2005年度にかけては概ね減少傾向を示してきましたが，定義の見直し等もあり，2006年度では前年度比で約6倍という水準にまで増加しています。内訳ではいずれも中学生の割合が圧倒的に高くなっています。

2 いじめの手口

　文部科学省の2005年度のデータ（総数）から，いじめの態様を見ると，1位は，「冷やかし・からかい」(46.5％)，2位は，「言葉での脅し」(26.5％)，3位は，「暴力を振るう」(23.0％)，4位は，「仲間はずれ」(19.4％)，5位は，「持ち物隠し」(10.4％)，6位は，「集団による無視」(7.4％)，7位は，「たかり」(4.0％)，8位は，「お節介・親切の押しつけ」(1.6％)となっています。いじめの件数が最も多い中学生のデータでもほぼ同様の傾向が示されています。

　冷やかし・からかいや仲間はずれ等のよくあるかたちでのいじめであればともかく，現代においては，言葉での脅しや暴力といったかたちでのいじめも相当の比率で生じており，子どもの世界がどんどん荒れた方向に移行しているのではないかと考えることもできます。

3 いじめの4層構造

　森田・清水（1994）は，いじめは，「いじめっ子（加害者）」と「いじめられっ子（被害者）」に，「観衆」と「傍観者」を加えた4層構造として捉えられることを指摘しています。このうちの「観衆」とは，いじめをはやしたてたり，面白そうに眺めている存在，「傍観者」とは，いじめを見て見ぬふりをしている存在です。確かに，いじめという現象の場合，加害者と被害者だけでなく，それ以外の周囲の存在について考えることは，非常に有効なように思います。目の前で起こっているいじめについて，周囲の人たちが不快な表情を浮かべたり，注意をしたりすることがあれば，通常，そのいじめは長続きしないと考えられます。周りの人が，面白がったり，気づかないふりをしたりすることにより，いじめはどんどんエスカレートしてしまう可能性があります。この観点から考えると，学校現場では，「観衆」や「傍観者」を少しでも少なくしていくような学級づくりが求められると考えられます。

　ところで，この4層構造には教師が含まれていませんが，先の例にもあったように，残念ながら，教師がいじめに関与ないし加担してしまうこともあります。これは，決して許されないことですが，現実には，いくつかの事例が報告されています。また，直接的な関与や加担をしないまでも，教師が日常行動において，たとえば，差別的な発言や無神経な発言等を行うことにより，それが周囲の子どもたちに影響を与え，いじめをつくり出してしまうということも起こり得ます。教師は，自己の発言や行動について，常に内省を繰り返すということを心がけておかないと，知らず知らずのうちに，自らいじめをつくり出してしまうという教師としてあるまじき大罪を犯してしまう可能性もあるわけです。

4 いじめの予防と対策

（1）学級づくり

　教師が日常的に行う学級づくりは，いじめ予防にとって最も重要なことと考えられます。すなわち，学校生活において，教師と子ども，ならびに子ども同士のコミュニケーションがうまくいくような雰囲気が確立されていれば，いじめを生み出す土壌自体を減少させることができます。また，その際に，「いじめを絶対に許さない」「いじめをするのは恥ずかしい」というような雰囲気づくりをして

おくことも重要なことでしょう。たとえば「いじめをするのは弱い人。いじめられていることを口に出して言える人は勇気のある人」というようなことを，日常的に子どもたちに伝え続けることも効果的だと考えられます。

（2）「いじめ」を材料にした授業

いじめに関する新聞記事や体験談等を，授業時間等を利用して読ませたり，それについて議論させたり感想を書かせたりすることも，子どもの実感に訴えるということを考えると，非常に有効だと思われます。特に，いじめられることがどれほど辛いことなのか，いじめることがどれだけ罪深いことなのかについて，子ども自身にじっくり考えさせることが重要と考えられます。ただ，「いじめ自殺」を扱った新聞記事等を教材として取り上げる場合には注意が必要で，事前に生命や生きることの重要性について考えさせておくことも，大切なことと考えられます。

（3）心理的な授業の実施

いじめを対象とする心理的な授業の代表的なものとして，ロールプレイング法（役割演技法）があります。もちろん，この方法を実施する際には，専門的な訓練を受ける必要がありますが，道徳の授業等を利用して，実際に利用している学校も多いようです。この方法では，いじめ役，いじめられ役等をクラスのメンバーから選び，いじめ場面を演じてもらい，それ以外のメンバーには，その演じられている場面を観賞してもらいます。その後に，いじめ役やいじめられ役，いじめ場面を観察していたメンバー等が意見や感想を述べたり，感想を文章としてまとめさせたりします。演技とはいえ，いじめの場面を実際に演じたり，それを目の前で見ることにより，実感を伴うかたちで，「いじめ」を理解することが可能と考えられます。

（4）「いじめ」への対応

教師のいじめへの対応ですが，まず，被害者，加害者の双方から，偏見を挟まずにしっかりと話を聴き，事実関係を掴む必要があります。時間がかかる場合もありますが，焦らないことが肝要です。その後にすることとしては，被害者のケアを優先させつつ，同時並行で加害者のサポートも考える必要があります。いじめの対応は，被害者のケアを行えば十分と考えるのではなく，実は，加害者も救うという観点をもたなければ十分とはいえません。適宜，スクールカウンセラー等との連携も図りながら，慌てずに，腰を据えて，対応していくことが，何よりも重要なことと考えられます。

V-7　不登校

Episode 「不登校」現象の歴史

教授M：教育学部にいるから，不登校についてはかなり知識があると思うんだけど，何か知っていることを話してもらえない？

学生N：教職とか専門の授業でも色々と勉強する機会があり，また，自分はそういう子どもたちが集まる場所でボランティアとして働いてもいるので，彼らと話す機会もあります。

教授M：不登校の一番の原因は何だと思う？

学生N：一人ひとり違うような気がします。家庭で親が喧嘩ばかりしているとか，学校の勉強がわからないとか，友達関係がめんどくさいだとか，色々です。教師のことが嫌いという子どももいました。理由はさまざまですが，要するに，学校が楽しくないと感じているのだと思います。

教授M：そうかぁ，色々と体験も含めて勉強しているんだね。ちょっと，その歴史の話をすると，不登校という現象は，日本では1960年前後から見られたもので，当初は，学校恐怖症という名称で呼ばれていたんだ。これだと精神障害ということになってしまいますが，当時は，数が非常に少なかったんだ。その後，このような子どもたちは増え続け，「登校拒否」と呼ばれた時代を経て，だいたい1990年代頃から，「不登校」という名称で呼ばれるようになりました。だから，この間ずっと子どもに付きまとってきた心の病ということになるね。

学生N：へぇ～，不登校にはそんなに長い歴史があるんですか。それは知りませんでした。不登校については，今では特別な現象ではなく，どのような子どもにでも起きるものと考えられていますので，教師を希望する以上，もっとたくさんのことを学んでいきたいと思います。

1　不登校の定義と実態

　文部科学省によれば，不登校とは，「何らかの心理的，情緒的，身体的あるいは社会的要因・背景により，登校しないあるいはしたくともできない状況にあるため年間30日以上欠席した者のうち，病気や経済的な理由による者を除いたもの」と定義されています。

　この定義に基づいて，文部科学省が集計した最近10年間の不登校児童生徒数の推移（公立小中学校）は，1996年度9万4,351件，1997年度10万5,466件，1998年度12万7,692件，1999年度13万227件，2000年度13万4,286件，2001年度13万8,722件，2002年度13万1,252件，2003年度12万6,226件，2004年度12万3,358件，2005年度12万2,287件であり，2001年度を一つのピークに，以後若干の減少傾向を示していますが，公立小中学校の児童生徒数自体が減少していることから，不登校児童生徒の比率は，高止まりの傾向を示していると考えることができます。

2　不登校の類型

　文部科学省は，不登校を，次の6つに類型化しています。

①不安などの情緒的混乱の型：登校の意思はあるが体の不調を訴えて登校できない，漠然とした不安やうつを訴えて登校しないなどの，不安を中心とした情緒的な混乱によって登校しない型。

②無気力型：無気力で何となく登校しない型，登校させるために迎えに行ったり強く督促すると登校するが長続きしない型。

③遊び・非行型：遊ぶためや非行グループに入って登校しない型。

④学校生活に起因する型：いやがらせをする生徒の存在や教師との人間関係など，明らかにそれと理解できる学校生活上の要因から登校せず，その原因を除去することが指導の中心となると考えられる型。

⑤意図的な拒否の型：学校に行く意義を認めず，自分の好きな方向を選んで登校しない型。

⑥複合型：上記のタイプの複合型。

　2001年度の資料によれば，これらのタイプのうち，「不安などの情緒的混乱の型」と「複合型」の割合がいずれも25％を超えて最も高く，それに「無気力型」が20％強で続いています。近年の社会状況や不登校の多様化に伴って，特に情緒

的混乱や複雑な様相を示す不登校が増加していることが考えられます。

3 不登校の兆候

塚越（1998）は，「家庭生活」と「学校生活」の2点から，次のような指摘をしています。そのいくつかをあげてみます。このような兆候が見られたら，注意が必要です。

①家庭生活：寝つきが悪い・睡眠が浅い，食事の量が減る・食事中に考え込むことが多い，不機嫌なことが多い・不満や要求が多い，親を無視する・反抗が目立つ，学校の話題が減る・避ける，勉強に集中できない・勉強をしなくなる，外出が減る・自室にこもる時間が長い。

②学校生活：教師を避ける・口ごたえが増える，成績が下がる・欠席や遅刻が増える・発言が減る，不安そうな表情をよく見せる，何か他のことを考えている，作業が遅く取り残されることが増える。

4 不登校のその後

小学校・中学校時代に不登校であった児童生徒の，その後の人生はどのようになるのでしょうか。一つの資料がありますので，示してみたいと思います。文部科学省は，2001年9月に，「不登校に関する実態調査」（平成5年度不登校生徒追跡調査報告書）と題する報告書を公開しました。これは，中学校時代に不登校を示した生徒に対する追跡調査の結果であり，非常に興味深いものです。次に，この調査結果の概要について，述べることにします。

調査対象者は，平成5年度の不登校生徒でかつ中学校を卒業した者で，追跡調査は，平成10年11月～平成11年11月にかけて行われました。調査は3種類（基礎調査，郵送によるアンケート調査，電話によるインタビュー調査）行われましたが，このうち「郵送によるアンケート調査」と「電話によるインタビュー調査」は，「基礎調査」等の実施の際の，さらなる調査に応諾した人に限って実施されました。中学卒業後の進路の状況に焦点を当てて，結果の概要を示すと，次のようになります。

まず，「中学卒業時点の進路」は，就労が28％，高校等への進学が65％，就労も就学もしない者が13％です。このうちの，高校進学者については，38％が中退しており，学業を継続させつつ大学・短大へ進学した者は全体の13％という数値

です。「現在」については，就労している者が54％，就労・就学ともしていない者が23％，就学している者が14％，就労・就学ともしている者が9％となっています。また，「現在の就労者」のうち，パート・アルバイトが約半数を示し，「就学者」の内訳としては，大学・短大が9％，専修学校・各種学校が8％，高校が7％，その他（予備校，フリースクール等）が5％という数字が示されています。

この結果を，どのように考えればよいでしょうか。全体の13％が，大学・短大に進んでいますが，現在，「就労・就学ともしていない者」も23％います。また，就労者の大半が「パート・アルバイト」となっています。人間の長い人生という観点から見れば，「中学卒業から5年後」というのは，極めて短いということもできますが，青年期が，「進路」において非常に重要な時期であることを考えれば，随分，考えさせられるデータだと思います。

5　不登校の予防と対策

（1）クラスの連帯感

子どもは，学校が自分にとって少しでも楽しい場，自分が認められる場と感じれば，通常，不登校には陥りません（なお，親子関係等の家庭に問題のある場合は，別問題です）。授業が楽しいとは感じなくても，教師やクラスの仲間に対して肯定的な気持ちをもてるのであれば，自然に子どもは「学校に行く」という行動を選択します。教師が，子ども同士が互いに認め合えるようなクラス環境を構築していくことが，不登校の予防に繋がると考えられます。

（2）「不登校」への対応

不登校に対する対応で最も重要なのは，解決を急がずかかわりながら待つという姿勢です。不登校は，一朝一夕で解決に向かうものではありませんので，無理にかかわりを求めたりしないことも大切なことです。つまり，基本的には，かかわりをもちながら，「その子どもが動くのを待つ」ということになります。しかし，1年以上も同じような状態が続くのは問題で，そのような時には，「進路」とか「生き方」の問題と関連づけながら，少しずつ話し合いをもつようにするというのも，重要なことと考えられます。

第3部　青年と社会

V-8　非　行

Episode　少年法改正の理由(わけ)

教授O：2001年4月に，改正少年法が施行されたのですが，そのことについては知っていますか？

学生P：もちろん知っています。刑事処分を課せられる年齢が，16歳から14歳に引き下げられたはずです。

教授O：そうだね。主な改正点は，そういうことだよね。これに付け加えて言うと，犯行時に16歳以上の少年が故意に犯罪行為により死亡事件を起こした場合には，原則として刑事裁判を受けるという変更もなされたんだ。じゃぁ，なぜこのような改正が行われたかについては，何か知っている？

学生P：よくは知りませんが，青少年の犯罪の凶悪化とか低年齢化という話は聞いたことがあります。

教授O：そうなんだ。特に2000年になってから，色々な凶悪犯罪が起こったんだ。たとえば，2000年5月に起きた「愛知豊川主婦殺害事件」は17歳の少年の犯行だったんだ。この年には，17歳の凶悪な犯罪が相次いで起こり，同じ5月に「西鉄バス乗っ取り殺傷事件」が，6月には「岡山金属バット殺害事件」が起こったんだ。この年の8月には，15歳の少年が「大分一家6人殺害事件」という前代未聞の大事件を起こしたんだよ。

学生P：それは信じられませんが，少年法を改正した理由も，少しわかった気がします。

教授O：その後も，何度か改正が行われ，犯罪被害者の権利や利益の保護という観点から，少年犯罪については，どんどん厳罰化が進行しているんだ。

第Ⅴ章　青年期と学校

1　非行の定義と実態

　「非行」は，反社会的行動の代表の一つに位置づけられますが，具体的には，攻撃的行動や破壊的行動，脅迫，いじめなどの，周囲の人々に恐怖や迷惑を与える行動を意味します。なお，少年法の規定する非行少年には，犯罪少年，触法少年，虞犯少年の区別があります。

　ここ10年間の「刑法犯少年検挙人員数」の推移（交通業過を除く刑法犯で検挙した14〜19歳の少年の人数）を見ると，1997年15万2,825人，1998年15万7,385人，1999年14万1,721人，2000年13万2,336人，2001年13万8,654人，2002年14万1,775人，2003年14万4,404人，2004年13万4,847人，2005年12万3,715人，2006年11万2,817人となっています。多少の増減はありますが，この10年間は，ほぼ減少傾向を示していると考えられます。また，このうちの最も重篤な犯罪である「凶悪犯」（殺人，強盗，放火，強姦）と「粗暴犯」（暴行，傷害，脅迫，恐喝）について，この10年間の人数の推移を検討すると，「凶悪犯」では，順に2,263人，2,197人，2,237人，2,120人，2,127人，1,986人，2,212人，1,584人，1,441人，1,170人，「粗暴犯」では，順に1万7,981人，1万7,321人，1万5,930人，1万9,691人，1万8,416人，1万5,954人，1万4,356人，1万1,439人，1万458人，9,817人となっており，ここでも，減少傾向が顕著に見られます。

　現代は，青少年の凶悪な犯罪が増加しているという印象がありますが，件数から考えると，決してそうではないことがわかります。ショッキングな事件が多いということが，こうした印象を強めている可能性はあります。また，「殺人」のなかの「親殺し」については，最近，増加しているとのことで，これなども関係しているのではないかと考えられます。

2　非行の類型

　上でも述べた通り，非行少年は，犯罪少年，触法少年，虞犯少年の3つに区分されます。

　「犯罪少年」とは，14歳以上20歳未満で，罪を犯した少年を，「触法少年」とは，14歳未満で，刑罰法令に触れる行為をした少年を，「虞犯少年」とは，20歳未満で，一定の不良行為があり，かつ性格または環境に照らして，将来罪を犯し，または刑罰法令に触れる行為をなす恐れのある少年を指します。

なお，次に詳しく述べますが，2001年4月の改正少年法の施行により，刑事罰の適用対象が16歳から14歳に引き下げられました。これにより，上記の「犯罪少年」については，「逆送」とされた場合には，成人に適用されるのとほぼ同様の刑罰が適用されることになりました。ちなみに，刑法犯の罪種としては，窃盗犯や凶悪犯，粗暴犯，知能犯，風俗犯などがありますが，2006年の刑法犯少年のデータでは，いわゆる「初発型非行」（万引き，自転車盗，オートバイ盗及び占有離脱物横領）で検挙された者の割合が73.3％と，圧倒的多数を占めています。

3 少年法の改正

2001年4月から，改正少年法が施行されました。それまでの少年法では，14～19歳の少年について，検察官はすべての事件を家庭裁判所へ送致し，保護処分を言い渡すか，検察官に逆送し刑事処分に処するかを決定しました（「逆送」は，16歳以上と決められていました）。改正少年法においては，刑事処分を可能とする少年の年齢を，16歳から14歳に引き下げるとともに，犯行時16歳以上の少年が故意に犯罪行為によって被害者を死亡させた場合には，原則として検察官に逆送するという処分を下すこととしました。また，少年審判に検察官が関与できるようにしたり，被害者への配慮という観点から，家庭裁判所が少年審判の結果を被害者に通知する制度を設けたりしました。この少年法改正の背景には，少年による重大事件の増加やその低年齢化があります。その後，2007年11月と2008年6月にもその改正が行われ，少年犯罪に関して，さらに社会の厳しい見方が広がりつつあります。

4 非行の原因

河野（2005）に基づいて，非行の主な原因を整理したいと思います。
（1）生理的観点
遺伝や染色体異常，脳の障害等のさまざまな医学的・生理的要因を非行の原因と考える立場です。最近でも，福島（2003）による，重大・凶悪な殺人者のなかには，早期脳障害を推定させる者が有意に多いとする有益な見解もあります。
（2）認知・学習の観点
これまでの生育史のなかで，「自己効力感」を得る経験が少なかったことや，「非行」というレッテルを貼られた経験（すなわち，「自己存在感」を学習していな

い）などの認知・学習要因を非行の原因と考える立場です。

（3）心理・社会的観点

思春期・青年期という発達上の問題や家族関係・親子関係の問題を非行の原因と考える立場です。思春期・青年期は，アイデンティティの模索のなかで不安や葛藤が増幅され，不適応状態に陥りやすい時期です。また，親からの自立との関連もあり，親子関係をはじめとする家族からの影響を非常に受けやすい時期と考えられています。

非行は，これらの要因が複雑に絡まり合って生じると考えられます。

5 非行の予防と対策

（1）クラスのなかでの存在感

非行の原因の一つとして，先に，「自己存在感」の欠如があることを指摘しましたが，これをクラスのなかで与えることが，非行の予防に繋がると考えられます。人は誰でも，自分が認められたり，自分を大切にしてほしいと願っています。しかしながら，何人かの子どもたちは，勉強が苦手であったり乱暴であるなどの理由から，この願望が打ち砕かれていく経験を余儀なくされます。学校は集団生活の場ですから，これらは致し方ないことも確かですが，子どもは自分が認められるということが，決して叶いそうにないと感じた時に，一か八かの行動に出ます。その一つが「非行」という行動です。まともなやり方で「自己存在感」が得られないのであれば，「悪事」をはたらき目立つことによって，「自己存在感」を得ようと考えてしまうわけです。

（2）「非行」の対策

非行ないし非行傾向をもつ子どもの特徴として，いくら指導を行っても，一向に行動が改まらないという点があります。それは，彼らの心の根底に，人に対する「不信感」があるからで，ちょっとやそっとで人を信頼することはありません。彼らは，これまでの裏切られた経験に基づいて，対応にあたる大人を「本当に」信頼できる人なのかどうか判別しようとしているのです。ですから，対応にあたる大人は，決して焦ることなく，じっくりと繰り返し指導を行うことが重要と考えられます。

V-9　心身症

Episode　ストレスとうまくつき合う

教授Q：突然だけど，毎日の生活でストレスを感じることはある？

学生R：それはありますよ。学期末試験の勉強もそうだし，将来のことも考えないといけないし，友人関係でも悩みは結構あります。アルバイト先でも，失敗したら叱られるし。正直言って，ストレスだらけです。

教授Q：そうなのか。大学生も色々と大変だね。私も，仕事のこととか，家庭のことだとか，色々と悩みが尽きないよ。研究や原稿の締切などもあるしね。現代は，誰にでも，ストレスはあるみたいだね。

学生R：本当にそうですね。ストレスがなければ，どれだけ楽しいだろうと思ってしまいます。

教授Q：それはもっともなことだね。だけど，ストレスは，すべて悪いものだと思う？

学生R：それはどういう意味ですか？

教授Q：ストレス研究で有名なセリエという人は，ストレスは，必ずしも悪いものではなく，それにより人が人生を豊かにするために目標をもって努力したり，何かに打ち込んだり，人間関係の構築に尽力するなどの，良い面もあると考えているんだ。そういうふうには思わない？

学生R：そう言われればそんな感じもします。生活がスムーズに進むだけでは，人間に進歩や成長がないように思いますので。

教授Q：確かに，非常に大きなストレスが続くと，体調を崩したり精神的な病にかかってしまう可能性もあるんだけど，適度なストレスは，人間の生活や人生を活性化させる感じがするね。

学生R：今の私にとっては，まだストレスは辛いことの方が多いけれど，これに負けずにやっていくことも，大切であることがわかりました。

1 ストレス研究の開始

　現代は，ストレス社会と形容されるほど，「ストレス」に覆われた社会と見ることができます。心身症の発症には，このストレスが深くかかわっていることが知られていますが，そもそも，ストレス研究はいつ頃から始まったのでしょうか。

　もともと物理学の用語であったストレスという用語を医学の領域で初めて使用したのは，カナダの生理学者であるセリエ（Selye, H., 1907-1982）です。彼は，外傷や痛みなどの身体的負荷や，不安，緊張などの精神的負荷によって引き起こされる反応や変化を「ストレス」と名づけ，研究を行いました。人間は，もともとストレスに適応できるシステムを備えていますが，それが過剰であったり，限界を超えた時に，心理的・身体的にバランスを崩して，病気に至ることがわかりました。

　次に，このような疾患の代表である，心身症の定義と種類について記述してみたいと思います。

2 心身症の定義と種類

　心身症は，「身体疾患の中で，その発症や経過に心理社会的要因が密接に関与し，器質的ないし機能的障害の認められる病態をいう。ただし，神経症やうつ病などの他の精神障害に伴う身体症状は除外する」（日本心身医学会教育研修委員会，1991）と定義されています。つまり，心身症とは，身体的要因に心理的なストレスが加わるかたちで生じた器質的な異常と考えられます。

　心身症の主な症状としては，身体部位別に，呼吸器系（気管支喘息，過換気症候群），循環器系（心悸亢進，情動性不整脈），消化器系（胃・十二指腸潰瘍，過敏性腸症候群），内分泌系（神経性食欲不振症，過食症），筋肉系（チック，緊張性頭痛），神経系（自律神経失調症，不眠症），皮膚系（円形脱毛症，アトピー性皮膚炎）などがあります。次に，代表的なものをいくつか取り上げ，その概要について記述したいと思います。

（1）気管支喘息

　アレルギーや感冒などによっても発症しますが，心理的要因によって引き起こされる場合も少なくありません。喘息の発作が止まらないことで，呼吸に支障をきたすこともあります。特に，家族や重要な他者との関係性における問題が，そ

の原因の1つとして考えられます。

（2）胃・十二指腸潰瘍

　胃酸の異常分泌により，胃や十二指腸の粘膜に欠損等が生じた状態で，身体的要因のみではなく，さまざまな環境のストレスが原因となっている場合が多く見受けられます。受験や，学校・職場等における対人関係の不安や葛藤・トラブルなどが引き金になって生じることも多くあります。

（3）神経性食欲不振症

　思春期・青年期の女子に起こりやすい症状です。太ることについて過度の不安や恐怖を抱き，食事制限や摂食の拒否をします。これが行き過ぎると，衰弱して，入院等に至る場合もあります。思春期・青年期における自意識過剰等に基づく歪んだ身体意識とともに，親からの自立等の要因も関係すると考えられています。

（4）チック

　まばたきをしきりにしたり，肩をピクッとさせたり，顔をゆがめたりするような症状を呈しますが，これはその人の意思とは無関係に生じる不随意の動きです。神経過敏な人やストレスにさらされた時などによく出現します。親の厳格な養育態度なども関係しているといわれますが，因果関係はまだはっきりしない点もあるようです。大人になっても，性癖のかたちで残ることがあります。

（5）円形脱毛症

　頭髪が円形に脱毛する症状を呈します。場合によっては，頭髪の脱毛が全体に及ぶものもあります。心理的な葛藤やストレスが原因となっている場合が多く，大半は，これらが取り除かれることにより症状が改善されますが，頭髪が抜けることで二次的なストレスを被り，回復に時間がかかることもあります。

3　ストレス対処方略と心身症

　ストレスに遭遇した時にどのような対処を行うかという「対処方略」の問題が，適応と関係することがわかっています。

　たとえば，嶋田（1998）は，仕方がないと諦めたり，回避的な対処を行うことが，抑うつ感や不安感，イライラ感を高め，逆に積極的に働きかけることが，これらの反応を抑制する効果があることを指摘しています。また，三浦・坂野（1996）は，学業ストレスに対して諦めの対処を多く採用する中学生は，無気力感を感じたり，頭痛やだるさなどの身体症状を示すことを報告しています。

このように，ストレスに直面した時に，それを回避したり，消極的な対処ばかり採用していると，ストレス反応が高まり，不適応の状態に至ってしまうと考えられます。その一方で，ストレス状況の前向きな解決を目指したり，人から助言をもらう等の積極的な対処をとることで，不適応に陥らないようにすることもできます。「心身症」は，いわばこうした不適応行動の代表ですが，消極的な対処ばかりしてしまうことで，この泥沼に陥ってしまうと考えることもできます。

4 心身症の予防と対策

（1）ストレスを生まない学級

現代はストレス社会とはいえ，学校での生活においては，教師の努力で，いくらでもそれを減らすことは可能と考えられます。たとえば，教師が子どもとのコミュニケーションを増やす，いじめをなくす，学級内の人間関係づくりやその調整を行う，多様な個性を認め合うようにする，一人ひとりの子どもの存在感に配慮するなどがあげられます。これらのいずれか一つでも実践できれば，子どものストレスは確実に減らすことができます。子どもたちは，勉強や友人関係，親子関係など，さまざまな事柄に対してストレスを抱いています。もちろん，それらを完全になくすことはできませんが，少しでも減らしたり，緩和させたりすることはできるはずです。こうした学校生活での基本的な点に配慮することが，「心身症」の予防に繋がると考えられます。

（2）「心身症」の対策

心身症は，心が発するシグナルとはいえ，実際に体調を崩すという状況があるわけで，医学的な治療が不可欠になるものが多くあります。この点については，家族による対応が基本となりますが，学校の保健室における治療という可能性もあります。ただし，心身症は，通常いわゆる医学的な治療だけでは完治しません。その症状の根本にある原因を取り除かなければならないからです。辛抱強いコミュニケーションやカウンセリングに基づくストレスの軽減や人間関係の調整，ストレス対処能力の訓練などが必要になります。現代は，大人社会でもうつ病等の精神疾患が増えています。これは，もちろん心身症とは異なりますが，同じようにストレスの仕業の可能性が高いといえるものです。

V-10 学習不適応

> **Episode** 「特別支援教育」とは
>
> **教授S**：「特別支援教育」という用語は聞いたことがある？
> **学生T**：私は教育学部の学生なので，当然知っています。特別支援教育課程という専攻もありますから。
> **教授S**：実は，この「特別支援教育」という呼称は，2001年度から，変更されたものなんだ。それ以前は，「特殊教育」という言い方をしていたんだ。
> **学生T**：そのことは知りませんでした。なぜ，このような変更が行われたのでしょうか？
> **教授S**：これには，「障害」を特別なこと，特殊なことと捉えるのではなく，一つの「個性」として，また「支援」を必要としている子どもとして捉え，その成長・発達を考えていこうとする思いが込められているんだ。具体的には，2006年6月に「学校教育法等の一部を改正する法律案」が可決・成立し，2007年4月より，特別支援教育が正式に施行されたんだ。これにより，これまでの「特殊学級」は「特別支援学級」に，「盲学校・聾学校・養護学校」は「特別支援学校」に名称変更されたんだよ。
> **学生T**：これはいいことですね。障害を「個性」として捉えていこうというのは，社会の成熟に繋がるのではないかと思います。私も大賛成です。

1　学習不適応の定義

　笠井（2005）は，学習不適応児を「学校教育現場で，学習意欲や学習方法などの学習活動の諸側面，およびその成果について"気になる"子ども，すなわち何らかの特別な配慮なしでは学習活動を円滑に進めることが難しかったり，これからの学習に支障をきたすことが予想されたりする子どもなどを含めて，学習不適応児として捉える」と定義しています。一口に「学習不適応」といっても，さまざまな内容を含むことがわかります。

2　学習不適応の種類

学習不適応の主なものについて，次に紹介したいと思います。
（1）学業不振児
　正常範囲の知的能力をもっていながら，何らかの原因で，学業成績がそれに伴わない者を「学業不振児」と呼びます。学力偏差値から知能偏差値を差し引いたものを成就値，学力偏差値を知能偏差値で除した数値に100を乗じたものを「成就指数」といいますが，通常は，成就値ではおよそ－7ないし－10以下，成就指数ではおよそ90以下を学業不振児と呼んでいます。
（2）学習遅滞児
　知的な能力が平均より劣っているために，学力水準が低い者を「学習遅滞児」と呼びます。理解したり記憶したりするのに時間のかかる子どものなかにも，このような子どもがいる可能性があります。
（3）学習障害児
　全般的な知能に遅れはないものの，学習に関わる特定の領域（聞く，話す，読む，書く，計算する，推論する）のうち，特定のものの習得や使用に著しい困難を示す者を「学習障害児」と呼びます。それ以外の学習には何ら問題はないのですが，簡単な漢字が書けなかったり，計算ができなかったりします。
（4）無気力な子ども
　何らかの原因で，学習をしようとしない，あるいは学習に対して意欲をもたない者です。多くは，その背景に，「どうせ自分は勉強ができない」という否定的な認知をもっていますが，勉強嫌いや勉強の意義を認めない者などもいます。また，これまでの積み重ねのなかで，基礎的な学力が備わってこなかったことで，

学習についていけない者もいます。

3 学習不適応の原因

（1）身体的要因

　視力障害や，難聴，病気で欠席しがちなどの原因で，正確な知識の習得ができなかったり，十分な学習ができないなどの支障がでる可能性があります。また，学習障害などでは，中枢神経系の機能障害がその大きな原因の一つとされていますが，それもここに含めて捉えることができます。

（2）性格的要因

　落ち着きがない，集中力がないなどの情緒的不安定な性格や，神経質，劣等感が強い，協調性がないというような極端な内向的な性格なども，学習活動に大きな影響を与えることがあります。情緒不安定の性格では，学習の吸収や定着に支障が出ますし，極端に内向的な性格の者では，学習活動の幅が狭まってしまうという問題が生じてしまいます。

（3）学習方法・学習習慣の要因

　本の読み方やノートのとり方，辞書のひき方，記憶方法，授業態度などの基本的な学習方法・態度が身についていない場合，それだけで学習に適応できない可能性があります。文房具の扱い方（定規・分度器等）なども，ここに含まれます。

（4）家庭要因

　親の教育に対する態度が，極端に無関心であったり過剰な期待を寄せるような態度であると，子どもが学習意欲を失ったり，失敗に対する強い不安を抱くようになったりします。また，夫婦や親子の不仲や，離婚等の不安定な家庭環境も，子どもの学習に悪影響を及ぼすことがあります。さらに，家庭の経済状況から，教材や文房具等が十分に揃わないなどの要因も，子どもの学習に影響を与えます。

（5）学校要因

　教師の教育活動の内容（教材の提示方法，板書の仕方など）や，教師と子どもの人間関係，生徒同士の人間関係なども，子どもの学習に影響を与えることがあります。子どもは，友人関係がうまくいかないだけでも，学習に支障をきたす可能性があります。

4 学習不適応の予防と対策

（1）「勉強が苦手な子ども」を特別視しない

　子どものすべてが勉強が得意な子どもではないですし，すべての子どもが努力をすれば勉強が好きになったり得意になるとも限りません。学習不適応には実にさまざまな種類があり，かつさまざまな要因が関係していますので，学習不適応児をゼロにすることはまず不可能です。ですから，学校では，いわゆる「勉強が得意でない子ども」に対して，批判的・差別的に見たり，それを問題視することは，避けなければなりません。「勉強が得意でない子ども」にも，必ず良いところがありますから，それを中核に据えて，指導に当たることが重要です。

（2）「学習不適応児」への対応

　学習不適応児に対応する際の基本は，まず焦らないことです。辛抱強く指導を続けることが肝要です。基礎的な内容を把握していない子どもや無気力な子どもに対しては，コミュニケーションや学級での人間関係づくりを基盤としながら，徐々に意欲を引き出していくという方法も考えられます。勉強以外に「得意なこと」を見つけて，自信をもたせていく方法も考えられます。

　これと少し関連しますが，2008年5月23日付の読売新聞朝刊に，「特別支援　違い認めて　伝える工夫」と題するコラムが掲載されました。簡単に紹介してみたいと思います。

　これは，静岡県のある中学校の特別支援教育の実践記録ですが，高機能自閉症のＡ君ともども全生徒に特別支援を施した実践例です。概要は，次の通りです。Ａ君は，高機能自閉症であり，人とのかかわりを苦手としていました。そんなＡ君はクラスメイトとともに，ソーシャルスキルの訓練として，「コミュニケーションタイム」のプログラムに参加しました。これは，担任の合図で一斉に机を向かい合わせて班をつくり，ある待ち合わせ場所を各自が言葉だけで説明し，何人に伝わったかを体験するものです。同じ説明でも通じる人と通じない人がいること，人それぞれの反応があり，たとえ伝わらなくても片方だけが悪いのではないことなど，人に言葉で伝達することの難しさを各自が体験していきました。そのような環境で3年間を過ごしたＡ君は，不測の事態でもパニックを起こしにくくなり，「中学生マナー」と題する紙芝居を完成させ，普通高校へ進学していったとのことです。

[第Ⅵ章]
社会に出て行くということ

　私たちはどのようにして社会に出ていくのでしょうか。社会が何か得体の知れないものに感じられると，敷居が高くなります。また，やり戻しがきかないと感じられると，失敗できないというプレッシャーが大きくなります。

　最近，私はゼミ生（3年生）にゼミのOBに会わせました。すると，「OBはカッコいい」と言った学生がいました。OBは社会に出た後も何らかの形で勉強を続けていたのです。

　学生と話をすると，「大学時代でしかできないことをやりたい」と言います。「それは何か」と聞くと「遊ぶこと」と答えます。というのも，社会人から「社会に出ると遊べないから今のうちに遊んでおいたほうがいいよ」とアドバイスされるらしいのです。確かに仕事は忙しいですが，遊ぶ人は遊んでいます。社会に出る前から後のことを，この章で考えます。

第3部 青年と社会

Ⅵ-1　仕事はどのように決めるのか

Episode　就職先をどう決めたか

ある女性は，進路を決める過程を次のように言いました。

大学の法学部に入学した時は，弁護士になるか一般企業に入るかできたらいいなぁと思っていた。弁護士は女性でも資格をもって一生できる仕事として考えた。人のためにやれるという憧れもあった。しかし，専門課程に進学したら，法律の勉強が面白くないなぁと思った。弁護士の話を聞く機会もあったが，あまりきれいごとばかりではないみたい。そんなに儲かるわけでもないし，この資格のために青春つぶして勉強する価値あるのかなあと少しずつ気力が薄れていった。ゼミの先輩たちと話す機会が増え，具体的にどんなところに就職していくのか，興味深く聞いた。公務員というのも広く人のためにできる仕事なので魅力を感じるようになった。具体的には外交官とか市役所とか，その時々で違った。3年になって，今年は就職活動だなあと思い始めた時に，弁護士は諦めることに決めた。試験を一度受けてみて，そんなに簡単じゃないとわかったし，いつ通るかわかんないような試験のために勉強するなんて，根性続かない。それよりも，公務員の方が確実だし，自分にもあっていると思ったので，公務員試験の勉強に力を入れることにした。しかし，また1か月ほどして，ボーイフレンドが「公務員は覇気がない」とくそみそに言うので，やったことがそれだけ跳ね返ってくる民間の方がいいのかもと，会社訪問はしようと思った。会社訪問では，結局企業は自分の利益に戻っていくんだなぁと実感した。会社の人に「女を捨てなければ，成功していけない」とも言われた。最終的には公務員と民間の2つのなかから選ぶことになったが，結局，女性が安心して働ける環境が整っていると思ったので，公務員になることにした。

（山崎・前田，1991）

第Ⅵ章　社会に出て行くということ

1　キャリア発達のなかの青年期

　青年期は自分の人生を自分で選ぶ時期です。私たちの人生は，仕事や家庭，社会での役割など，さまざまな役割の連鎖によって成り立っています。このような生涯にわたる経験の累積をキャリア（career）といいます。

　キャリアの選択は，就職時のひとときだけに限られるのではなく，子どもの頃から生涯を通してそれぞれの時期で行われていきます。思い返してみると，小さい頃からさまざまな職業に憧れたり，あるいは実際に経験をしてみたりして今に至っていることでしょう。

　生涯にわたりキャリアを通して自己実現していくとする考え方をキャリア発達理論（career development theory）といいます。代表的な提唱者はスーパー（Super, D. E.）です。スーパーは，成長期・探索期・確立期・維持期・解放期の5つの段階に分けました（Super, 1980）。青年期は探索期にあたります。裏方のように直接見えない面にも思いを馳せたり，実際に仕事をしてみて仕事の内容と自分の関心や能力をマッチングさせたり，その仕事に就くための能力を身につけたりします。

2　適性とは何か

　適性（aptitude）のある職業に就くことがその後の幸せにつながるという考え方は最も受け入れられているものです。これは一般に適材適所主義と呼ばれ，心理学ではマッチング理論と呼ばれます。

　ホランド（Holland, J. L.）によれば，個人は図Ⅵ-1-1に示されるような6つのパーソナリティの類型（現実的・研究的・社会的・慣習的・企業的・芸術的）に分類でき，しかも職場環境も同じ6つの類型に分類でき，両者が一致する場合は個人の職務満足（職業に対する主観的満足感）や安定性（長期にわたって同じ職場で働くこと），職業的成功（昇進や昇格）が高いと考えます（Holland & Rayman, 1986）。

　適性は，個人の性質と職場環境との出会いによってつくり出されるものです

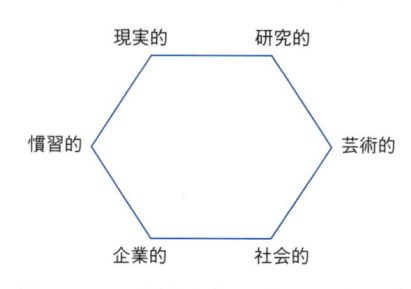

図 Ⅵ-1-1　個人のパーソナリティおよび仕事の環境を構成する特性
（Holland & Rayman, 1986）

(広井，1977)。そのために，適性は職場環境によって変化します。たとえば，重度の聴覚障害の人には自動車の運転を伴う業務は適性がないと考えられていました。法律によって，重度の聴覚障害者には自動車の運転が認められていなかったからです。しかし，2007年，道路交通法の改正案が決定され，重度の聴覚障害の人にも運転が認められました（朝日新聞，2007）。死角を減らすワイドミラーの装着などをすれば，運転できるからです。このことから，適性の内容や条件が変わりました。つまり，作業環境を変えると，適性の内容も条件も変わるのです。個人と環境の適合（person-environment congruence）が問題となるのです。

　自分の適性を考えるとは，仕事や職場の内容や条件を具体的に見て，よく研究することです。

3　志望職業はどのように絞られるか

　ゴトフレドソン（Gottfredson, L. S.）は，どのようにして職業を絞るのか，言いかえれば，どのようにして他の職業をあきらめるのかを説明するモデルをつくりました（Gottfredson, 1981）。

　彼女の理論は図Ⅵ-1-2に示します。自己概念は現在と将来における自己像のことをいいます。この段階でジェンダー，社会階層，知能，興味，価値観による分化が始まっています。職業イメージは，仕事についてのもので，その職業に関連するさまざまな情報と結びついています。職業興味とは職業の選択のことをいい，自分のなりたい理想や力を注いでもよいと思うことと職業とがどのくらい一致するかによって決まります。職業と自分との相性が検討され，就けるかどうかの現実吟味がなされると，志望職業の候補が出てきます。これはさらに世間の目から吟味されます。つまり，自分は人からこんなふうに見られたいとか，家族や仲間，社会の目からこんなふうに見られると嬉しいという点から検討されます。こうして志望職業が決まるのです。

　表Ⅵ-1-1を見て下さい。これは保健専門学校学生が自分が今まで考えた将来の職業を回想したものです。これを見ると，中学の段階で現在につながる職業である医療・保健や教育に絞られていることがわかります。途中から教育が増加するのは，この専門学校で養護教諭の免許状が取得できるためです。

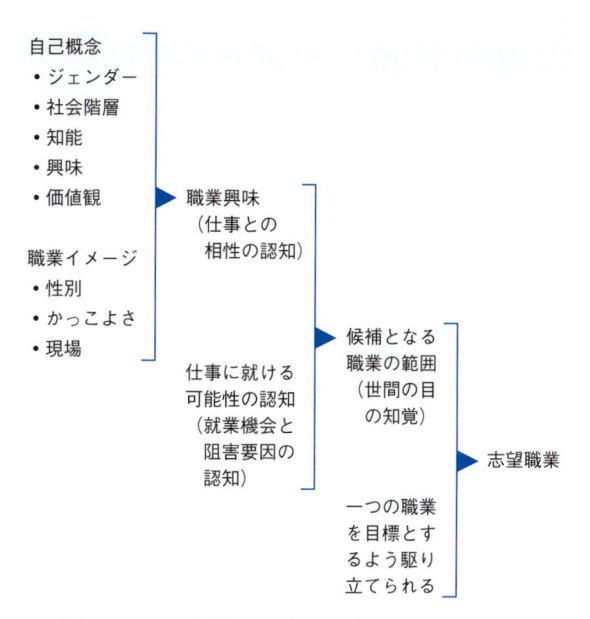

第Ⅵ章　社会に出て行くということ

図 Ⅵ-1-2　志望職業の絞られ方（Gottfredson, 1981）

自己概念
- ジェンダー
- 社会階層
- 知能
- 興味
- 価値観

職業イメージ
- 性別
- かっこよさ
- 現場

→ 職業興味（仕事との相性の認知）

仕事に就ける可能性の認知（就業機会と阻害要因の認知）

→ 候補となる職業の範囲（世間の目の知覚）

一つの職業を目標とするよう駆り立てられる

→ 志望職業

表 Ⅵ-1-1　ある保健専門学校学生の職業選択の回想　(%)

	幼稚園・小学校	中学校	高　校	短大・大学・社会人・現在
芸能・マスコミ	6.5	3.2	6.5	6.5
芸能・創作	12.9	6.5	3.2	3.2
広告・デザイン	0.0	3.2	0.0	0.0
ホテル・飲食店	3.2	3.2	3.2	6.5
販売	32.3	3.2	3.2	3.2
専門サービス	6.5	3.2	6.5	6.5
公務員	3.2	0.0	0.0	3.2
教育	22.6	25.8	16.1	29.0
研究	0.0	6.5	9.7	3.2
医療・保健	32.3	38.7	54.8	74.2
福祉	0.0	0.0	3.2	12.9
営業	0.0	0.0	0.0	3.2
事務	3.2	6.5	0.0	9.7
技術	0.0	0.0	3.2	3.2
自然	0.0	6.5	6.5	0.0
その他	16.1	12.9	9.7	6.5
働かない	3.2	3.2	9.7	6.5

注：31名に対する2004年の調査。

第3部　青年と社会

Ⅵ-2　将来の見通しをどうもつか

Episode　過去をくぐって未来を構想する

　私は，3歳の時から体操を始め，よい成績も残しましたが，大学では体操から一旦離れて，自分を見つめようと考えました。しかし，大学の体操部が廃部になりかけているからと強い誘いを受け，再び体操の世界に入りました。他のことには目がいかず目標を失っていた私は，体操の世界でしか自分を生かせないと感じたからです。しかし，練習に参加してすぐに行き詰まりました。今まで小学校，中学校，高校と当たり前のように新しい器具が揃い，すばらしい指導者の揃っている環境で練習してきた私にとって，すべての環境は最悪でした。部員は，体操の初心者ばかりで，チームを組むことすらもできない，練習も遊んでいるようにしか見えませんでした。しばらくは途方に暮れ，試合が近づくと自分の練習は，元のスポーツクラブに帰ってするという生活が続きました。全日本インカレ，国体と出場していくうちに，部員がいつも側にいて必死で応援してくれる姿に何かを感じ始めました。自分が出る試合でもないのに遠征費をアルバイトで貯めて応援に来てくれる。卒業生も体育館に足を運んで応援してくれる。みんな自分のことのように私が演技をすれば喜んでくれる。今まで当たり前だったことがとても新鮮なことになっていました。だんだんと私は周りに目がいくようになってきました。すると，遊んでいるようにしか見えなかった練習がとても懐かしいことに気がつきました。私が楽しんで体操をしていた時期を思い出したのです。その時，体操は「勝つ」ためだけではない楽しい競技だと改めて感じることができました。それからは，楽しい雰囲気を失わず，でも目標によっては厳しさもあるということを伝えるために，大学で進んで練習するようにしました。4年生になり主将となった私は，まず，部員を増やすことに力をいれ，部員の意識改革と練習指導，自分の練習に励みました。結果，チームでインカレに出場することができました。この経験から，大学院に行って運動について研究し指導に繋げていきたいと将来の夢も強くもつこともできました。

（白井，2010a）

第Ⅵ章　社会に出て行くということ

1　遠い将来や過去を考える

　私たちは将来のことを考えたり，過去のことを思い出したりして生活しています。未来や過去に対する見方のことを時間的展望（time perspective）といいます（レヴィン，1979）。たとえば，将来の就職のことを考えて資格をとっておこうとするのは，時間的展望の働きです。あるいは，過去の出来事にいつまでも苦しめられているとすれば，過去を受容できないという時間的展望の問題を見ることができます。

2　青年期は未来が広がる時期

　青年期は，時間的展望が広がる時期です。現在や近い未来のことばかりを考えるのではなく，遠い将来を考えるようになります（白井，1997）。
　また，単なる憧れや空想ではなく現実的に考えるようになります。たとえば，将来のことを考えて，自分が就く職業に関心をもつようになるだけでなく，自分がなれるかどうかの可能性も考慮するようになります。
　ただし，図Ⅵ-2-1に示されるように，将来が明るいものではなくなったり，漠然としてきたりするというように，青年期は将来に対する不安も増大します。

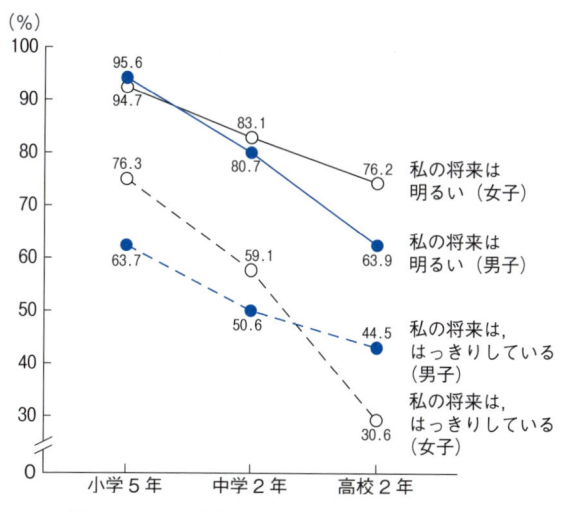

図Ⅵ-2-1　自分の将来への展望（白井，1986）

第3部　青年と社会

これは，将来展望の拡大に対応するだけの自己の発達ができていないことだけでなく，わが国の青年期が受験競争のなかに置かれているため，不安がかき立てられてもいるのです。

3　時間的展望の個人差が動機づけに及ぼす影響

　時間的展望の長い人と短い人がいます。時間的展望の未来次元である未来展望を考えると，たとえば，将来，スポーツ選手になるために，日々の練習をこつこつと努力をしているといった人は，未来展望の長い人です。それに対して，今のことしか考えられず，楽しい遊びに明け暮れている人は，未来展望の短い人です。

　図VI-2-2を見て下さい。未来展望の長い人にとっても，短い人にとっても，近い事象と遠い事象の魅力の程度には違いがありません。たとえば，今日，働いたら，明日，アルバイト料をもらえるというのと，5年後にもらえるというのとどちらが魅力的かと言われれば，誰でも明日もらえるほうを選ぶに違いありません。しかし，遠くも近くもないような中ぐらいの時期になると，見方が分かれます。未来展望の長い人はそれほど遠くに感じないので魅力の程度がそれほど落ちないのに対して，未来展望の短い人は遠いと感じて魅力がなくなってしまうのです。このように未来展望の広がりの個人差によって動機づけが違ってきます。

　大学時代に卒業後の長い見通しや計画をもつ人は，卒業した後も，やはり充実した生活をしているでしょうか。筆者が追跡して調べたところ，そのようになっていました（Shirai, 2008）。念のために言えば，単に遠いことを考えるのがいいのではなく，就職した後にどうするかというように段階をふんで今につなげて考えておくことが大切です。

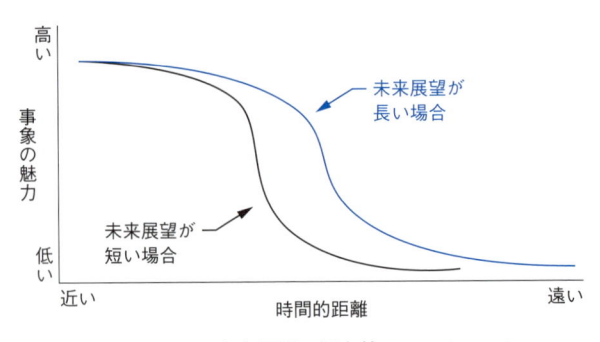

図VI-2-2　未来展望の個人差（レンズ，1999）

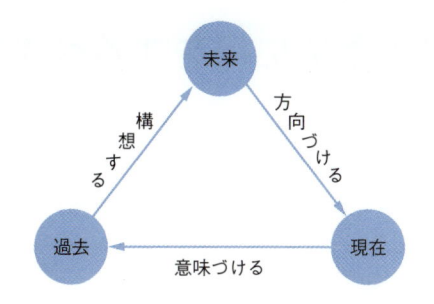

図Ⅵ-2-3　時間的展望生成の図式（白井，2001）

4　過去を受け止める

　私たちは，図Ⅵ-2-3に示されるように，過去を振り返って未来を立ち上げることがあります。エピソードでも，高校生の時の体験を振り返って前向きな気持ちになることができました。

　また，私たちは将来の計画を立てて，それを実現するばかりではありません。将来が思い通りにいかなかったり，予期せぬ出来事が起きたりするものです。私たちにとって大切なことは，将来のことを考えて行動することだけではなく，思わぬ結果や出来事を受け止め，それに対して柔軟に対応することです。

　もうすぐ20代になるという男性は次のように書きました。

　「小学生の時は，小学校を卒業したら中学，中学の次は大学に行き，そして社会にでるんだと当然のことのように思っていました。しかし，中学1年の時に病気になって学校に行けなくなりました。その時は，この先，自分はどうなるんだろうと悩み苦しみました。けれども両親の力強い支えによって何とか乗り越えることができました。小学生の時に想像していたのと全然，違っていたけれど，今の自分には，とても満足しています。」

　このように，将来は見通していたこととは違っていることが起きることもありますが，そのことをきっかけにして自分の人生を軌道修正します。また，そうした過去を受け止め，自分の将来を切り開き，現在を大切に生きていくのです。個人はただ流されるままに生きているのではなく，自分が人生を決定する主体です。また，自分がまわりの人たちのおかげで生きていることにも気づきます。

Ⅵ-3　就職のために何をするべきか

> **Episode　親からの自立**
>
> 　X子は，高校卒業後，4年制大学で経済学を専攻しました。大学4年生時に，就職を機に自分を見つめなおしたいということで，カウンセリングに来ました。
>
> 　就職活動で，2つの会社の内定を得ました。一方は全国的にも大手の企業，もう一方は地方の会社でした。X子としては，より自分のしたいことができ，会社の社員数が少ないために会社側が人材として自分に期待をかけてくれる感じがしたので，大手会社よりも地方会社の方に就職を希望しました。そのことを両親に話すと，父親から大手会社の方に入った方がよいと異なる意見を言われ，どうしたらよいか迷ってしまいます。
>
> 　X子は幼少期からいわゆる優等生であり，あまり自分の欲求を表に出さなかったそうです。「親の期待どおりに生きてきた。小さい頃から家族のなかでなんとなく『自分』という存在が薄いような感じがした」，と話します。「両親は自分のことをどう思っているのか，（自分が）どれだけ思われているのか，わからない」と。他方で，「自分のことをわかってほしい」とも思っていました。
>
> 　親戚やアルバイト先の同僚などと話をしたり聞いてもらったりするなかで，自分の考えや思いを確認していきます。その過程で自らの決めた会社の選択については自信をもって「良い選択」であると思って「この会社を選ぶことが自分を見いだすことになる」という実感をもちました。
>
> 　X子自身，初めは親と話し合うことは避けており，親から「あのことはどうなったんだ（会社は決めたのか）」と聞かれてもそれには直接答えようとしませんでした。が，ある日彼女は「自分なりにいろいろ考えているので見守ってほしい」という趣旨のメモを親に渡します。それ以降，親は，自らの意見をおしつけることはせず，彼女の意思を尊重するようになりました。結局，彼女は自分が希望していた会社に就職しました。
>
> 　　　　　　　　　　　　　　　　　　　　　　　　　　　（長峰，2003）

第Ⅵ章　社会に出て行くということ

1 どんな経験が役立つか

　どのような大学生活が社会に出た後，役立っているのでしょうか。小杉（2007）は，大学を卒業した2か月後に振り返って，大学卒業後の進路選択に大学の経験が役立ったかを聞きました。その結果，大学時代のクラブ活動・サークル活動，アルバイト・仕事，実習は，いずれの活動も10人に1人以上が役立った経験として書いていました。
　こうした経験はどのように役立ったのでしょうか。自由記述の内容を見てみましょう。
- サークル活動での経験。組織をまとめたり，新しいことに挑戦する精神等，人間関係のつくり方等は，自分の大きな糧となっています。（女性・教育）
- 大学での経験というよりは，アルバイトやサークルを通して，多くの人々と接点をもち，視野を広くできたという経験。（男性・情報）
- 学外実習（インターンシップ）を体験することによって，自分の興味ある仕事を体験でき，希望職種を決める上で大変役に立ちました。（男性・工学）

　上記の記述例から考えると，人と力を合わせて何かを実際にしたり，学校の内外で多様な人と出会ったり，現場で仕事をしてみる体験は，単に職業選択に役立つだけではなく，視野を広げたり，人とかかわるスキルや社会常識を獲得する機会など，社会に出た後にも役立つものとなっていました。

2 役割実験とは何か

　学生時代のさまざまな活動は，役割実験といえます。役割実験とは，自分は安全なところに身を置いて役割を実演し，そのことで自己概念を確かめていくことをいいます。ここでのポイントは，「安全なところに身を置く」ということです。クラブ・サークル活動は自主的な活動ですから，自由に加入し脱退することができます。アルバイトやインターンシップもそうです。社員と同じ責任を負うわけではありません。安全なところに身を置くからこそ，自分を試すことができるのです。
　アルバイトはすればするだけ自分の成長につながるでしょうか。必ずしもそうではありません。小杉（2007）の調査によれば，アルバイトをほどほどにしている人のほうが正社員になっています。学業との両立が求められます。また，探索

239

というと，できるだけ多くの種類の経験を積むことが必要だといったイメージもありますが，一概にそうだとはいえません。それよりも，自分がやってみたいと思うことをすることが大切でしょう。将来，マスコミ関係に就職したいのであれば，マスコミ関係のアルバイトをしてみることです。そのなかで今までの世界とは異質な体験をすることで，自分の視野を広げられるのです。

3 アイデンティティ探求としての就職活動

　身近に大学生を見ていますと，就職活動（job search）を通して職業と自己の理解を深めているようです。企業の説明会に行ったり，採用面接を受けるなかで，一方で企業から拒絶されたり，他方で自分からその企業とは合わないと感じたりしながら，就職にあたってどんなことは妥協できるのか，どんなことは譲れないのか，そしてその譲れない一線を確保するにはどんなところに目標を設定したらよいのか，わかってくるようです。

　また，杉村（2005）によれば，ある女子大学生は，カウンセラー矯正施設の職員になりたいと考えていました。しかし，就職活動が始まると，自分の専攻や適性が活かせる公務員への興味が高まりました。友人からは「自分がやりたいことをやればいい」と励まされますが，実家にとどまって公務員になってほしいという親の期待に添っていただけかもしれないと思い始め，自信を失ってしまいます。国家公務員の採用試験に合格し，最終的な決断を迫られます。友人や教員と相談するなかで，「これまで私は，親にとって恥ずかしくない道を選んできた。もうここから先はあえて反対を選ぶ」と，実家を離れる決心をしました。

　これは，図Ⅵ-3-1に示されるように，課題探求（task exploration）とアイデンティティ探求（identity exploration）との相互のやりとりが就職活動のなかで行われ，それをとおしてキャリア選択が深化していることを示します（高村, 1997）。課題探求とは，たとえば，内定を得るといった目標の実現のために努力することをいいます。アイデンティティ探求とは自分のことを深く理解することです。つまり，大学生は，進路選択を通して自己像の修正や再構成を行い，逆に自己像の修正を通して進路選択に取り組んでいるのです。

　就職活動というと，最初に自己理解をすませるというイメージがありますが，自己理解は段階論ではなく，就職活動と平行して進むものなのです。

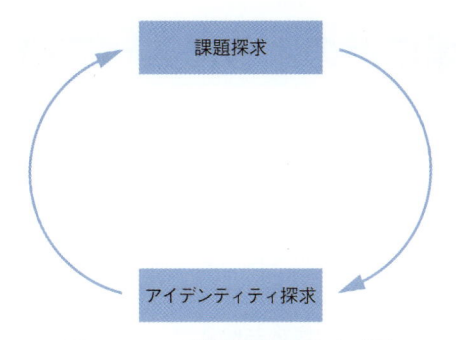

第Ⅵ章　社会に出て行くということ

図Ⅵ-3-1　就職活動を通した成長

4 就職活動における情報探索活動

　大学生の就職活動において情報は欠かすことができません。どんな情報源が重要なのでしょうか。

　下村・堀（2004）によれば，就職サイトの閲覧は就職活動の前半に活発に行われました。企業情報や就職活動の情報が得られます。就職活動全般を漠然と見通すことができるものの，上首尾な就職活動を行うかどうかとは関係がありませんでした。

　上首尾な就職活動と最も関係していたのは，OBやOGとの接触です。彼らは実際に企業で働いている人の印象や雰囲気の情報を知っているため，その企業で実際に働くことをイメージすることができました。

　友人との情報交換はどうでしょうか。自分の能力や性格，適性の情報を確かめたり，企業情報，面接内容，互いの夢や就職活動の進行状況について話し合ったりしています。これらは互いに励ましとなったり，就職活動のモチベーションを高めましたが，上首尾な就職活動を直接，左右するものではありませんでした。

　以上から，OBやOGといった企業で実際に働いている人たちとの接触が情報探索活動において重要なことがわかります。就職活動をしている4年生の人の話を聞くだけでも役立ちます（田澤・須藤，2008）。

Ⅵ-4　職場にどのように入っていくか

Episode　社会に出た後の未来展望

　ある女性は小学校教員になりました。地元の県で採用されることを希望しましたが，遠く離れた他府県で合格しました。浪人しても地元に受かる見通しはなかったし，教師になりたかったと言います。教師という職業には満足しています。結婚・出産後も働き続けたいが，将来は幸せな家庭を築きたい，とも言っています。未来展望について，社会に出て，今までと変わったのかどうか，聞きました（白井，2000）。

　「少し変わった。学生時代はレールに乗っていなかった。仕事に就いたら1つのレールに乗った。5年後くらいは具体的に見えてきた。しかし，地元に帰るとか，別のレールに乗り換える可能性もあるので，2，3年先くらいしか見えない。乗り換えたらこうなるというように先は見えるが，どのレールに乗っているかが見えない。」
〈教師をやっていたら，教師としての30年くらいは見えるか〉
　「こんなふうになりたいとか，こんなふうになりたくないとか，こんなふうにがんばっていたいとかいうのはある。」
〈別のレールというのは何か〉
　「もし地元に帰るとしたら，(a)全く試験を受けなおして今と同じように教師になっているが，せっかくこの市に合格させてもらったのだからしばらくはやらないといけない，(b)結婚して家庭に入ってしまう，(c)別の興味ある仕事（子どものカウンセリングとか，子どもにかかわる仕事）というような道を考えている。
　今は気持ちの余裕が出てきたので，別のことが考えられるようになってきた。学生時代は，『教師になりたい』とだけ漠然と考えていた。教師の生活が見えていたのではない。別の職業は考えていなかった。結婚は，いいお年頃になったので，生活を含めた結婚も意識しないといけない，と思っている。」

第Ⅵ章　社会に出て行くということ

1　学校から仕事への移行

　学校から仕事への移行とは，(a)自由に時間が決められた状態から，自分の意思に関係なく決められる状態へ，(b)同年代が多いつきあいから，さまざまな年代や地位の人ともつきあうことへ，(c)経済的にも精神的にも親に依存する状態から社会人としての自覚と責任が求められる状態への移行です（澤田・岡田・光富・山口・井上，1991）。

　これは単に新しい環境に順応する過程ではなく，自分なりの目標をもって積極的に生活しはじめる過程です。最初の1年目は職場や仕事に慣れるので精一杯ですが，仕事にも慣れ，仕事のサイクルが見えはじめると，自分なりの見通しが立てられるようになります（白井，2000）。

　たとえば，共働きを希望する女性の場合，自分の職場で実際に共働きをしている女性を見ます。30代の女性を見ると，保育所の迎えのために定時で職場を後にしなければなりません。40代になって子育てが一段落すると，職場の中心となって働きます。50代になると，体力的な衰えもあり，職場のまとめ役となっていました。あるいは，20代ばかりの職場では，自分も20代のうちに辞めるだろうという見通しをもちます。このように，入った職場の人たちを観察することで，自分なりの見通しができるのです。

2　リアリティショックの経験

　就職した初年度は，それまで考えていた職業や職場のイメージと現実とのギャップが大きく，仕事のできない自分へのショックが重なり，周囲からの視線を冷たく感じることで，リアリティショック（幻滅体験）を経験します。たとえば，次のような体験です。

- ウソを書けというようなやりたくないことを上司に要求され辞めようと思った。スポンサーが"No"と言えば1からのやり直しだった。（正社員）
- 校務分掌や事務仕事，雑務の多さ。保健室で多くの生徒とかかわり，健康教育で子どもの健康を守り育てていく手伝いがしたくて養護教諭になったのに……。（教員）

　ここでは，想像していたものとの違いが強調されていますが，仕事のできない自分へのショックも大きな影響を与えます。

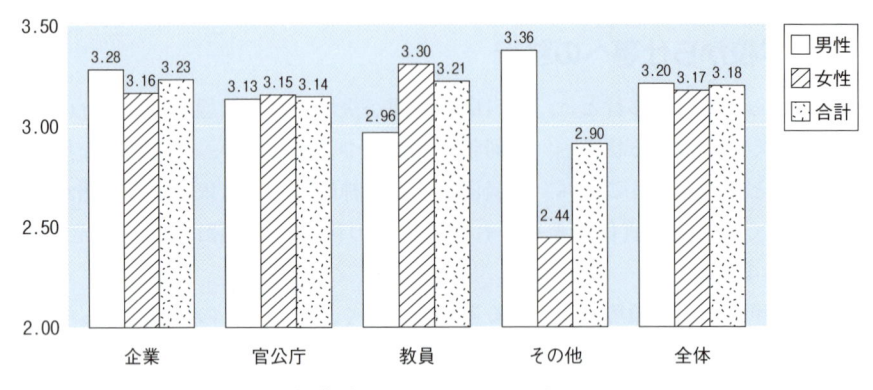

図 Ⅵ-4-1　初職別のリアリティショック（福島大学，2007）
注：得点の範囲は1～5点。「かなりあった」（5点），「あった」（4点），「少しあった」（3点），「あまりなかった」（2点），「なかった」（1点）である。

福島大学が卒業生を対象に，リアリティショックの実態を調査しました。実社会や職業生活で驚いたり，こんなはずではなかったなどと思うことのあった程度を聞いています。その結果が図Ⅵ-4-1です。これを見ると，男女で感じ方が違っていました。男性では企業でリアリティショックが大きいのですが，女性では教員で大きいという結果でした。

初年度のリアリティショックを克服できるかどうかはその後の職業生活を左右します。リアリティショックの内容には今日の労働現場の矛盾も現れているのですが，社会への移行時には本人の職業観や労働観の問題として現れてきます。

3　リアリティショックの克服

リアリティショックはどのように克服するのでしょうか。教師になった卒業生が言うには，毎日のように仕事が終わると先輩教師から飲みに誘われたとのことです。うまくいかなかったことを聞いてもらい，どうしたらよいのかのヒントを教えてもらったそうです。こうした体験が教師としての成長をもたらしました。このように職場での上司や先輩が重要な働きをします（白井，2008）。

一般に，上司は新入社員に職務に挑戦させることで成長させます。たとえば，有能な社員と一緒に仕事をさせることで，具体的で個別的に知識やノウハウを学び取らせます。上司や有能な社員のようになりたいと思わせることで見通しをもたせ，意欲を引き出すのです。

しかし，そのような職場ばかりとは限りません。ある人は新任の人を次のように見ています。

「教育実習の時のいい思いをそのままもっておられるが，担任として自分の責任のもとに学級づくりを1からやっていくことの大変さを味わい，悩むようです。理解のある主任さんや管理職の時はいいのですが，冷たい言葉を投げつけられ，つらい思いをしている新卒の方も結構います。」（教員）

若林（1988）は，入社3年間の経験がその後の長期にわたるキャリア発達に影響を及ぼすと指摘しています。いくら入社時に潜在的な能力が高くても上司に恵まれなければ伸びていかないことが追跡調査から明らかにされています。就職先を選ぶときは，仕事の内容だけでなく，実際の職場の雰囲気を知っておくとよいでしょう。

4 メンターの役割

欧米の研究では，メンター（mentor）と呼ばれる年長者が重要な役割を果たします。メンターとは，青年がだんだんと複雑なスキルや課題を習熟していくように導くことで青年の性格や能力を発達させるよう努める年長で熟練した人のことです（Hamilton & Hamilton, 2004）。

メンターに特別な資格は必要ありません。すでに紹介しましたが，仕事が終わって飲み会に誘ってくれる先輩は，いわばメンターの役割を果たしていたといえます。

メンターは青年と一緒に活動し，一人ひとりの青年の能力に近接する課題から始めて，徐々に能力を獲得させて有能感をもたせていきます。大人との結びつきのなかから生まれた愛着が青年の性格も変えたり，場合によっては，メンターは親代わりとなって，青年の傷ついた幼少期からの回復を促すこともあります。メンターは，友人や職場の上司，あるいは学校の教師に青年を結びつける役割も果たします。さらにメンターは青年にとって「こんな人になりたい」というモデルにもなります。

日本の職場の場合，メンターの役割はたいていは直属の上司が担います。上司から学ぶには，上司の1日をよく観察したり，やり方の理由も聞いたり，何気ない話もしてみたり，上司の立場に身を置いて考えてみたり，違った職種や他の部署の人たちからも話を聞いてみるとよいでしょう。

Ⅵ-5 フリーターは夢を追いかけられるか

> **Episode　漂流するフリーター**
>
> 　ある若者は高卒後に就職した正社員を1か月半で辞めました。理由は「無断欠勤」でした。本人は「単調な仕事の繰り返しなので，1日がすごく長く感じたんですよ。もうずいぶんやったかなと思って時計を見ると，まだ2分しか経っていなかったりしたんで，時計だけは見ないようにしていましたね。最初はずっと我慢していたんですけど，病院に行くとか嘘をついて早退したり，休んだり，さぼり始めたんですよ。そのことを会社の人に注意された次の日に，また無断欠勤しちゃって，最後は，もう辞めるしかないような状態になりました」と話しています。彼は「全部，僕が悪いんですけど」とも言っています。
>
> 　彼は，離職直後，離れて暮らしている父親から水道の配管工事を手伝わないかと誘われ，今日まで働いているとのことです。「なんか達成感があるんですよね，1日の仕事が終わると。最初は，ブロックとかセメント袋なんかを運ぶだけの仕事だったんですけど，いまでは，ちゃんと寸法を測って配管を切って，つなげたりする仕事も任されるようになりました。高校で習った数学とかも使ったりするんで，もう少し勉強しておけばよかったなと，思うときもあります。間違えると，すごく怒られるので」と言うので，「この仕事を続けるつもり？」と質問すると，「会社は3人しかいないんですよ。辞めたら親父がかわいそうなんで，やるしかないというか，そんな感じです。でも，最近，家とかマンションとか見ると，水回りとか気になりますよ，自然と。もしかしていまの仕事が好きなのかもしれないですね」と話しています。　　　　　　　　　　　　　　　（松宮，2006）
>
> 　フリーターの増加の原因は，非正規雇用の増大ですが，世間では「自己都合」の増加によるものとも見られています。しかし，上記の事例のように，自分が悪いと本人が考えている場合でも，社会的問題をかかえ込んでいたためではないかと考えてみる必要があります（白井，2007）。

第VI章　社会に出て行くということ

1　フリーターとは

　厚生労働省（2005）は，15歳から34歳までのパートやアルバイトの人や，それを希望する失業者で，家事や通学もしていない人をフリーターと呼びました。
　フリーターの増加の原因は，企業の雇用戦略によって非正規雇用が増大していることです。非正規雇用とは，雇用の期間が決まっており，しかも正社員よりも労働時間が短い雇用形態をいいます。非正規雇用は，国際的な企業間競争を勝ち抜き，大幅な利益を見込むために，戦略的な人事配置を容易にしたり，人件費を節約したりするために拡大しました。
　非正社員は正社員並に働いていながら賃金が低い実態があります。佐藤・小泉（2007）によれば，19〜34歳の未婚の非正社員の平均年収は140.4万円であり，同世代の未婚の正社員が300万円を超えることと比べると，その半分にもなりませ

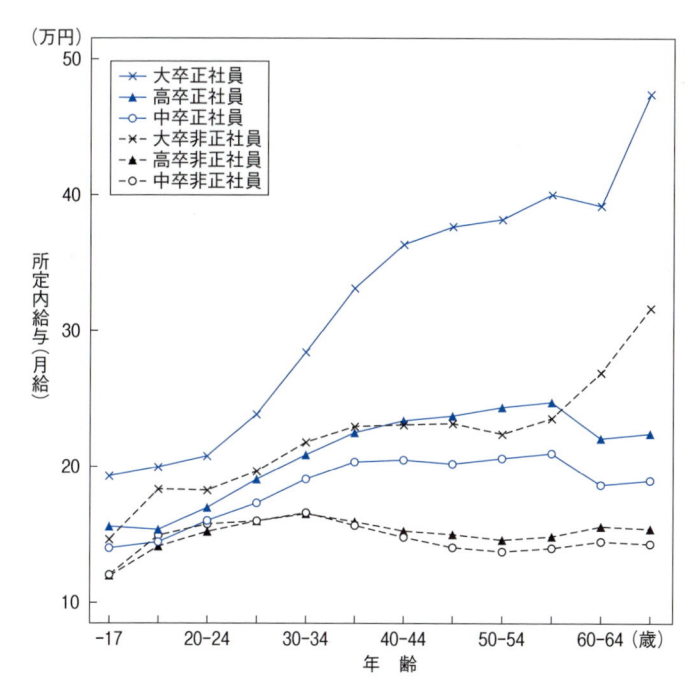

図 VI-5-1　モデルから予想される賃金（太郎丸，2008）
注1：性別＝女性，企業規模＝100-999人，所定内労働時間＝月165時間。
　2：モデルは総務省が公開しているデータからの推定により作成された。

ん。その上，図Ⅵ-5-1に示されるように，非正社員は生涯にわたって賃金が伸びないため，低いままなのです。

2 労働環境が心理に与える影響

フィンランドの縦断研究の結果（Kivimaki, et al., 2006）によれば，不安定就労は心理的に悪い影響を与えます。

不安定就労は，仕事に熟練することができず，組織への所属感がもてず，セルフエスティーム（self-esteem）は低くなり，ウエル・ビーイング（well-being）を引き下げていたのです。セルフエスティームとは，自分に価値があると考えることをいいます。ウエル・ビーイングとは幸福感ですが，それがない人生というのは苦しいものです。安定した就労が求められます。

他方で，わが国の正社員を見ると，長時間労働や労働過密，成果主義競争などにより，大きな負担を背負わされています。うつ病や自殺，過労死が増加しています。

フィンランドの縦断研究の結果からも，非正規雇用だけでなく，正規雇用であっても，職場の高すぎる要求，過重労働，監督と援助の欠如，安全でない雇用環境，組織の不正といったことは，働く人のウエル・ビーイングを低めていました。安心して働ける労働環境が求められます。

3 フリーター経験は役立つか

フリーターをしながら，さまざまな職業を経験し，自分の適性に合った職業が見つかっているのでしょうか。あるいは，フリーター経験のなかで職業観や労働観を確立していると言えるでしょうか。

日本労働研究機構（2000）は，フリーターにヒアリング調査をしていますが，そこでは人と接する力や社会的スキルが身についたという回答が最も多かったとされています。たとえば，次のようなものです（下村，2003）。

- 自分は話しかける積極的な人間になったとは思います。(26歳・男性・大卒)
- 自然にいろんな人と仲よくなるようになって，どっちかというと社交的なほうにはなったと思いますけど。(24歳・男性・大卒)

それでは，フリーターをすることが役立っているのでしょうか。

財団法人雇用開発センターが自分の職歴や仕事の経験の意義を調査しました

（田島，2005）。その結果，「いろいろな経験をすることができた」は，正社員と非正社員で違いなく肯定されており，肯定率も一番高くなっています。ところが，「自分の能力や適性がわかってきた」を見ると，そこで非正社員が高いかというと，一概には言えません。しかも，それ以外の項目では非正社員は肯定率が低くなっています。つまり，非正社員は，正社員と比べると，専門分野を確立できず，よい先輩や友人をもつこともできず，人づきあいなど職業生活をうまくやっていく自信も経済的自立もできず，社会人として認められていないままです。フリーターを経験することは，正社員に比べて不利なのです。

4 離転職の条件

　若者の離職は，3年間に離職する割合が中卒で7割，高卒で5割，大卒で3割の水準だと言われます。このことから，「甘い気持ちで就職している」「我慢が足りない」などと言われることがあります。しかし，学歴によって離職率が大きく異なるということ自体，本人の気持ちや努力の問題ではないことを物語っています。

　そもそも，離転職自体，必ずしも悪いものではありません。堀田（1985）は，職業研究所が1969年から始めた中学生の追跡調査をまとめたところ，離転職は定着よりも職務満足を高めることを明らかにしています。

　ただし，条件があります。その場合の離転職は，自分なりの見通しをもっていることです。自分なりの目標や計画性のある転職はウエルビーイング（幸福感）を高めるのです（坂井，2007）。また，日本労働研究機構（1999）によると，転職した大卒者の半数以上が初職とは異なる業種に転職していましたが，異なる業種に転職する場合，自分のキャリアが一貫しているという意識が満足感を高めるのに必要でした。つまり，バラバラの職種に変わっていくのでは良くないということなのです。

　職場を辞めるか，それとも我慢するか，といった二者択一ではなくて，上司に困っていることを話したり，職場について率直に自分の考えを言える人を見つけます。職場を変えなければ何もよくならないのです（熊沢，2006）。

　この点で，労働組合が重要です。職場で働く人たちは1人ひとりは弱いですが，団結することで会社に対してものが言えるようになります。職場に労働組合がなくても，誰でも入れる労働組合もあります。

Ⅵ-6　ニートとは誰か

Episode 「ネットカフェ難民」の現実

　ある男性は，専門学校卒業後，IT 関係の企業にシステムエンジニアとして就職しました。正規雇用でしたが，昇級が始まる26歳のときに派遣社員に切り替えられてしまいます。IT 派遣社員は，１つのプロジェクトが始まると，会社に泊まり込んで作業をすることが珍しくありませんでした。しかも，プロジェクトとプロジェクトの間には必ず無給の待機期間が生じ，ときにはそれは数週間にも及びました。

　彼の両親は，どうして昼間家にいるような仕事をしているのか，理解できませんでした。彼は仕事でも家でも情緒不安定になり，ついには一人前の仕事をこなせなくなって，仕事を辞めました。そして，生活費に事欠くなかで借金をつくりました。収入の少ない彼は家を出ることもできず，そのことでさらに精神的に追い詰められていきました。

　彼は31歳のとき，ある支援団体に相談します。１週間何も食べていないと言います。相談が始まって１か月近く経ったときに，次のようなメールが送られてきました。

　　「すいません　もうだめっぽいです／所詮僕みたいのは社会にはいらんのです／みんなから邪魔者扱いで　自分の努力が足りないのはわかります／でももう限界です／今1000円あります　これで行けるところまでいって死のうと思います／もう疲れました　体力も限界です」

　以上のように湯浅（2008）が紹介するのですが，ここで注目したいのは，彼がこうなったのも自分のせいであると考えていることです。誰かに助けてもらうという選択肢がないのです。つまり，生活に困っていることそれ自体だけでなく，自分自身からも疎外されていることも重大な問題です。彼らは自立しようとしないのではなく，他人や社会に頼ることができないために自立できないのです。正社員で就職しながら飢えて死にそうになるという現実があることにも衝撃を受けます。

第Ⅵ章　社会に出て行くということ

1　ニートとは

　ニート（NEET）は，イギリス生まれの言葉で，Not in Employment, Education or Training の略です。15歳から34歳の未婚者で雇用にも学業にも従事しないが，他方で職業訓練も受けていない若者をいいます。わが国では，学校に行っておらず失業中なのに仕事も探していない若年者（15歳から34歳まで）のことで，女性の場合は主婦を除いています。厚生労働省（2009）は，15歳から34歳の非労働力人口のうち家事も通学もしていない人を若年無業者と呼び，2008年は64万人に上るとしました。

　ニートと聞くと，「無気力な人たち」「働く気のない人たち」と思うかもしれません。本当にそうなのでしょうか。厚生労働省の調査（2007a）によれば，図Ⅵ-6-1に示されるように，ニートの8割が働きたいと考えていることがわかりました。「仕事をしていないとうしろめたい」と思っている人も8割ほどいました。他方で，図Ⅵ-6-2に示されるように，対人関係への苦手意識が就職活動を妨げていることが判明しました。学校でのいじめを経験した人は55％，不登校の経験者は37％と高い割合でした。

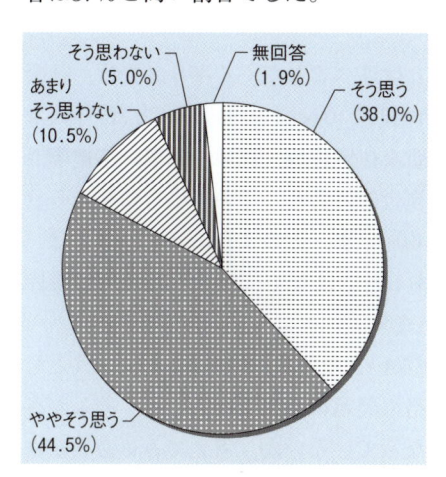

図Ⅵ-6-1　ニートで「社会や人から感謝される仕事をしたい」という人の割合（厚生労働省，2007a）

そう思わない（5.0％）／無回答（1.9％）／あまりそう思わない（10.5％）／そう思う（38.0％）／ややそう思う（44.5％）

注：410人。

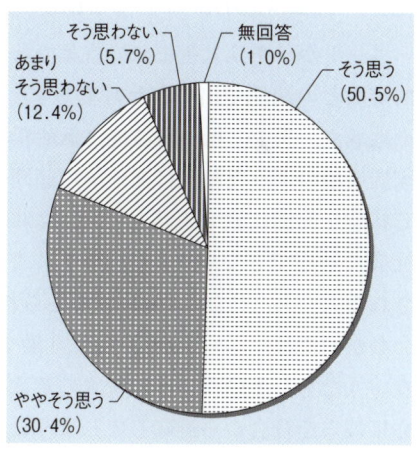

図Ⅵ-6-2　ニートで「仕事をしていくうえで人間関係に不安を感じる」という人の割合
（厚生労働省，2007a）

そう思わない（5.7％）／無回答（1.0％）／あまりそう思わない（12.4％）／そう思う（50.5％）／ややそう思う（30.4％）

2　失業における心理の影響

　失業と心理的な問題とは関係があります。失業すると抑うつ的になりますが，他方で抑うつ的な人ほど失業しやすいとも言えます。失業が先か個人の特性が先かといった議論は，ニワトリが先か卵が先かといった循環論で終わりそうですが，それを研究した心理学者がいます。

　フィンランドにおける縦断研究（Kokko, 2006）の結果によれば，社会に移行する以前から傷つきやすさを抱えた人は，低学歴となったり，就職活動をしたり，働き続けることの困難を抱えたりしやすいことが明らかになりました。傷つきやすさとは，怒りや敵意をもちやすいといったパーソナリティ要因を指します。低学歴であったり，就職活動や働くことで困難をもったりすると，不安定就労や失業に結びつきます。その不安定就労や失業が心理的な問題を引き起こすのです。しかも，傷つきやすさは不安定就労や失業から回復することを阻害する要因としても働くのです。この研究は，個人に対する心理的支援が重要なことを示しています。

3　社会的排除という視点

　ニートがイギリス生まれの言葉であることは述べました。イギリスでは，社会的排除との関係で出てきた言葉です。社会的排除（social exclusion）とは，「人々や地域が，失業，低熟練技能，低所得，劣悪な住宅環境，高い犯罪率，不健康，家族崩壊のような相互に関連する諸問題に複合的に苦しんでいる場合に起こりうる状態を簡潔に表す用語」（大高，2006，p. 49）です。このように，ニートとは，社会に適応できない人たち（本人に責任がある）ではなく，むしろ社会的に排除された人たち（社会の問題）と考えられています。

　わが国では，ニートというと，「働く気がない人たち」「社会に合わせようとしない人たち」というように個人の意欲や性格の問題に帰属しがちです。それがさらに彼らを社会から排除してしまうことになっていないか，考えてみる必要があります。社会的排除の反対を社会的包摂（social inclusion）と呼びます。イギリスでは地域社会を基盤とした総合的な支援が行われています。たとえば，地域のボランタリー組織やNPOなどが失業した青年に職業訓練などを提供しています。

表Ⅵ-6-1　「ネットカフェ難民」と呼ばれる人たちの雇用形態（厚生労働省，2007b）

(%)

	東京	大阪
①正社員	1.2	8.0
②派遣労働者（1日ごとの有期雇用）	18.1	20.0
③派遣労働者（2日以上～1か月未満の有期雇用）	5.3	4.0
④派遣労働者（1か月以上の有期雇用）	1.8	0.0
⑤派遣労働者（雇用期間の定めなし）	2.9	4.0
⑥派遣以外のアルバイト・パート・契約社員等（1日ごとの有期雇用）	45.6	36.0
⑦派遣以外のアルバイト・パート・契約社員等（2日以上～1か月未満の有期雇用）	7.6	0.0
⑧派遣以外のアルバイト・パート・契約社員等（1か月以上の有期雇用）	1.2	4.0
⑨派遣以外のアルバイト・パート・契約社員等（雇用期間の定めなし）	3.5	8.0
⑩自営業・自由業・フリーランス	9.9	16.0
無回答	2.9	0.0
	100.0	100.0

4　ホームレスの実態

　ホームレスとは自分の住居をもたず，路上で寝泊まりする人のことをいいます。欧米のホームレスは，ストリート・ユース（street youth）と呼ばれます。彼らの親はしばしば薬物やアルコールの乱用者であり，彼らは児童虐待を受けてきた割合が高くなっています。自分の家に戻ったり親の助けを得ることもできないため，住居を借りることができない場合はホームレスとなってしまうのです。路上で生活することは社会規範から逸脱することになりますが，それが理由で迫害を受けることは彼らのセルフエスティームを低め，孤独感を高め，閉塞感を抱かせ，自殺願望をもたらします（Kidd, 2007）。

　日本でも，「ネットカフェ難民」と呼ばれるホームレスの状態にある若者の問題が注目されています（水島，2007）。厚生労働省の調査（2007b）によれば，住居を失いインターネットカフェ・漫画喫茶等の店舗で寝泊まりしながら不安定就労に従事する人が全国に5,400人います。彼らの4割が路上生活を経験しています。雇用形態別にみると，日雇い派遣労働者などの非正規雇用が半数の約2,700人，失業が約1,300人，正社員も約300人もいました。割合は表Ⅵ-6-1に示します。平均月収は，東京で10万7,000円，大阪で8万3,000円と非常に低所得でした。ネットカフェ生活に陥ったのは，「仕事を辞めて家賃が払えない」「仕事を辞めて寮や住み込み先を出た」などでした。総合的な支援が求められます。

第3部　青年と社会

Ⅵ-7　幸せな結婚のために

Episode　結婚について女性が思うこと

結婚について，女性たちは次のように語っています（釜野，2004；朝日新聞，1997）。

- ずっと一緒にいたいなと思う人がいれば結婚すると思うんですけれども。あとは，子どもが生める年齢までにはしたいです……。（27歳）
- 気がつくとこうなってしまったというのが正直なところなので。……いい相手がいたら結婚をしたいけれども…。（31歳）
- もちろん，したいと思っています。……同じくらいの年齢で結婚していない人とかの話を聞いても……みんなそうなんだと思うんです。特に，私は一生結婚しない，面倒くさいからとか，そういう人はあまりいないと思うんですね。……やっぱり，これから長い人生を生きていくなか，ずっとひとりでやっていくわけにもいかないですし，一緒に何かやるといった意味で，誰かいたほうがいいだろうとは誰でも思っていると思うんです。（32歳）
- 社会の概念というのにとらわれて，親が言うから結婚しようだの，40になるまでには結婚しなきゃいけないというのでは結婚したくない。（33歳）
- 結婚はしたいが，どうしてもというほどではない。ずっと一人かもしれないとも思う。結婚したくないわけでも，しないと決めたわけでもない。ただ，今のところ予定がないだけだ。結婚しないでも困らない。独身生活がいつまで続くかわからない。一生かも知れない。
- ……やっぱり寂しいなって思うんですよ。家族と離れているし，一人というのと家族がいるというのは……全然違うんですよ。だから，一生のパートナーが欲しい……，自分の家族，欲しいなって……思いますね。（25歳）

第Ⅵ章　社会に出て行くということ

1 結婚相手との出会い

配偶者選択（mate selection）とは，結婚相手を選び結婚を決意する過程のことを言います。配偶者選択はどのように行われるのでしょうか。

アダムス（Adams, B. N.）によれば，結婚それ自体にひかれ，結婚願望を表明するところから出発します（Adams, 1979）。周囲の好意的な反応や自己開示，ラポールなどがあれば関係が持続します。自己開示とは自分自身の情報を相手に伝えることをいいます。ラポールは互いに好感がもてるような良い人間関係のことです。さらに相互に価値観・容姿・性格などが類似することがわかると，「私にふさわしいひとだ」「私のできる最善の結婚だ」と考えて，結婚に至ります。

2 性的自立

性交渉は，単に生殖のためだけではなく，パートナーとのコミュニケーションの手段としても重要な役割をもっています。未婚者ですが，大学生の初体験を調査したところ，表Ⅵ-7-1に示されるように，全体として肯定的な反応が得られています。

ところで，1990年代後半以降，性感染症や人工妊娠中絶の急増とともに，コンドーム使用の急減が見られます。若者が無防備で危険なセックスに向かうのは，自己肯定感が低いために「いや」とは言えず，性の知識が不足するまま，従来の

表Ⅵ-7-1　初体験のときの気持ち

	マスターベーション		キス		ペッティング		性交	
	男性	女性	男性	女性	男性	女性	男性	女性
とても嬉しかった（気持ちよかった）	8	0	12	14	9	7	9	5
当たり前だと思った（気持ちよかった）	8	4	0	2	4	4	2	2
別に何とも思わなかった（気持ちよくもなかった）	6	5	5	6	4	2	4	2
いやだったが仕方ないと思った（気持ちよくなかった）	0	0	1	2	0	2	0	1
とてもいやで，したくなかった（気持ちよくなかった）	0	0	0	1	0	1	0	1
その他	2	3	1	1	1	0	0	0
未経験	0	28	5	14	6	20	9	29
計	24	40	24	40	24	36	24	40

注：大学1年生を中心にした調査。1992年。

ジェンダー観やメディアの情報に流されているからであると言われています（関口，2004）。

自らの性に関係して自己決定を行い，男女を相互に尊重することを，性的自立と言います。青年期後期にパートナーを得てセックスの関係をもつことは，自己肯定感を高めたり，望まない妊娠や性感染症など性的リスクの認識や相手に対する責任感を促す面もあります。

草野（2006）が大学生に調査をしたところ，「私はセックスすること（性的関係をもつこと）に幸福を感じる」といった性的関係への肯定感は，男性や性交経験のある人がもっていました。「私は異性からもてるほうだと思う」という性的魅力への満足感や「性的関係において自分の望むこと，望まないことを相手に伝えオープンに話し合うことができる」といった性的リスク対処意識は，男女で差はありませんでしたが，性交経験のある人のほうがもっていました。

3 10代の出産と子育て

「できちゃった婚」とは妊娠がきっかけとなって結婚することをいい，2000年に，木村拓哉と工藤静香の結婚で注目されました。2000年度の「結婚期間が妊娠期間よりも短い出生」の割合は26.3%なので，「できちゃった婚」もそのくらいではないかと推測されています。

「できちゃった婚」は10代で増加しています。10代の女性の出産や子育ては，精神的にも社会的にも職業的にも十分には成熟していないと見られています（長池，2001）。そのため，人工妊娠中絶率は20歳未満だけが増加しています。中絶を選択した女性は，罪悪感にさいなまれ，それゆえ周囲の人に話すこともできず，精神的にも実質的にもサポートが得られにくい状況におかれています（安田・荒川・髙田・木戸・サトウ，2008）。

イギリスでの研究によれば，10代で妊娠する女性は共通して貧困を経験しており，しかも非常に困難な状況で最善のことをしようとしているといわれています（コールマン・ヘンドリー，2003）。他方で，10代の父親は社会における自分の位置がまだ不確実なために，多くの障壁があります。まず夫婦関係が長続きしません。子どもを産む問題，パートナーの対立，そして家族の態度が影響するからです。それに，失業や職業訓練中といった経済的な要因もからんできます。父親への支援も重要です。

第Ⅵ章 社会に出て行くということ

4 結婚生活への移行

　泉（1974）によれば，夫婦げんかを最もよくするのは，結婚後1年から3年の間です。全体の約64％がこの時期に集中しているそうです。けんかの理由は，性格の相違（26％），親族との不和（21％）が多くなっています。これまでの生活習慣の異なる者どうしの共同生活であったり，互いの家族も関係する問題だからでしょう。

　図Ⅵ-7-1と図Ⅵ-7-2を見て下さい。子どものいる30代から40代前半の184組の夫婦に調査をしたところ，夫婦の会話時間の量が夫婦の情緒的サポートに影響を与えていました。しかも，夫婦の会話時間や情緒的サポートが空虚感や圧迫拘束感といった疎外感を減少させていました。このように，夫婦の積極的なコミュニケーションが大切であることがわかりました。

　なお，図Ⅵ-7-1と図Ⅵ-7-2で見ておかなければならないことは，長時間労働による影響です。女性は就業していないことが直接，女性本人の空虚感を高めていましたが，男性には二重のルートがありました。つまり，男性の長時間労働は，男性本人の生きがい感を下げますが，もう1つのルートとして，妻との会話を欠くことで妻に冷たくされ，疎外感が上昇するのです。男性の長時間労働を少なくさせることで，女性も安心して働ける職場となりますし，男性が子育てや家事に参加できるようになります。このような社会をつくっていきたいものです。

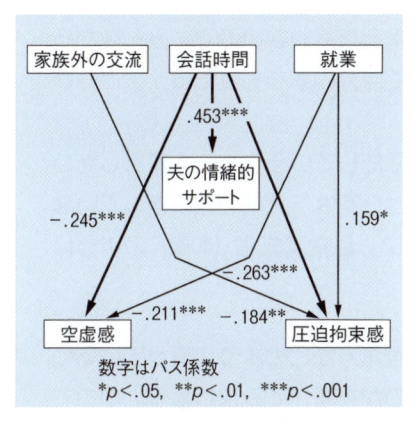

図Ⅵ-7-1　既婚女性の家族内外の活動による心理的影響（伊藤ら，1999）

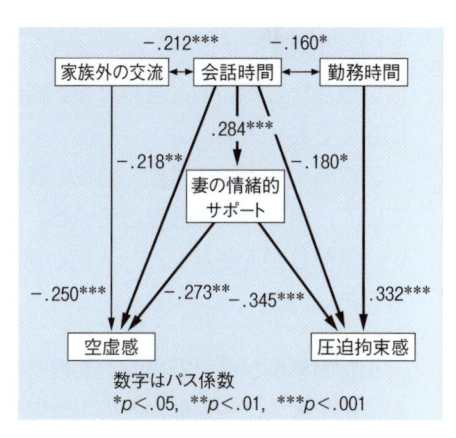

図Ⅵ-7-2　既婚男性の家族内外の活動による心理的影響（伊藤ら，1999）

VI-8 大人になるには

> **Episode　自分が大人だと思うか**
>
> 　ある女性に，27歳のときと30歳のときに，「自分は大人だと思うか」「自分が一人前だと思うか」という質問をしてみました（Shirai, 2003；白井，2010b）。
>
> 〈自分は大人だと思うか〉
> 　27歳時：どちらかというと大人だと思う。労働という社会的義務を果たす。物事の判断と責任がとれる状態である。自分の主義主張が明確になり，それを伝える手段も知っている。
> 　30歳時：どちらとも言えない。自分では大人だと思う。働いているし，価値観がはっきりしているし，自分で考え，責任をもって決定するから。しかし，人から子どもだと言われる。気に入らないことがあると，すぐふくれる。大人げなく怒る。感情を上手に制御できない。
>
> 〈自分が一人前だと思うか〉
> 　27歳時：どちらかというと一人前だと思う。教師3年目という年齢・立場からはこなすべき仕事はできているが，先輩方に比べてできないことが多い。40歳までには一人前になりたい。本音を言わないので，みんなからはしっかりしていると言われる。結婚して自分の家をもったら，子どもがいなくても一人前。
> 　30歳時：一人前。労働・納税の義務を果たしているし，一人暮らしをしていて，自立した生活をしている。教師としては一人前の域に達していない。気配りができないと一人前と言わない。目指す先生（40歳）のようになりたい。
>
> 　上記の事例から，27歳時と30歳時では考え方がどのように違っているのか，また大人と一人前がどのように違うのかを考えてみましょう。かつては一人前になることのほうが重視されていました。

1 大人になること

　大人になるとは，大人としての社会的な権利を獲得して義務を果たし，親から精神的・経済的に自立することです。あるいは，性的に成熟すること，人を愛することができること，自分の興味や能力を自覚して職業を選択すること，人生観を育むこと，社会常識を身につけることとも言えます。

　親の監督から離れ，一人の独立した人間になろうとする衝動が現れることを，心理的離乳（psychological weaning）といいます（Hollingsworth, 1928）。西平（1990）は，大人になることを第3次心理的離乳と関連づけています。第1次心理的離乳は小学校高学年から中学生くらいの独立の要求からくる否定・破壊・離反のことで，これは依存の要求からくる内面的な葛藤や悩みの現れです。第2次心理的離乳とは，自分の甘えだったことに気づき，本物の独立の要求が現れることです。これは親子関係を改善します。第3次心理的離乳とは，意識的・自覚的に生き，両親を乗り越えようとすることです。ただし，これはだれでも経験するわけではありません。

2 大人だと思ったきっかけ

　アーネット（Arnett, J. J.）によれば，青年期から成人期にかけて，自分が大人だと思うようになります。しかも，かつてのように一人暮らし・就職・結婚といった人生の出来事によって大人だと思うのではなく，精神的に十分な独立がなされたと思うことによって成人感が生じているとしています（Arnett, 2000）。

　わが国ではどうでしょうか。図Ⅵ-8-1は，大学生が「子どもでなくなったきっかけ」「大人になったきっかけ」をあげたものです。「大人料金になる」といった社会的な地位の変化や「一人暮らしをする」といった生活経験が成人感をもたらします。つまり，社会的な地位が成人感をもたらすのです。そして，自分が他人から何かをしてもらうだけでなく，自分が他人に対して何かを与えられるようになるとき，大人だと思えるようになります。たとえば，「親から頼まれる」「親の相談に乗る」などといったように，これまでの一方的な親子関係から立場が逆転することで，大人だと感じ始めます。他方で，「子どもじみた行動ができなくなる」というように，子どもの世界の喪失も体験します。大人に移行することで，今までとは別の世界に入っていくのです。

第3部　青年と社会

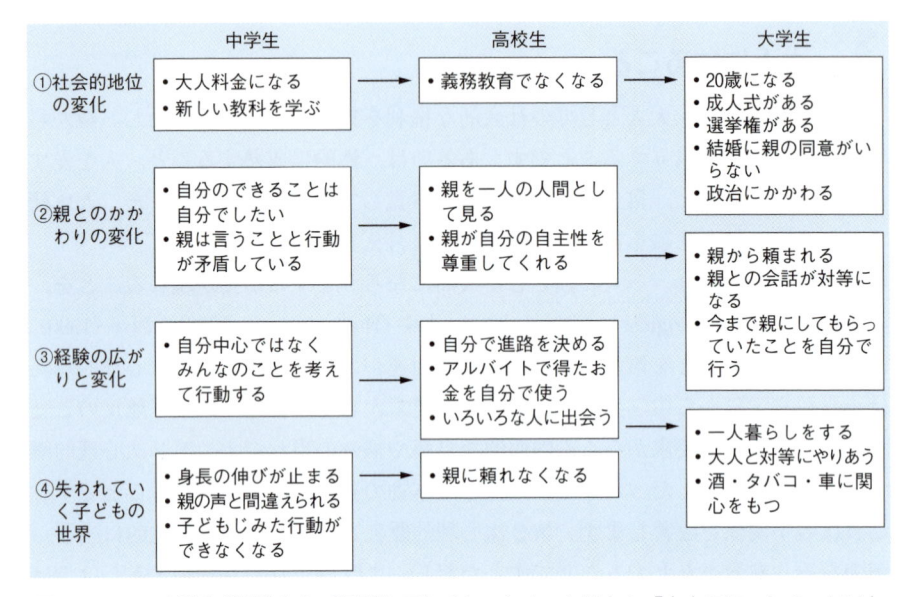

	中学生	高校生	大学生
①社会的地位の変化	・大人料金になる ・新しい教科を学ぶ	・義務教育でなくなる	・20歳になる ・成人式がある ・選挙権がある ・結婚に親の同意がいらない ・政治にかかわる
②親とのかかわりの変化	・自分のできることは自分でしたい ・親は言うことと行動が矛盾している	・親を一人の人間として見る ・親が自分の自主性を尊重してくれる	・親から頼まれる ・親との会話が対等になる ・今まで親にしてもらっていたことを自分で行う
③経験の広がりと変化	・自分中心ではなくみんなのことを考えて行動する	・自分で進路を決める ・アルバイトで得たお金を自分で使う ・いろいろな人に出会う	・一人暮らしをする ・大人と対等にやりあう ・酒・タバコ・車に関心をもつ
④失われていく子どもの世界	・身長の伸びが止まる ・親の声と間違えられる ・子どもじみた行動ができなくなる	・親に頼れなくなる	

図 VI-8-1　大学生が報告した「子どもでなくなったきっかけ」と「大人になったきっかけ」
（白井, 2006）

アーネットは，18歳から29歳までの間を成人形成期（emerging adulthood）と名づけ，青年期から成人期への移行を行う時期だとしています。この時期は住居を変えることも多く，また結婚していく時期なのです。

3　大人になることの重圧

吉村・濱口（2007）によれば，中学生・高校生・大学生と比べてみると，図 VI-8-2 に示されるように，「大人になると自分に対する可能性がせまくなる」といった喪失的大人像は変わりませんが，「大人はよくうそをつく」といった否定的大人像は減少します。また，「自分が将来どういう人生を送りたいのか，はっきりしない」といった将来像の欠如は減少して明確化し，「この先，社会に出て自分はきっとやっていけるだろう」といった将来への自信が増加します。そして，「大人になると今よりもっと自由だろう」といった自由の喪失の懸念が増大し，「社会に出て，仕事をきちんとやっていけるかどうか不安だ」といった責任の重圧が増します。このように，青年期は将来への自信も増えますが，大人のプレッシャーも感じるようになるのです。

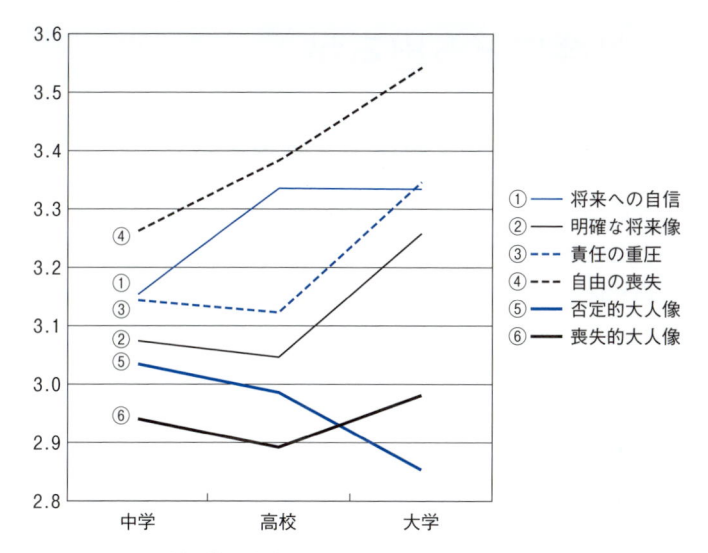

図VI-8-2　将来像・大人像の学年変化（吉村・濱口，2007より作成。）
注：各因子の命名は筆者が一部変更した。得点の範囲は1〜5である。大学には専門学校も入っている。

4　成人感獲得のすじみち

　20代前半ですと，自分の意見をもったり，自己主張できることが重要になります。そのために，他人に相談し，その意見に左右されることは，自立ができていないかのような気持ちにおそわれることがあります。その反面，自分のことばかり考えていて，他人のことが考えられないと幼稚のようにも思われ，自分の意見を大切にすることと他人を尊重することの両立ができないのです。このように20代前半は依存か自立かの二者択一なのですが，20代後半になって自分も他人も両方とも大切にできるようになります（白井，1988）。

　30歳になっても大人でないと考える人もいます。経済的な自立や社会的な責任を果たすという点では大人ですが，自分のなかの精神的な未熟さや新たな課題を自覚することで，自分はまだ十分ではないといった気持ちをもっています（Shirai, 2003）。人生はいつまでたっても未完成であり，成長の過程であること，また人間は一人では生きておらず，みんなで互いを支えることで生きていることといった信念があるようです。

第3部　青年と社会

VI-9　社会にどう出るか

> **Episode　ボランティア活動はどう役立つか**
>
> 　佐倉おやこ劇場（SKS）というボランティア活動は，高校生が中心となって，子どもに豊かな体験を保障するため，舞台芸術の鑑賞，異年齢集団の遊び，自然体験などを提供しています。そこに参加した高校生の声です（林，2007）。
>
> 　人とつながるようになったというのがちょっと大きい部分で。たとえば，自分が○○に住んでいた。そしたら，知っている顔が限られてしまうじゃないですか。しかも，前に鑑賞活動のみに参加していると，誰か近所の人とか，誰とどういうふうに関わっていいかっていうのがすごいわからない。でも，ソーランをやることによって，自分のなかで「この人たちのなかで，ソーランで一緒に時間を過ごしている人が何人いる」になるんですよ。で，その人たちは会話できるし「一緒に行こうよ」って言ったり，そういうことができるので，地元の人よりもそっちのつながりの人のほうが僕は強くって，だからソーランをやり始めてから，子どもまつりとか結構，いろんなっていうか，子どもまつりの全体像というのもすごい見えてきたし，そういう人たちと関わることによって，何て言うか，自分で楽しめるっていうか，自分でほかの人とつながって楽しめる，そういう楽しみ方ができるようになったんじゃないですか。（中略）
> 　SKSが本当に自分につながってるというか，同じソーランならソーランで，ソーランを一緒に踊っている人たちと過ごせる時間っていうのが欲しかったんですよね。だから僕は中学校に入っても高校に入っても，そういう人たちがいるし，逆に話を聞いてくれる大人もいるんで，すごい居心地のいい場所だったんで，いまだにいるという感じがしますね。……特に同じ世代だけではなくて，違う年齢の人と一緒に同じ空間を共有できるっていうのがすごい魅力的で。

第Ⅵ章　社会に出て行くということ

1　社会に出て行く不安

　社会は今の若者にとっては，何か得体のしれないものであり，よほどの覚悟をもってしないと入っていけないような，大きな壁となって立ちふさがっているのではないかと思うことがあります。

　稲泉（2001）は「これからの行き先が前もって誰かに決められているような，抗っても意味のない何かに背中を押されているような，そんな気分になった。そして，ふと我に返りながら——そういえば自分も就職するのか？　というより，もうすぐ自分は社会にでなくちゃいけないのか？　——目前に広がっている真っ暗な空間に，誰かに押されて飛び込むみたいな不安が生じてきて，掴みどころのない妙な焦りを感じた」（p. 252）と書いています。

　彼はその後，20代から30代前半の人と出会うことで見えてきたことがありました。たとえば，21歳の稲泉は，中学生時代に通った塾を訪ねました。その塾はかつて彼の心の拠り所だったからです。恩師と呼んでもおかしくない塾長が伏し目がちに座っているのを目の当たりにして，彼の近くに来ることができたように感じたと言います。今まで彼に理解されるだけだったのに，彼の心のなかにある悲しみや葛藤を理解しようとしていたのです。

　こうした経験から，もがいているのは自分一人だけではないし，こういう生き方でないといけないという正しい生き方があるわけでもないこと，何よりも社会というものがそれほど不親切でもないということに気づいたと言っています。そして，「どうやら『社会』というのは，はじめに感じていた『飛び込む』ような場所ではないらしい，ということ」（p. 253）でした。「必死に足を前へと進めているうちに，いつの間にか辿り着いている場所のように今は感じられる」（p. 253）と書いています。

2　社会的信頼の獲得

　私たちが社会に出て行くためには，社会が信頼に足るものだとみなされなければなりません（西平，1990）。社会的信頼（social trust）とは，人々は分別をもって他者とかかわり，双方に利益となる行動が必要な時はそれをするだろうとみんなが思っている期待のことをいいます（Welch et al., 2005；パトナム，2006）。社会的信頼は，多様な仲間と共通の目標のために仕事をしたり，世代を越えてつなが

っていくことでつくられます。

　フラナガンら（Flanagan, Gill & Gallay, 2005）は，アメリカの12〜18歳（平均年齢は15歳）の青年に，社会的活動ごとに信頼と安心をどう感じているのかを調査しました。信頼とは，「私が必要なとき誰かが助けてくれる」など人々の親切心への期待であり，安心とは，「たいていの人たちは安心感がある」など社会の包摂度を測っています。社会的活動ですが，ボランティアとは，地域サービスへの従事者をいいます。クラブは学校または地域のクラブをいいます。その結果，図Ⅵ-9-1に示されるように，信頼では，両方の社会的活動またはボランティアは他よりも高いことが示されました。安心では，両方の社会的活動またはボランティアはクラブよりも高く，クラブはどちらもしていない人よりも高いことが示されました。何らかのグループ活動をすることは安心を高め，地域に貢献する活動は社会的信頼を高めるのです。

　社会的信頼はどのように獲得できるのでしょうか。白井ら（2009）が23歳から39歳の大卒者に調査したところでは，収入が高いことや結婚していることが社会的信頼を高めていました。また，大学時代に多くの友人をもっていたことも社会的信頼を高めていました。1人で趣味に没頭していたということはマイナスでした。大学時代の過ごし方の大切さがわかります。

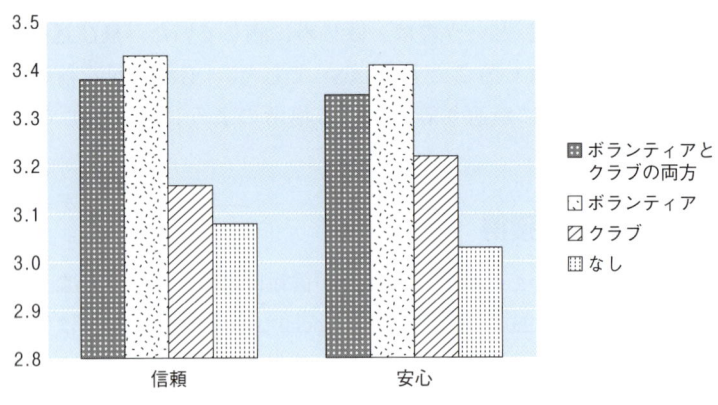

図Ⅵ-9-1　社会的活動ごとにみた信頼と安心の平均値
（Flanagan, Gill & Gallay, 2005より作成。）

第Ⅵ章 社会に出て行くということ

3 シティズンシップとは

シティズンシップとは、個人と国家との間の権利と義務に関する契約をいいます（ジョーンズ&ウォーレス、2002）。シティズンシップは、市民としての権利（個人の自由権、財産権、国家からの保護）、政治への権利（普通選挙権をはじめとする政治参加権）、社会への権利（教育、住宅、保健、福祉）からなります。私たちが一つの社会のなかに生き、その社会の平等なフルメンバーとして認められ、自らもそう感じていて、定められた権利を正当に行使でき、定められた義務を果たさなければならないとき、シティズンシップが成立します。

家庭・学校・社会のなかで、それぞれシティズンシップが保障される必要があります。たとえば、家庭では自分が家事に従事することで、親から頼りにされる経験は、大人意識を芽生えさせます。学校では自治を経験します。自治とはみんなのことはみんなで考えて行動するということです。それは生徒どうしだけではありません。大人の力になることもあります。それが、さらにシティズンシップの感覚を高めるのです。社会のなかでの活動の具体例としては、杉並区児童青少年センター「ゆう杉並」では中高校生が運営にも参加しています（増山、2004）。

実際のところ、シティズンシップは、多様な価値観をもつ人たちと共通の目標を実現するために力を合わせたり、異なる世代の人たちとかかわる活動をしたり、実際に自分たちの意見が取り入れられて政治的効力感をもつといったことにより形成されます（Stewart & McDermott, 2004）。政治的効力感とは、政治の場面で、やればできるという感覚のことです。政治の場面といっても、選挙だけでなく、地域の公園をどうするか、といった身近なことも含みます。

4 発達資産の形成

シティズンシップは発達資産（developmental assets）を形成します。青年の肯定的発達を促す個人・家庭・地域の資源のことを発達資産といいます（Benson, 2003）。発達資産には、内的なものと外的なものがあり、具体的には表Ⅵ-9-1や表Ⅵ-9-2に示されます。

社会においても、自分が困っているときはいつでもどんなことでも支援を求めることができることを知ることが大切です。そして、青年は支援されるだけではなく、若者が支援する側にもまわることができると、若者の有能感をさらに高め

表VI-9-1　青年期の内的な発達資産（北川，2007）

資産タイプ	資産名	定 義
学習への参加	学業へのやる気	学校での学習にやる気がある。
	学校への参加	学校での学習に積極的に参加する。
	家庭での学習	家庭で毎日少なくとも1時間は学習する。
	学校との結びつき	学校に関心がある。
	楽しみのための読書	週に3時間以上は楽しく読書をする。
肯定的な価値観	思いやり	他者の援助に高い価値を置く。
	平等と社会的正義	平等の促進や飢え・貧困の撲滅に高い価値を置く。
	高潔さ	信念に基づいて行動し信念を守る。
	正直	困難なときにも真実を言う。
	責任感	個人の責任を自覚し全うする。
	自制心	性的行為の乱れやアルコール・ドラッグの使用を固く拒否する。
社会的な能力	計画力と判断力	計画や選択の仕方を知っている。
	対人関係の構築能力	共感力・感受性・友人をつくる技術をもつ。
	文化的能力	異なる文化的・人種的・民族的背景をもつ人々を理解し受け入れる。
	抵抗する技術	好ましくない仲間からのプレッシャーや危険な状況に抵抗できる。
	争いの平和的な解決力	争いを非暴力的に解決できる。
肯定的なアイデンティティ	自己統制力	身の回りで起きることを自分で制御できる。
	自尊心	高い自尊心をもつ。
	目的の感覚	自分の人生には目的があると感じる。
	自己の将来に関する展望	自分の将来を楽観視できる。

ます。有能感とは，対象に働きかけて影響を与えられると考え，人とつながり自分が大切にされ相手を大切にできると考えることをいいます。

　地域社会での活動は，大人の導きや一定のルールがある構造化された活動が有意義です（岡田，2008）。大人との交流は世代間のつながりもつくります。

表Ⅵ-9-2 青年期の外的な発達資産（椎，2007）

資産タイプ	資産名	定　義
サポート	家族の高度なサポート	家族は，青年期の不安と悩みを理解するとともに，社会状況などを理解し，幅広い視野からサポートする。
	肯定的な家族コミュニケーション	社会・地域・家庭・学校における諸課題について，それらの形成者との一員として，肯定的なコミュニケーションを行なう。
	他の大人との関係	両親以外の大人が，不安や悩みについて相談にのる。社会での生き方についてアドバイスをするなどのサポートをする。
	隣人へのケア	隣人の世話をするなどの経験をする。
	学校によるケアと学校環境のケア	学校は，確実に知識・技術を身につけさせるとともに，社会や職業に関する情報を提供する。
	保護者の地域活動への協力	保護者は，学校や地域の活動のなかで成功するように，積極的に協力している。
エンパワーメント（役割）	地域社会の評価	地域社会の大人が若者を評価していることを察知する。
	若者の活用	若者たちは地域社会で有用な役割を与えられる。
	他者への奉仕	奉仕活動（ボランティア活動）などを通じ継続的に地域社会に貢献する。
	安全	学校や地域は安全だと感じる。
規範と期待	家族の規範	家族には明確なルールがあり，ルールを破ったときには適切に責任を負わせる。また，若者の行動を知っている。
	学校の規範	学校は明確なルールがあり，ルールを破ったときには適切に責任を負わせる。また，若者の行動を知っている。
	近隣地域の規範	地域の人々は若者の行動について知っており，悪い行動については注意を与える。また，保護者に行動を知らせる。
	大人の役割モデル	親や他の大人たちは肯定的で，責任ある行動のモデルとなる。
	肯定的な仲間の影響	親友は責任ある行動のモデルとなる。
	高い期待	親や教師はともに，若者が成功するために激励する。
多様な活動の場	創造的な活動	家庭・地域・学校が，音楽，演劇，その他の創造的活動の機会を提供する。
	青年向けプログラム	家庭・地域・学校が，課外活動やスポーツなどのプログラムを提供する。
	自然や生命とのふれあい	家庭・地域・学校が，長期自然体験活動などの機会を提供する。
	職業とのふれあい	学校や地域・企業は，社会体験，職業体験（インターンシップ）の機会を提供する。

注：一部の用語を筆者が修正した。

Column 4　労働組合の心理的意義

　フリーターのAさんは，突然，病院から解雇されました。

　彼女は2006年5月，タウンワークでこの仕事を見つけ，面接を経て採用されました。時給は1,000円。仕事は9時30分から17時までで，1時30分から3時までは休憩です。月曜から金曜まで働いて月給は12万円ほどでした。

　彼女は仕事を続ける気はもちろんありました。実際に，彼女は電話でも仕事を続けたい旨を告げています。しかし，返ってきたのは「うちにもうちょっと余裕があったらね」という院長の言葉でした。多くのフリーターはここで引き下がってしまうでしょう。向こうも大変なら，と自分が相当大変なのに大人しく身を引いてしまうのです。しかし，彼女は働き続けたいという意思を明確にもっていました。

　彼女が相談したのはフリーターの労働組合（フリーター労組）でした。フリーター労組は，それは「向こうの勝手な理由」と指摘します。そして，院長に解雇撤回を要求しました。「医療従事者として適切でないという理由は解雇理由にはならない。どうしてもやめてほしいのであれば，解雇は1か月前に通告するか，1か月以上の解雇予告手当てを支払わなければならない」と主張しました。それに対して，院長は，終始「バイト1人クビにしたくらいでなんでこんなことに？」と当惑顔でした。

　何度かの話し合いがもたれ，Aさんは円満退職となり，給与2か月分（24万円）が解決金として支払われました。何もせずに泣き寝入りしていたら，クビになったうえに何の補償もなかったでしょう。労働組合は団体交渉権をもっているので，それを拒否したり無視したりすると，労働組合法第7条の不当労働行為として処罰されます。ですから，使用者は話し合いには応じなければならないのです。

　団体交渉の後，Aさんは晴れ晴れしい顔で言いました。

　「今回のことを経て，法律はアルバイトにも優しいことがわかりました。アルバイトも思っていたより法律に守られているんで，こういうことをもっと広めていけば，雇う側も雇われる側も気持ちよく働けると思います。だって，メールで解雇なんてありえない。真面目に働いていたのにメールかよ，って。すごいナメられてるなって思いました。最初は労働組合って別世界のもので，相談してもアルバイトだから相手にしてくれないんじゃないかって思ってたんです。だけど，すごいちゃんと対応してくれて。一番グッと来たのは，ちゃんと話を聞いてくれて，ちゃんと一個人として認めてくれたこと。それがすごい嬉しかったです。クビになっても大人しくして黙っていたほうがいいみたいって風潮がすごくあるけど，みんな行動起こせばいい。それに団交できる人ってカッコいい。」

　雨宮（2007）が紹介する上記の事例から，労働組合は労働者の権利を守るだけではなく，心理的な支えとしても重要な意義をもっていることがわかります。自分には仲間がいる，自分が社会に認められた，といった感覚をもつことができます。

【引用文献】雨宮処凛　2007　生きさせろ！——難民化する若者たち　太田出版

第Ⅵ章　社会に出て行くということ

Column 5　ひきこもりからの社会への移行

　僕は中学校に入ったころから学校へ行けなくなり，2年間の引きこもり生活を経て，中学3年生の春，フリースペースに出会いました。なかなかアルバイトもできず，働ける自信もないまま始めたパン屋のバイトですが，今では他でバイトすることもそんなにハードルではなくなってきています。

　ちょうど自信がついた頃に，並行してはじめたアルバイト先がとても印象的でした。大手定食屋チェーンの厨房でバイトをしていたのですが，そこの人間関係にある"使える，使えない"で人を判断する価値基準がとても恐怖で，違和感を感じました。仕事が速くて的確な人は職場の中心にたち，仕事の飲み込みが遅かったりすると，先輩たちから疎まれる。「あの子は使えるしイイ子，あの子は使えないからダメね」そんなやり取りをバイトたちのなかでもしてる環境のなかで，僕は"使えない"側になるまいと仕事を必死で覚えていきました。

　自分が輪に入れないのではないかという恐怖からくる頑張りでしたが，そのおかげで（せい？）で「仕事がデキる，期待のルーキー」という扱いをされて，少し嬉しい反面，過剰適応にも思える頑張りをし続けないといられないのではないかと思い，とても苦しかったです。ひと月ちょっとと，わずかな間で辞めてしまいましたが，僕にとってそのアルバイト体験は大きいものでした。

　今，働いているフリースペースのパン屋は"オルタナティブ"な働き方を目指してる……らしいです。少なくともこのパン屋は"使える，使えない"で人を見ない。仕事が速かろうが，遅かろうが，そんなこと関係のなかでは何の基準にもならない。もちろん，やることはやるし，わかる人がわからない人に教えたりはあるけれど。たとえば，いろいろな原因から休みがちな人がいたとしても，「じゃあ辞めてください」なんてことにはならず，「その人が参加しやすいのはどんな形だろう？」と，皆で話し合って考えていく。そんな仕事場の姿勢に，僕はとても居心地のよさを感じています。

　僕のこれからの課題は，他の場所でも，このパン屋で感じたような居心地のよさを築いていくことだと思っています。ひょっとしたら，企業社会的な所でも，居心地が悪くないのかもしれない。このパン屋の経験で，絶望的に見えていた社会というものが，少し明るく見え始めたように感じている今日この頃です。

　以上の佐藤（2005）が紹介する事例では，自分が安心して働くことのできる場所を見つけることができました。しかも，その場所は，"オルタナティブ"（もう1つの）な働き方を目指すという哲学をもっていました。彼は厨房で働いた体験を否定的には見ていません。自分にとって大切な経験と見ているところにも彼の成長が示されています。

【引用文献】　佐藤洋作　2005　〈不安〉を超えて〈働ける自分〉へ──ひきこもりの居場所から　佐藤洋作・平塚眞樹（編）ニート・フリーターと学力　未来への学力と日本の教育5　明石書店　pp. 206-229.

[終　章]
自我発達から見た成人期と老年期

　青年期，初期成人期に続く発達段階は，成人期，老年期です。青年期で選び取られたアイデンティティと初期成人期で培われた親密性は，成人期以降どのように機能するのでしょうか。この章で紹介する成人期の主題は，職業を含め大きな意味での仕事をすることと次世代を育てること（もしくは次世代に残すものを作り上げること）である「生殖性」です。さらに老年期の主題は，自分の人生が納得できるものであったのかという「統合性」です。青年期にこれからどのように生きていくのかを考える場合，自分がなぜ生きてきたのかという問いに将来答えを出すことができるように，こうした展望を含めた生涯発達という観点から考えることが重要でしょう。

終　章　自我発達から見た成人期と老年期

Episode 死をどのように受け入れるか

　キューブラー・ロスの著書に『死ぬ瞬間』というものがあります(Kübler-Ross, 1969)。死にゆく末期患者がどう心安らかに死を迎えられるかという精神療法についての専門書です。キューブラー・ロスは，数多くの末期患者へのインタビューを行い，死をどのようにとらえるか，死を迎えるまでの精神的プロセスなどを詳細に調査し，それに対する精神療法のあり方を著しています。この著書のなかで死を看取る立場の人間と患者は死について十分に話し合うべきであり，そのことが死を受け入れていくことにつながると述べられています。

　キューブラー・ロスは，同時に，200名を超える末期患者へのインタビューから，人が死を迎える典型的な精神的プロセスとして，告知のあとの衝撃，否認に続いて，絶えず希望をもちながらも怒り，抑うつ，取り引き，受容，デカセクシス（解脱）という多様で複雑なプロセスをたどることを示しました。受容や解脱の心境に達することができる場合は，心安らかに死を迎えることができるのでしょうが，当然，怒りや抑うつのまま死を迎える方もいます。このような違いは，一生の人生のなかでどのようなことが原因になるのでしょうか。

　漸成発達理論は，人の一生の最後の段階である老年期までを理論化したものとして，それまでの発達理論と一線を画しています。さらに，その理論の背景にある思想には，なぜ人は納得して死んでいけるのかという点に関してまで考察が進められています。

　ここでは，人生の後半，何が主題となり，人が一生をどのように終わることができるかについて，考えていきたいと思います。

終章　自我発達から見た成人期と老年期

1　成人期の主題「生殖性」と歴史的アイデンティティ

　青年期では，アイデンティティが，初期成人期では親密性（愛）が人格発達の主題でした。

　それに続く成人期では，生殖性（Generativity：世代性とも訳される）が主題になります。エリクソンによると，成人期に入って成熟した「伴侶たちは自分たちのパーソナリティとエネルギーを共通の子孫を生み出し，育てることに結合したいと考えるように」なるとされています。生殖性とは，この願望を基盤に広がっていく「次の世代の確立と指導に対する興味・関心」（Erikson, 1959）であると説明されています。具体的には，成人期になって，次の世代を生み育むことに関心を向けていくことを示しています。

　したがって，生殖性とは，直接的には子どもを生み育てることを意味していいますが，「次の世代の確立と指導に対する興味・関心」には，次の世代のために残していくもの，たとえば，建築家にとっての建築物，芸術家にとっての作品，教師にとっての教え子などを残すという意味も含まれています。したがって，直接子どもを産み育てることだけが生殖性ではなく，事情によって子どもを産み育てることがなかった人が次世代に残していくものをつくり上げ，「この作品は，子どものようなもの」と表現するようなことがありますが，こうしたことも生殖性の現れといえます。

　上述の成熟した人格をもつものが，次世代の確立と指導に興味・関心をもつ例として，親子は当然のこととして，学問における師弟関係，職人などプロの技術の師弟関係，会社などにおける先輩から後輩への技術の継承，地域社会での伝統の継承や，子どもの育成事業などのなかに観察することができます。また，興味深い例として，プロ野球界で活躍した少なくない選手たちが，少年野球教室を始め，次世代の育成に貢献していることがあげられます。おそらく，こうした行為の多くは功利的な理由からではなく，生殖性の現れと考えることがより正しい解釈だと思われます。

　自分が死んだあと，自分はいなくなってしまいますが，自分の子孫，建築物，作品，教え子などは，自分の生きた証として社会のなかに生き続けていきます。きっと「死んだおじいちゃんは，こんな人だった」とか「この作品は，〜さんの代表作だね」「先生の教えを受け継いで〜」などと後世の人たちが，その存在を

思い出してくれるでしょう。その意味で生殖性の実現は，歴史のなかに自分の存在を意味づけるという歴史的アイデンティティ（Ⅰ-7参照）の実現でもあります。生きている人間にとって死は恐怖の対象ではありますが，人が納得して死んでいくことができる一つの根拠を提供している考え方といえます。

フランクル（Frankl, 1952）は，人間の根源的な動機を「意味への意志」であるとしました。人は人生に意味を求めて生きている，意味なしには生きていけないということを示しています。エリクソンの考え方も，人間は究極的に歴史的アイデンティティと生殖性を実現し，その象徴的なものとして生きる証を求めて生きる存在であると解釈することができます。その意味で，両者とも人の一生における自己の存在の意味の重要性が強調されています。

2 成人期の活力：ケア

エリクソン（Erikson, 1959）は，成人期の活力を「ケア」（care）だとしました。エリクソンはケアについて「人間のみが，家族やその地域に結びついている沢山の子孫に心づかいを与えることができ，心づかいをおし拡げることができる」（Erikson, 1964）と述べています。つまり，日本語の表現としては，「心づかい」「気配り」「配慮」などの表現がこれに当たります。愛とは，人の幸せを願うことであるとしました（Ⅱ-4，Ⅱ-5参照）が，ケアは，人の幸せを願うだけでなく，具体的な行動として相手の幸せに貢献するという意味合いを含んでいます。子育て，看病，介護などがそれに当たりますが，より広い意味で，教育や地域活動における子どもの指導，世話などもケアに該当するでしょう。

次世代を育成する生殖性を有効なものとして，歴史的アイデンティティを実現するためにケアは不可欠なものです。また，一方で，ケアは初期成人期の愛の成熟した実践でもあるわけです。その意味で，自分の人生を意味あるものにするために，アイデンティティと愛（親密性やケア）のバランスのとれた発達が必要です。

3 生殖性の対極：自己吸収

残念ながら，生殖性にも自己吸収という対極の概念があります。生殖性は人をケアし育てることですが，自己吸収は本来人に向かうべきそうしたエネルギーが人に向かわず，自分で吸収してしまう様子を示しています。つまり，成人期になっても人の世話をすることには興味が向かわず，自分が褒められたい，人が自分

のために働いて欲しい，自分の思い通りにことを進めたいという傾向です。愛する喜び（Ⅱ-5，Ⅱ-6参照）の論理で人を幸せにすることがひいては自分の喜びにつながり，自分の存在を意味あるものにするのですが，自己吸収する傾向が強い人物は，人から関心をもってもらうことで自分を満たそうとします。しかし，このことには際限がなく，あたかも砂漠に水がしみこむようにどこまでも満足が得られないまま自己吸収を続けてしまう結果になるように考えられます。

4 老年期の主題：統合性

　老年期の主題は，統合性です。統合性とは「たった1つのこれまでの人生を受け入れること」です。「それほどすごいことを成し遂げた人生ではなかったが自分なりに精一杯生きた。（子どもや仕事など）生きた証も残すことができた。納得して死んでいける」という境涯になることができるかということです。

　もちろん，アイデンティティの主題，愛の主題に納得できるように取り組んだかということもありますが，一方で，あるがままの人生を受け入れる必要もあります。人生の選択において，すべて第1希望がかなった人生を歩んできた人はいません。文豪ゲーテでさえ，晩年に諦念という心境に至ったといわれます。諦念とは限られた目的に献身しようと決意することです。つまり，「こうした家庭に生まれ，こうした学校に行き，仕事をもち，家庭をもった。それぞれ第1希望ではなかったが，それは宿命的な部分もある。その限られた条件のなかで自分がどれだけのことができるのか，自分が納得できるようにできるだけ頑張ろう」とする態度です。よい意味のあきらめ，積極的に人生を受け入れることといってもよいかもしれません。

　人生の目的とは，統合性というかたちで示されるように，最終的に自分の人生が意味あるものであったと納得できることなのかもしれません。将来，統合性に至るように，青年期から悔いのない人生を送るように心がけることが大切なのでしょう。

引用文献

序 章

Erikson, E. H. 1950 *Childhood and society*. Norton.（エリクソン，仁科弥生（訳） 1977 幼児期と社会 みすず書房）

Erikson, E. H. 1959 Identity and life cycle : Selected papers. In *Psychological Issues*. Vol. 1. International Universities Press.（エリクソン，小此木啓吾（訳） 1973 自我同一性 誠信書房）

Fromm, E. 1973 *The anatomy of human destructiveness*. Rinehart and Winston.（フロム，作田啓一・佐野哲郎（訳） 1975 破壊 紀伊国屋書店）

Hall, G. S. 1904 *Adolescence : Its psychorogy and its relations to physiology, anthropology, sociology sex, crime, religion, and education*. 2 vols., Appleton.

Horney, K. 1945 *Our inner conflicts : A constructive theory of neurosis*. Norton.（ホーナイ，我妻洋・佐々木譲（訳） 心の葛藤（ホーナイ全集5） 誠信書房）

Keniston, K. 1971 *Youth and disscent : The rise of a new opposition*. Harcourt Brace.（ケニストン，高田明彦・草津攻（訳） 1977 青年の異議申し立て 東京創元社）

Kohlberg, L. 1976 Moral stages and moralization : The cognitive-developmental approach. In T. Lickona (Ed.), *Moral development and behavior : Theory, research, and social issues*. Rinehart and Winston.

Piaget, J. 1948 *La naissance de l'intelligence chez l'enfant*. Delachaux et. Niestlé（ピアジェ，谷村覚・浜田寿美男（訳） 1978 知能の誕生 ミネルヴァ書房）

Piaget, J. 1956 *The child's conception of space*. Routledge and Kagan Paul.

Tanner, J. M. 1978 *Foetus into man*. Open Books.

大野 久 2002 「親の見ている前だけでよい子」仮説：学級崩壊の原因についての一考察 立教大学「教職研究」12号 9-18.

澤田 昭 1982 現代青少年の発達加速 創元社

内閣府 2009 青少年白書（平成21年版） 日経印刷

西平直喜 1979 青年期における発達の特徴と教育 子どもの発達と教育6 岩波書店

西平直喜 1990 成人になること 東京大学出版会

日野林俊彦・赤井誠生・安田 純・志澤康弘・新居佳子・山田一憲・南 徹弘 2008 発達加速現象の研究・その22――健康習慣と性成熟 日本心理学会第72回大会発表論文集 1233.

ロージァズ，村上正治（編訳） 1967 人間論（ロージァズ全集12） 岩崎学術出版社

第Ⅰ章

Erikson, E. H. 1950 *Childhood and society*. Norton.（エリクソン，仁科弥生（訳） 1977 幼児期と社会 みすず書房）

Erikson, E. H. 1959 Identity and life cycle : Selected papers. In *Psychological Issues*. Vol. 1. International Universities Press.（エリクソン，小此木啓吾（訳） 1973 自我同一性 誠信書房）

Marcia, J. E. 1966 Development and validation of ego-identity status. *Journal of Personality & Social Psychology*, **3**, 551-558.
大野　久　1984　現代青年の充実感に関する一研究――現代青年の心情モデルについての検討　教育心理学研究，**32**，100-109.
岡本祐子　2002　アイデンティティ生涯発達論の射程　ミネルヴァ書房
小此木啓吾　1978　モラトリアム人間の時代　中央公論新社
西平　直　1993　エリクソンの人間学　東京大学出版
西平直喜　1979　続アイデンティティ（２）　青年心理　12巻　153-172.
西平直喜　1981　伝記に見る人間形成物語２――子どもが世界に出会う日　有斐閣
西平直喜　1983　青年心理学方法論　有斐閣
西平直喜　1990　成人になること　東京大学出版会

第Ⅱ章

Erikson, E. H. 1950 *Childhood and society*. Norton.（エリクソン，仁科弥生（訳）　1977　幼児期と社会　みすず書房）
Erikson, E. H. 1959 Identity and life cycle : Selected papers. In *Psychological Issues*. Vol. 1. International Universities Press.（エリクソン，小此木啓吾（訳）　1973　自我同一性　誠信書房）
Evans, R. I. 1967 *Dialogue with Erik Erikson*. Harper & Row.（エバンス，岡堂哲雄・中園正身（訳）　1975　エリクソンとの対話　金沢文庫）
Spranger, E. 1924 *Psychologie des Jugendalters*. Quelle & Meyer Verlag.（シュプランガー，土井竹治（訳）　1973　青年の心理　五月書房）
大野　久　1995　青年期の自己意識と生き方　落合良行・楠見孝（編）　講座生涯発達心理学４巻　自己への問い直し：青年期（第４章），pp. 89-123.
大野　久　1999　人を恋するということ　佐藤有耕（編）　高校生の心理①　大日本図書，pp. 70-95.
大野　久　2001　愛の本質的特徴とその対極　立教大学「教職研究」11号，1-10.
キューブラー・ロス，伊藤ちぐさ（訳）　1991　死後の真実　日本教文社
西平直喜　1981　友情・恋愛の探究　大日本図書
フロム，鈴木晶（訳）　1956　愛するということ　紀伊国屋書店
ロージャズ，村上正治（編訳）　1967　人間論（ロージャズ全集12）　岩崎学術出版社

第Ⅲ章

Ainsworth, M. D. 1989 Attachments beyond infancy. *American Psychologist*, **44**, 709-716.
Allen, J. P., & Land, D. 1999 Attachment in adolescence. In J. Cassidy & P. R. Shaver (Eds.), *Handbook of attachment: Theory, research, and clinical applications*. Guilford Press. pp. 319-335.
Allen, J. P., Moore, C., Kuperminc, G., & Bell, K. 1998 Attachment and adolescent psychosocial functioning. *Child Development*, **69**, 1406-1419.
Arnett, J. J. 2000 Emerging adulthood: A theory of development from the late teens through the twenties. *American Psychologist*, **55**, 469-480.
Blos, P. 1967 The second individuation process of adolescence. *The Psychoanalytic Study of the Child*, **22**, 162-186.
Bowlby, J. 1969 *Attachment and loss, Vol. 1 Attachment*. Hogarth Press.
Bowlby, J. 1973 *Attachment and loss, Vol. 2 Separation: Anxiety and anger*. Hogarth Press.

引用文献

Cherlin, A., Chase-Lansdale, P., & McRae, C. 1998 Effects of parental divorce on mental health throughout the life course. *American Sociological Review,* **63**, 239-249.

Coleman, J. C., & Hendry, L. B. 1999 *The nature of adolescence. Third edition.* Routledge. (白井利明他（訳） 2003 青年期の本質 ミネルヴァ書房）

Conger, R., Conger, K., Elder, G., Jr., Lorenz, F., Simons, R., & Whitbeck, L. 1993 Family economic stress and adjustment of early adolescent girls. *Developmental Psychology,* **29**, 206-219.

Cooper, C. R., & Cooper, Jr., R. G. 1992 Links between adolescents' relationships with their parents and peers: Models, evidence, and mechanisms. In R. D. Parke & G. W. Ladd (Eds.), *Family-peer relationships: Models of linkage.* Lawrence Erlbaum Associates. pp. 135-158.

Cooper, C. R., Grotevant, H. D., & Condon, S. M. 1983 Individuality and connectedness in the family as a context for adolescent identity formation and role-taking skill. In H. D. Grotevant & C. R. Cooper (Eds.), *Adolescent Development in the Family, New Direction for Child Development,* No. 22. Jossey-Bass. pp. 43-59.

Daddis, C. 2008 Influences of close friends on the boundaries of adolescent personal authority. *Journal of Research on Adolescence,* **18**, 75-98.

Freud, A. 1936 *The ego and the mechanisms of defense.* International Universities Press.（アンナ・フロイト，外林大作（訳） 1958 自我と防衛　誠信書房）

Grotevant, H. D. 1997 Adolescent development in family contexts. In W. Damon (Series Editor) & N. Eisenberg (Volume Editor), *Handbook of Child Psychology, Vol. 3: Social, Emotional, and Personality Development. Fifth edition.* Wiley. pp. 1097-1149.

Grotevant, H. D., & Cooper, C. R. 1985 Patterns of interaction in family relationships and the development of identity exploration in adolescence. *Child Development,* **56**, 415-428.

Grotevant, H. D., & Cooper, C. R. 1986 Individuation in family relationships: A perspective on individual differences in the development of identity and role-taking skill in adolescence. *Human Development,* **29**, 82-100.

Hoffman, J. 1984 Psychological separation of late adolescents from their parents. *Journal of Counseling Psychology,* **31**, 170-178.

Hollingworth, L. S. 1928 *The psychology of the adolescent.* D. Appleton Century Company.

Kobak, R. R., & Sceery, A. 1988 Attachment in late adolescence: Working models, affect regulation, and representations of self and others. *Child Development,* **59**, 135-146.

Mahler, M., Pine, F., & Bergman, A. 1975 *The psychological birth of the human infant.* Basic Books.（高橋雅士・織田正美・浜畑紀〔訳〕 1981 乳幼児の心理的誕生——母子共生と個体化　黎明書房）

Main, M., Kaplan, N., & Cassidy, J. 1985 Security in infancy, childhood, and adulthood: A move to the level of representation. In I. Bretherton & E. Waters (Eds.), *Growing points of attachment theory and research. Monographs of the Scociety for Research in Child Development,* **50**, 1-2, Serial No. 209., 66-104.

Olson, D. H., Sprenkle, D. H., & Russell, C. S. 1979 Circumplex model of marital and family systems: I. Cohesion and adaptability dimensions, family types, and clinical applications. *Family Process,* **18**, 3-29.

Santrock, J. W. 2003 *Adolescence. Ninth edition.* McGraw Hill.

Smetana, J. G., & Villalobos, M. 2009 Social cognitive development in adolescence. In R. M.

Lerner & L. Steinberg (Eds.), *Handbook of adolescent psychology. Third edition.* Volume 1: Individual bases of adolescent development. John Wiley & Sons, Inc.

Steinberg, L. 1981 Transformations in family relations at puberty. *Developmental Psychology, 17,* 833-840.

Steinberg, L. 2008 *Adolescence. Eighth edition.* McGraw Hill.

Steinberg, L., & Silverberg, S. B. 1986 The vicissitudes of autonomy in early adolescence. *Child Development, 57,* 841-851.

Steinberg, L., & Steinberg, W. 1994 *Crossing paths-How your child's adolescnece triggers your own crisis.* Simon & Schuster.

White, K. M., Speisman, J. C., & Costos, D. 1983 Young adults and their parents: Individuation to mutuality. In H. D. Grotevant & C. R. Cooper (Eds.), *Adolescent development in the family. New Directions for Child Development,* No. 22. Jossey-Bass. pp. 61-76.

天野敏光　2001　思春期の親子関係，教師―生徒関係における依存と反抗　三重大学大学院教育学研究科修士論文（未公刊）

五十嵐哲也・萩原久子　2004　中学生の不登校傾向と幼少期の父親および母親への愛着との関連　教育心理学研究, **52,** 264-276.

池田豊應（編）　1997　不登校――その多様な支援　大日本図書

出野美那子　2008　児童養護施設における青年期前期の子どもの愛着状態と心的外傷性症状　発達心理学研究, **19,** 77-86.

岡田みゆき　2003　中学生における食事中の親子の会話の実態――親子の会話における小学生から中学生への変化　日本家政学会誌, **54,** 3-15.

岡堂哲雄　2008　総括「家族のライフサイクルと危機管理の視点」髙橋靖恵（編）　家族のライフサイクルとと心理臨床　金子書房　pp. 103-132.

岡本祐子・田村典子　2003　高校生の認知する家族の心理的健康性と親子間コミュニケーションおよび居間の機能の関連性　広島大学心理学研究, **3,** 157-168.

落合良行　1995　心理的離乳への5段階過程仮説　筑波大学心理学研究, **17,** 51-59.

落合良行・佐藤有耕　1996　親子関係の変化からみた心理的離乳への過程の分析　教育心理学研究, **44,** 11-22.

久世敏雄・平石賢二　1992　青年期の親子関係研究の展望　名古屋大学教育学部紀要―教育心理学科, **39,** 77-88.

久保田桂子　2009　青年期の母娘関係の発達差――会話分析による青年期前期と後期の交流の比較　心理学研究, **79,** 530-535.

近藤邦夫　1994　教師と子どもの関係づくり――学校の臨床心理学　東京大学出版会

佐藤朗子　1993　青年の対人的構えと親および親以外の対象への愛着の関連　名古屋大学教育学部紀要―教育心理学科, **40,** 215-226.

佐藤悦子　1986　家族内コミュニケーション　勁草書房

さらだたまこ　1998　パラサイト・シングル　WAVE出版

島　義弘　2007　青年期の愛着とBig Five――日本人サンプルでの検討　パーソナリティ研究, **16,** 121-123.

白井利明　1997　青年心理学の観点からみた「第二反抗期」　心理科学, **19,** 9-24.

高橋　彩　2008　男子青年における進路選択時の親子間コミュニケーションとアイデンティティとの関連　パーソナリティ研究, **16,** 159-170.

髙橋靖恵　2008　青年期の心理療法と家族のライフサイクル　髙橋靖恵（編）　家族のライフサイクルと心理臨床　金子書房, pp. 21-50.

引用文献

長峰伸治　1999　青年の対人葛藤場面における交渉過程に関する研究——対人交渉方略モデルを用いた父子・母子・友人関係での検討　教育心理学研究，**47**，218-228.
西平直喜　1990　シリーズ人間の発達4　成人になること——生育史心理学から　東京大学出版会
平石賢二　2007a　思春期の子どもをもつ親の心理的ストレスと子どもの人格発達に与える影響　平成15～18年度科学研究費補助金基盤研究(C)　研究成果報告書
平石賢二　2007b　青年期の親子間コミュニケーション　ナカニシヤ出版
深谷昌志（監修）　2005　モノグラフにみる中学生のすがた　モノグラフ・中学生の世界特別号　ベネッセ未来教育センター
藤野淳子・北浦かほる　2006　親子のコミュニケーションからみた家族室の役割に関する研究——小学生と高校生における子どもの成長による分析　日本建築学会計画系論文集，**602**，1-6.
宮本みち子　2004　ポスト青年期と親子戦略——大人になる意味と形の形容　勁草書房
宮本みち子・岩上真珠・山田昌弘　1997　未婚化社会の親子関係——お金と愛情にみる家族のゆくえ　有斐閣
宮脇克実・山本真由美　2006　思春期の子育て不安尺度の作成　徳島大学総合科学部人間科学研究，**14**，61-71.
山田昌弘　1999　パラサイト・シングルの時代　筑摩書房
やまだようこ　2002　人生なかば：危機と成熟　小嶋秀夫・やまだようこ（編）　生涯発達心理学　放送大学教育振興会，pp. 144-155.
渡邉賢二・平石賢二　2007　中学生の母親の養育スキル尺度の作成——学年別による自尊感情との関連　家族心理学研究，**21**，106-117.
渡邉賢二・平石賢二・信太寿理　2009　母親の養育スキルと子どもの母子相互信頼感，心理的適応との関連．家族心理学研究，**23**，12-22.

第 IV 章

浅井定雄　1990　小学校高学年のクラス集団づくり——女子のグループ化に視点を当てて　飯田哲也・加藤西郷（編）　思春期と道徳教育　法律文化社　pp. 87-114.
阿部真理子　1990　思春期女子の登校拒否——学校カウンセラーとしての関わり　児童心理，**44**（8），119-123.
天野隆雄　1986　女子生徒の教育　成文堂
池田清彦　2002　他人と深く関わらずに生きるには　新潮文庫
井出藤六　1990　失われた「友達」　特集　現代ともだち考　こころの科学，**32**，64.
伊藤美奈子　2002　不登校気分の背景にある休み時間イメージと学校適応，親友とグループの有無——不登校予備軍に注目して　お茶の水女子大学人文科学紀要，**55**，275-286.
井上健治　1966　青年と人間関係——友人関係　沢田慶輔（編）　青年心理学　東京大学出版会　pp. 195-208.
ヴィヒャルト千佳こ　1998　先生に見えない女の子たち　特集女の子がわからない　月刊生徒指導，Vol. 28, No. 1, 18-21.
上野行良・上瀬由美子・松井　豊・福富　護　1994　青年期の交友関係における同調と心理的距離　教育心理学研究，**42**，21-28.
岡田　努　2007　現代青年の心理学——若者の心の虚像と実像　世界思想社
岡田守弘　1990　ともだちができない子どもたち　こころの科学，**32**，27-31.
岡林春雄　2005　親友という他者——現代若者の人間関係　教育実践学研究（山梨大学），**10**，41-50.

落合恵子　1990　同じということ，違うということ　こころの科学，**32**，46．
落合良行　1988　青年の友情と孤独　西平直喜・久世敏雄（編）　青年心理学ハンドブック　福村出版　pp. 516-534.
落合良行　1998　友人関係の広がり　落合良行（編）　中学三年生の心理——自分の人生のはじまり　大日本図書　pp. 130-157.
落合良行　1999　孤独な心——淋しい孤独感から明るい孤独感へ　サイエンス社
落合良行・伊藤裕子・齊藤誠一　2002　青年の心理学（改訂版）　有斐閣
落合良行・佐藤有耕　1996　青年期における友達とのつきあい方の発達的変化　教育心理学研究，**44**，55-65.
笠原真澄　2000　あなたに友だちがいない理由　新潮OH!文庫
柏尾眞津子　2000　高齢者の時間的展望　藤村邦博・大久保純一郎・箱井英寿（編著）　青年期以降の発達心理学——自分らしく生き，老いるために　北大路書房　pp. 137-160.
カトロナ，C. E.，広沢俊宗（訳）　1988　大学への適応：孤独感と社会的適応の過程　ペプロー，L. A. & パールマン，D.，加藤義明（監訳）　孤独感の心理学　誠信書房　pp. 178-201.
河合隼雄　2005　大人の友情　朝日新聞社
工藤力・西川正之　1983　孤独感に関する研究（I）——孤独感の信頼性・妥当性の検討　実験社会心理学研究，**22**，99-108.
木堂　椎　2006　りはめより100倍恐ろしい　角川書店
国立教育政策研究所生徒指導研究センター　2009　生徒指導資料第1集〈改訂版〉生徒指導上の諸問題の推移とこれからの生徒指導——データに見る生徒指導の課題と展望　ぎょうせい
齋藤　孝　2005　友だちいないと不安だ症候群につける薬　朝日新聞社
坂口里佳　1997　子どもたちの友達関係——個別化する男の子，親密化する女の子　子ども学，**16**，70-79.
佐藤有耕　1995　高校生女子が学校生活においてグループに所属する理由の分析　神戸大学発達科学部研究紀要，**3**，11-20.
佐藤有耕　1999　友達とのつきあい　佐藤有耕（編）　高校生の心理①——広がる世界　大日本図書　pp. 11-40.
佐野洋子　1988　友だちは無駄である　筑摩書房
辛酸なめ子　2008　女子の国はいつも内戦　河出書房新社
菅　佐和子　1994　女の子から女性へ——思春期　岡本祐子・松下美知子（編著）　女性のためのライフサイクル心理学　福村出版　pp. 73-90.
須賀哲夫　2003　三つの個性　北大路書房
杉浦　健　2000　2つの親和動機と対人的疎外感との関係——その発達的変化　教育心理学研究，**48**，352-360.
ストー，A．三上晋之助（訳）　1999　孤独——新訳　創元社
総務庁青少年対策本部　1986　現代青年の生活と価値観
総務庁青少年対策本部　1999　非行原因に関する総合的研究調査（第3回）
種村文孝　2006　親友・友人関係の悩みに関する発達的検討——親友がいるかという問いかけを中心にして　平成18年度筑波大学人間学類卒業論文（未公刊）
種村文孝・佐藤有耕　2007　青年期を中心に年齢段階別に検討した親友の有無と人数　日本教育心理学会総会発表論文集，**49**，650.
丹野宏昭　2008　大学生の内的適応に果たす友人関係機能　青年心理学研究，**20**，55-69.
辻　泉　2006　「自由市場化」する友人関係——友人関係の総合的アプローチに向けて　岩

引用文献

田　考・羽淵一代・菊池裕生・苫米地伸（編）　若者たちのコミュニケーション・サバイバル――親密さのゆくえ　pp. 17-29.
手塚知子・酒井　厚　2007　高校生の親友関係と学校適応――学校内外の親友との信頼感の比較から　教育実践学研究（山梨大学），**12**, 70-81.
遠矢幸子　1996　友人関係の特性と展開　大坊郁夫・奥田秀宇（編）　親密な対人関係の科学　誠信書房　pp. 89-116.
豊田瀬里乃　2004　対人関係上の信念の変化からみた友人関係の分析　平成15年度筑波大学人間学類卒業論文（未公刊）
トンプソン，M., グレース，C. O. & コーエン，L. J.　坂崎浩久・青木しのぶ（訳）　2003　子ども社会の心理学――親友・悪友・いじめっ子　創元社
内閣府　2008　平成20年版青少年白書
内閣府政策統括官　2004　第7回世界青年意識調査報告書
永井　撤　1994　対人恐怖の心理――対人関係の悩みの分析　サイエンス社
永沢幸七　1967　女子学生の informal group の発生要因について（その1）　東京家政学院大学紀要，**9**, 17-27.
中川純子　2000　女ばかりのグループのうちそと　小林哲郎・高石恭子・杉原保史（編著）　大学生がカウンセリングを求めるとき――こころのキャンパスガイド　ミネルヴァ書房　pp. 124-140.
中村雅彦　2003　友だちと距離をとる子どもたちの心理　児童心理，**57**(1), 28-32.
中村泰子　1998　インタビュー　女の子のトラブル解読法　思春期のふつうの女の子の生活と心　月刊生徒指導，Vol. 28, No. 1, 12-17.
中村泰子　2004　「ウチラ」と「オソロ」の世代――東京女子高生の素顔と行動　講談社文庫
なぎら健壱　2006　青春の友との出会い　望星，5月号，36-37.
難波久美子　2005　青年にとって仲間とは何か――対人関係における位置づけと友だち・親友との比較から　発達心理学研究，**16**, 276-285.
西平直喜　1959　青年心理学　国土社
ピーコ　2002　片目を失って見えてきたもの　文春文庫PLUS
福重　清　2006　若者の友人関係はどうなっているのか　浅野智彦（編）　検証・若者の変貌――失われた10年の後に　勁草書房　pp. 115-150.
藤井恭子　2001　青年期の友人関係における山アラシ・ジレンマの分析　教育心理学研究，**49**, 146-155.
藤田　文　1997　青年期における友人関係ルールの適用　大分県立芸術文化短期大学研究紀要，**35**, 155-165.
ベラック，L., 小此木啓吾（訳）　1974　山アラシのジレンマ――人間的過疎をどう生きるか　ダイヤモンド社
望星　2006　特集　畏友・悪友・親友――「青春の友」という財産　5月号，10-11.
保坂一己　1993　中学・高校のスクールカウンセラーの在り方について――私立女子校での経験を振り返って　東京大学教育学部心理教育相談室紀要，**15**, 65-76.
保坂　亨　1996　児童期から思春期・青年期における友人関係の発達と「いじめ」　千葉大学教育実践研究，**3**, 1-9.
保坂　亨・岡村達也　1986　キャンパス・エンカウンター・グループの発達的・治療的意義の検討　心理臨床学研究，**4**, 15-26.
ボナール，A., 安藤次男（訳）　1966　友情論　角川文庫
松下　覚　1969　青年の社会関係と集団生活　岡路市郎・三宅和夫（編）　青年心理学　川島書店　pp. 111-145.

三島浩路　1994　友達・親友の人数を規定する要因についての報告　日本グループ・ダイナミックス学会大会発表論文集，**42**，150-151．
三島浩路　1997　対人関係能力の低下といじめ　名古屋大学教育学部紀要（心理学），**44**，3-9．
三島浩路　2003　親しい友人間に見られる小学生の「いじめ」に関する研究　社会心理学研究，**19**，41-50．
三島浩路　2004　友人関係における親密性と排他性――排他性に関連する問題を中心にして　名古屋大学大学院教育発達科学研究科紀要（心理発達科学），**51**，223-231．
三島浩路　2007　小学校高学年児童の友人関係における排他性・親密性と学級適応感との関連　東海心理学研究，**3**，1-10．
宮下一博　1995　青年期の同世代関係　落合良行・楠見孝（責任編集）　自己への問い直し――青年期　講座生涯発達心理学 4　pp. 155-184．
本山ちさと　1998　公園デビュー――母たちのオキテ　学陽文庫
諸富祥彦　2007　友だち100人できません――無理しないで生きる・考える心理学　アスペクト
安川禎亮　1998　非行と友人関係　吉田圭吾（編）　人間関係と心理臨床　培風館　pp. 165-178．
山田和夫　1992　ふれ合い恐怖――子どもを愛せない母親たちと青少年の病理　芸文社

第 V 章

Darling, N., Hamilton, S. F., & Niego, S. 1994 Adolescents' relations with adults outside the family. In R. Montemayer, G. R. Adams & T. P. Gullotta (Eds.), *Personal relationship during adolescence*. Sage Publications. pp. 216-235.
Rosenthal, R., & Jacobson, L. 1968 *Pygmalion in the classroom*. Holt.
Tal, Z., & Babad, E. 1990 The teacher's pet phenomenon: Rate of occurrence, correlates, and psychological coast. *Journal of Educational Psychology*, **82**, 137-145.
相原次男　1990　子どもを追いつめたもの　尾形憲・倉田侃司（編著）　新しい教育学　ミネルヴァ書房　pp. 20-39．
市川伸一　1995　学習と教育の心理学　岩波書店
尾木直樹　2008　バカ親って言うな！　モンスターペアレントの謎　角川書店
笠井孝久　2005　学習不適応にまつわる理論と指導の実際　宮下一博・河野荘子（編著）　生きる力を育む生徒指導　北樹出版　pp. 147-160．
河村茂雄・田上不二夫　1997　児童が認知する教師のPM式指導類型と児童のスクール・モラールとの関係についての考察　カウンセリング研究，**30**，121-129．
岸田元美　1983　子どもの教師認知・態度　学習指導研修，**9**，84-87．
楠見　孝　1995　青年期の認知発達と知識獲得　落合良行・楠見孝（責任編集）　自己への問い直し――青年期　金子書房　pp. 57-88．
河野荘子　2005　非行にまつわる理論と指導の実際　宮下一博・河野荘子（編著）　生きる力を育む生徒指導　北樹出版　pp. 117-131．
小平英志・西田裕紀子　2004　大学生のアルバイト経験とその意味づけ　日本青年心理学会第12回大会発表論文集，30-31．
坂本昇一　1990　新教育学大辞典　第一法規
佐藤有耕　2004　友人関係　伊藤美奈子・宮下一博（編著）　傷つけ傷つく青少年の心　北大路書房　pp. 42-49．
嶋田洋徳　1998　小中学生の心理的ストレスと学校不適応に関する研究　風間書房

引用文献

総務省青少年対策本部　2004　第7回世界青年意識調査
武内清・浜島幸司　2003　部活動・サークル活動　武内清（編）キャンパスライフの今　玉川大学出版部　pp. 31-41.
塚越昌幸　1998　不登校（登校拒否）の理論と実際　宮下一博・濱口佳和（編著）教育現場に根ざした生徒指導　北樹出版　pp. 68-88.
日本心身医学会教育研修委員会（編）1991　心身医学の新しい診療指針　心身医学，**31**，537-576.
福島　章　2003　殺人という病——人格・脳・鑑定　金剛出版
本多克己・高木嘉一・小川義幸　1968　子どもの望む教師　教育心理，**31**，268-273.
三浦正江・坂野雄二　1996　中学生における心理的ストレスの継時的変化　教育心理学研究，**44**，368-378.
三隅二不二・吉崎静夫・篠原しのぶ　1977　教師のリーダーシップ行動測定尺度の作成とその妥当性の研究　教育心理学研究，**25**，103-142.
三隅二不二・矢守克也　1989　中学校における学級担任教師のリーダーシップ行動測定尺度の作成とその妥当性に関する研究　教育心理学研究，**37**，46-54.
宮下一博　1994　大学生における疎外感と価値観との関係　教育心理学研究，**42**，201-208.
宮下一博　1995　青年期の同世代関係　落合良行・楠見孝（編）自己への問い直し——青年期　金子書房　pp. 155-184.
宮下一博　2005　生徒指導とは　宮下一博・河野荘子（編著）生きる力を育む生徒指導　北樹出版　pp. 10-18.
宮下一博・大野朝子　1998　青年の集団活動への関わり及び友人関係とアイデンティティ発達との関連　千葉大学教育学部研究紀要，**46**，7-14.
宮下一博・杉村和美　2008　大学生の自己分析——いまだ見えぬアイデンティティに突然気づくために　ナカニシヤ出版
森田洋司・清水省二　1994　新装版いじめ　教室の病　金子書房
文部省　1981　生徒指導の手引　大蔵省印刷局
文部省　1988　生徒指導資料第20集　大蔵省印刷局
文部科学省　2008a　中学校学習指導要領　東山書房
文部科学省　2008b　中学校学習指導要領解説——道徳編　日本文教出版
山本　力　1995　アイデンティティ理論との対話　鑪幹八郎・山本力・宮下一博（共編）アイデンティティ研究の展望Ⅰ　ナカニシヤ出版　pp. 9-38.
読売新聞（朝刊）2008　特別支援4　違い認めて　伝える工夫（5月3日）

第 Ⅵ 章

Adams, B. N. 1979 Mate selection in the United States: A theoretical summarization. In W. R. Burr, R. Hill, F. I. Nye & I. L. Reiss (Eds.), *Contemporary theories about the family*, Vol. 1, Free Press, pp. 259-267.
Arnett, J. J. 2000 Emerging adulthood: A theory of development from the late teens through the twenties. *American Psychologist*, **55**, 469-480.
Benson, P. L. 2003 Developmental assets and asset-building community: Conceptual and empirical foundations. In R. M. Lerner & P. L. Benson (Eds.), *Developmental assets and asset-building communities: Implications for research, policy, and practice*. Kluwer Academic, pp. 19-43.
Flanagan, C. A., Gill, S., & Gallay, L. 2005 Social participation and social trust in adolescence: The importance of heterogeneous encounters. In A. M. Omoto (Ed.), *Processes of*

community change and social action. Lawrence Erlbaum Associates, pp. 149-166.

Gottfredson, L. S. 1981 Circumscription and compromise: A developmental theory of occupational aspirations. *Journal of Counseling Psychology,* **28**, 545-579.

Hamilton, S. F., & Hamilton, M. A. 2004 Contexts for mentoring: Adolescent-adult relationships in workplaces and communities. In R. M. Lerner & L. Steinberg (Eds.), *Handbook of adolescent psychology.* John Wiley & Sons, pp. 395-428.

Holland, J. L., & Rayman, J. R. 1986 The self-directed search. In W. B. Walsh & S. H. Osipow (Eds.), *Advances in Vocational Psychology, Vol. 1: The Assessment of Interests.* Lawrence Erlbaum Associates, pp. 55-82.

Hollingsworth, L. S. 1928 *The psychology of the adolescent.* Appleton.

Kidd, S. A. 2007 Youth homelessness and social stigma. *Journal of Youth and Adolescence,* **36**, 291-299.

Kivimaki, M., Virtanen, M., Elovainio, M., & Vahtera, J. 2006 Personality, work career, and health. In L. Pulkkinen, J. Kaprio & R. J. Rose (Eds.), *Socioemotional development and health from adolescence to adulthood.* Cambridge University Press, pp. 328-342.

Kokko, K. 2006 Unemployment and psychological distress, and education as a resource factor for employment. In L. Pulkkinen, J. Kaprio & R. J. Rose (Eds.), *Socioemotional development and health from adolescence to adulthood.* Cambridge University Press, pp. 306-327.

Shirai, T. 2003 Women's transition to adulthood in Japan: A longitudinal study of subjective aspects. In German Japanese Society for Social Sciences (Ed.), *Environment in natural and socio-cultural context: Proceedings of the 7th meeting of German Japanese Society for Social Sciences.* Inaho Shobo, pp. 299-309.

Shirai, T. 2008 *Longitudinal study of the effect of time perspective on the transition from adolescence to adulthood: The role of flexibility.* 第24回国際心理学会シンポジウム「青年期と成人期前期における将来展望」における話題提供.

Stewart, A. J., & McDermott, C. 2004 Civic engagement, political identity, and generation in developmental context. *Research in Human Development,* **1**, 189-203.

Super, D. E. 1980 A life-span, life-space approach to career development. *Journal of Vocational Behavior,* **16**, 282-298.

Welch, M. R., Rivera, R. E.N., Conway, B. P., Yonkoski, J., Lupton, P. M., & Giancola, R. 2005 Determinants and consequences of social trust. *Sociological Inquiry,* **75**, 453-473.

朝日新聞（大阪本社）朝刊　1997年1月18日　彼女がマンション買った訳

朝日新聞（大阪本社）夕刊　2007年3月2日　1面　聴覚障害者運転OK：重度でも幅広ミラー条件

泉　ひさ　1974　結婚生活への適応　アカデミア（南山大学），**96**，91-115.

伊藤裕子・池田政子・川浦康至　1999　既婚者の疎外感に及ぼす夫婦関係と社会的活動の影響　心理学研究，**70**，17-23.

稲泉　連　2001　僕らが働く理由，働かない理由，働けない理由　文藝春秋

大高研道　2006　政策的概念としての社会的排除をめぐる今日的課題――社会的排除の連鎖と分断　日本の社会教育，**50**，47-59.

岡田有司　2008　児童期から青年期への移行と放課後における活動――時間使用・発達課題の視点から　心理科学，**28**（2），15-27.

釜野さおり　2004　独身男女の描く結婚像　目黒依子・西岡八郎（編）　少子化のジェンダー分析　勁草書房　pp. 78-106.

引用文献

北川庄司　2007　青年期の内的発達資産と学習課題　立田慶裕・岩槻知也（編）　講座　家庭・学校・社会で育む発達資産——新しい視点での生涯学習　北大路書房　pp. 68-79.
草野いづみ　2006　大学生の性的自己意識，性的リスク対処意識と性交経験との関係　青年心理学研究，**18**，41-50.
熊沢　誠　2006　若者が働くとき——「使い捨てられ」も「燃えつき」もせず　ミネルヴァ書房
厚生労働省　2007a　ニートの状態にある若年者の実態及び支援策に関する調査研究
　　http://www.mhlw.go.jp/houdou/2007/06/h0628-1.html（2010年2月4日閲覧）
厚生労働省　2007b　日雇い派遣労働者の実態に関する調査及び住居喪失不安定就労者の実態に関する調査の概要
　　http://www.mhlw.go.jp/houdou/2007/08/h0828-1.html（2010年2月4日閲覧）
厚生労働省　2009　労働経済白書——暮らしと社会の安定に向けた自立支援　平成21年版　ぎょうせい
小杉礼子　2007　大卒者の早期離職の背景　小杉礼子（編）　大学生の就職とキャリア——「普通」の就活・個別の支援　勁草書房　pp. 155-214.
コールマン，J. C.・ヘンドリー，L. B.　白井利明・若松養亮・杉村和美・小林亮・柏尾眞津子（訳）　2003　青年期の本質　ミネルヴァ書房
坂井敬子　2007　転職理由が現職の well-being に及ぼす影響——成人前期（25-39歳）転職経験者を対象にした検討　中央大学大学院研究年報（文学研究科篇），**36**，119-126.
佐藤博樹・小泉静子　2007　不安定雇用という虚像——パート・フリーター・派遣の実像　勁草書房
澤田英三・岡田　猛・光富　隆・山口修司・井上　弥　1991　大学から職場への移行　山本多喜司・ワップナー，S.（編）　人生移行の発達心理学　北大路書房　pp. 205-222.
椎　廣行　2007　青年の社会参加と外的発達資産　立田慶裕・岩槻知也（編）講座　家庭・学校・社会で育む発達資産——新しい視点での生涯学習　北大路書房　pp. 80-92.
下村英雄　2003　調査研究からみたフリーター——フリーターの働き方と職業意識　後藤宗理・大野木裕明（編）　現代のエスプリ　No. 427　特集　フリーター　至文堂　pp. 32-44.
下村英雄・堀　洋元　2004　大学生の就職活動における情報探索行動——情報源の影響に関する検討　社会心理学研究，**20**，93-105.
白井利明　1986　現代青年の未来展望について　大学進学研究，**45**，41-47.
白井利明　1988　成人性の基準における次元の問題（2）——20歳代の未婚有職者の調査から　大阪教育大学紀要（第Ⅳ部門），**37**（2），151-161.
白井利明　1997　時間的展望の生涯発達心理学　勁草書房
白井利明　2000　大学から社会への移行における時間的展望の再編成に関する追跡的研究（Ⅱ）——大学卒業2年目における未来と過去の展望の変化に対する知覚　大阪教育大学紀要（第Ⅳ部門），**48**，23-32.
白井利明　2001　〈希望〉の心理学——時間的展望をどうもつか　講談社
白井利明　2006　青年期はいつか　白井利明（編）　よくわかる青年心理学　ミネルヴァ書房　pp. 4-5.
白井利明　2007　主体形成としてのキャリア教育の可能性——若者の個人化された問題をどう社会に開いていくか　生活指導研究，**24**，31-42.
白井利明　2008　学校から社会への移行　教育心理学年報，**47**，159-169.
白井利明　2010a　人生はどのように立ち上がるのか——「予期せぬ出来事」に着目して　心理科学，**31**（1），41-63.

白井利明　2010b　30歳の女性はなぜ自分を大人と思わないのか──縦断的研究　大阪教育大学紀要（第Ⅳ部門），**58**（2），77-87.

白井利明・安達智子・若松養亮・下村英雄・川﨑友嗣　2009　青年期から成人期にかけての社会への移行における社会的信頼の効果──シティズンシップの観点から　発達心理学研究，**20**（3），224-233.

ジョーンズ，G.・ウォーレス，C.　宮本みち子（監訳）　鈴木宏（訳）　2002　若者はなぜ大人になれないのか──家族・国家・シティズンシップ（第2版）　新評論

杉村和美　2005　関係性の観点から見たアイデンティティ形成における移行の問題　梶田叡一（編）　自己意識研究の現在2　ナカニシヤ出版　pp.77-100.

関口久志　2004　無防備な性から安全と安心へ　青年心理学研究，**16**，85-86.

高村和代　1997　課題探求時におけるアイデンティティの変容プロセスについて　教育心理学研究，**45**，243-253.

田澤　実・須藤　智　2008　OB・OG，大学4年生のキャリア講話による低学年の大学生を対象にしたキャリア支援──卒業生による自主企画を例にして　生涯学習とキャリアデザイン（法政大学），**5**，75-86.

田島博実　2005　回答者の属性，働き方の実態，意向と仕事イメージ　雇用開発センター　若年者の働き方と生活意識──研究報告書　pp.9-28.

太郎丸　博　2008　社会階層論と若年非正規雇用　直井優・藤田英典（編）　講座社会学13　階層　東京大学出版会　pp.201-220.

長池博子　2001　若年妊娠支援　清水凡生（編）　総合思春期学　弘文堂　pp.290-296.

長峰伸治　2003　親との葛藤から見たフリーター　後藤宗理・大野木裕明（編）　現代のエスプリ　No.427　特集　フリーター　至文堂　pp.105-115.

西平直喜　1990　成人になること──生育史心理学から　東京大学出版会

日本労働研究機構　1999　変化する大卒者の初期キャリア──「第2回大学卒業後のキャリア調査」より　調査研究報告書　No.129.

日本労働研究機構　2000　フリーターの意識と実態──97人へのヒアリング結果より　調査研究報告書　No.136.

パトナム，R.D.　柴内康文（訳）　2006　孤独なボウリング──米国コミュニティの崩壊と再生　柏書房

林　幸克　2007　高校生のボランティア学習──学校と地域社会における支援のあり方　学事出版

広井　甫　1977　産業心理学　誠信書房

福島大学　2007　2006年度「大学卒業後のキャリア形成に関する調査」報告書

堀田千秋　1985　若者の離転職考──不満は離職を誘発し，定着は適応をうながすか　労務研究，**38**（6），11-17.

増山　均　2004　子どもの権利と社会教育──子どもの権利条約が提起する課題　日本社会教育学会50周年記念講座刊行委員会（編）　講座　現代社会教育の理論Ⅱ　現代的人権と社会教育の価値　東洋館出版社　pp.275-291.

松宮健一　2006　フリーター漂流　旬報社

水島宏明　2007　ネットカフェ難民と貧困ニッポン　日本テレビ放送網株式会社

安田裕子・荒川　歩・髙田沙織・木戸彩恵・サトウタツヤ　2008　未婚の若年女性の中絶経験──現実的制約と関係性の中で変化する，多様な径路に着目して　質的心理学研究，**7**，181-203.

山崎　篤・前田重治　1991　大学生の希望職業・進路の変更に関する一研究　九州大学教育学部紀要（教育心理学部門），**36**（2），51-63.

湯浅　誠　2008　反貧困――「すべり台社会」からの脱出　岩波書店
吉村拓馬・濱口佳和　2007　青年期の「大人になりたくない心理」の構造と，関連する諸変数の検討　カウンセリング研究，**40**，26-37.
レヴィン，K.　猪股佐登留（訳）　1979　社会科学における場の理論（増補版）　誠信書房
レンズ，W.　1999　生徒の動機づけに果たす将来展望の役割　大阪教育大学における講演
若林　満　1988　組織内キャリア発達とその環境　若林　満・松原敏浩（編）　組織心理学　福村出版，pp. 230-261.

終　章

Erikson, E. H. 1959 Identity and life cycle : Selected papers. In *Psychological Issues*. Vol. 1. International Universities Press.（エリクソン，小此木啓吾（訳）　1973　自我同一性　誠信書房）

Erikson, E. H. 1964 *Insight and responsibility*. Norton.（エリクソン，鑢幹八郎（訳）1971　洞察と責任　誠信書房）

Frankl, V. E. 1952 *Aerztliche Seelsorge*. Franz Deuticke.（フランクル，霜山徳爾（訳）1957　死と愛　みすず書房）

Kübler-Ross, E. 1969 *On death and dying*. Macmillan Company.（キューブラー・ロス，川口正吉（訳）　1971　死ぬ瞬間　読売新聞社）

人名索引

あ　行
市川伸一　199
エリクソン，E. H.　3, 39
大野久　43, 84, 95
岡田努　155
岡田守弘　179
岡堂哲雄　136
落合良行　127, 165
オルソン，D. H.　135

か　行
笠原真澄　179
キューブラー・ロス，E.　95
クーパー，C. R.　143
久世敏雄　139
グローテヴァント，H. D.　131, 132
ケニストン，K.　7
コールバーグ，L.　17
コールマン，J. C.　139
ゴトフレドソン，L. S.　232
コバック，R. R.　124

さ　行
佐藤有耕　127, 165
サントロック，J. W.　123
下村英雄　248
シュプランガー，E.　97
白井利明　120, 235, 243, 244
スーパー，D. E.　231
杉村和美　191, 195
ステインバーグ，L.　116, 129
スメタナ，J. G.　120

た　行
高橋靖恵　136

な　行
長峰伸治　128
西平直喜　48, 49, 63, 66, 127

は　行
ピアジェ，J.　15, 17
平石賢二　133, 139, 140
藤井恭子　179
フロイト，A.　119
ブロス，P.　115
フロム，E.　20, 99
ボウルビィ，J.　123
ホーナイ，K.　33
ホール，G. S.　7
ホフマン，J.　116
ホランド，J. L.　231
ホリングワース，L. S.　115
ホワイト，K. M.　128

ま　行
マーシャ，J. E.　73
マーラー，M.　115
宮下一博　190, 191, 194, 195

や・ら・わ行
やまだようこ　141
レヴィン，K.　235
ロジャース，C. R.　20, 95, 103
渡邉賢二　140

事項索引

あ 行

愛　97, 99
愛着理論　123
愛的な交際の特徴　91
アイデンティティ　39
アイデンティティ・ステイタス　73
アイデンティティ達成　73
アイデンティティ探求　240
アイデンティティなき成功　71
アイデンティティの感覚　39
アイデンティティのための恋愛　84
いじめ　182, 209
胃・十二指腸潰瘍　222
意味への意志　274
円環モデル　135
円形脱毛症　222
親子のコミュニケーション　131

か 行

改正少年法　218
可逆性　16
学業不振児　225
拡散　74
学習障害児　225
学習遅滞児　225
学習動機の6要因モデル　199
学習不適応児　225
家族システム　135
家族療法　135
課題探求　240
価値観　194
学校　189
空の巣症候群　141
感覚運動的段階　15
関係回避群　155
観念的両親不老不死説　56

気管支喘息　221
危機　69
儀式化　144
キャリア　231
　——発達理論　231
ギャング・グループ　161
教師期待効果　206
教師のリーダーシップ　207
具体的操作段階　16
虞犯少年　217
ケア　274
形式的操作段階　17
結合性　132
結婚　9
孤独感　169
個別関係群　155

さ 行

罪悪感　29
自我（ego）　23
叱り方　61
時間的展望　21, 235
自己開示　255
自己吸収　274
失業　252
シティズンシップ　265
社会的信頼　263
社会的排除　252
社会的包摂　252
充実感尺度　43
充実感モデル　43
集団維持機能　207
十分に機能する人間　103
重要な環境　5
主題　5
主導性　27

条件つきの好意　20, 96
少子化　9
職業　51
触法少年　217
自立　116
自律性　23, 116
神経性食欲不振症　222
心身症　221
親密性　79
親友　157
信頼感　19
心理社会的モラトリアム　193
心理的離乳　115, 127, 259
ストリート・ユース　253
ストレス　221
性教育　13
生産性　31
生殖性　66, 273
成人形成期　260
精神分析理論　115
性的自立　256
生徒指導　201
『青年期』　7
青年期の友だちとのつきあい方　165
姓名　47
前概念的思考の段階　15
漸成発達理論　3
漸成発達理論図　3
前操作的思考の段階　15
相互性　91, 96

た　行

対処方略　222
第2次性徴　11
第2次反抗期　24, 119
タイプ　79
脱サラ　57
チック　222
チャム・グループ　162
中年期危機　141
直感的思考の段階　15
通過儀礼　55

諦念　70
適性　231
できちゃった婚　256
投企　70
統合性　66, 275
道徳　202
独自性　132
特別活動　202

な　行

内的ワーキングモデル　123
ニート　8, 251
ネットカフェ難民　253

は　行

配偶者選択　255
恥の感覚　25
初恋　80
発達加速現象　11
発達資産　265
発達的アイデンティティ　55
母親的存在　19
反抗期　23
犯罪少年　217
ピア・グループ　162
非行　217
非正規雇用　247
否定的アイデンティティ　59
不安定就労　248
フォークロージャー　74
不信　20
不登校　213
不変性　39
フリーター　247
ふれ合い恐怖　181
分類　16
ホームレス　253
保存　16
ボランティア　264

ま　行

マッチング理論　231

293

無気力な子ども　225
無条件性　92, 95
群れ指向群　155
メンター　245
目標達成機能　207
モラトリアム　8, 74, 193
モンスターペアレント　205

や　行
役割実験　69, 239
山アラシ・ジレンマ　177

養育スキル　140

ら　行
ラポール　255
リアリティショック　243
離職　249
両親の離婚　137
歴史的アイデンティティ　65, 274
劣等感　33
連続性　39

《執筆者紹介》（執筆順）

大野　久（おおの・ひさし）はじめに・序章・第Ⅰ章・第Ⅱ章・終章
　編著者紹介参照。

平石賢二（ひらいし・けんじ）第Ⅲ章
　1962年生まれ。名古屋大学大学院教育発達科学研究科教授。
　主　著　『青年期の親子間コミュニケーション』（単著）ナカニシヤ出版，2007年
　　　　　『改訂版　思春期・青年期のこころ――かかわりの中での発達』（編著）北樹出版，2011年

佐藤有耕（さとう・ゆうこう）第Ⅳ章
　1962年生まれ。筑波大学人間系教授。
　主　著　『高校生の心理①　広がる世界』（共著）大日本図書，1999年
　　　　　『教育心理学』（共著）朝倉書店，2006年

宮下一博（みやした・かずひろ）第Ⅴ章
　1953年生まれ。千葉大学教育学部教授。
　主　著　『大学生の自己分析』（共著）ナカニシヤ出版，2008年
　　　　　『ようこそ！　青年心理学』（監修）ナカニシヤ出版，2009年

白井利明（しらい・としあき）第Ⅵ章
　1956年生まれ。大阪教育大学名誉教授。
　主　著　『よくわかる卒論の書き方（第2版）』（共著）ミネルヴァ書房，2013年
　　　　　『よくわかる青年心理学（第2版）』（編著）ミネルヴァ書房，2015年

《編著者紹介》

大野　久（おおの・ひさし）
　1955年生まれ。立教大学名誉教授。
主　著　『講座　生涯発達心理学4　自己への問い直し──青年期』（共著）金子書房，1995年
　　　　『自己心理学1　自己心理学研究の歴史と方法』（共著）金子書房，2008年
　　　　『成人発達臨床心理学ハンドブック──個と関係性からライフサイクルを見る』（共著）ナカニシヤ出版，2010年
　　　　『研究法と尺度（発達科学ハンドブック　第2巻）』（共著）新曜社，2011年
　　　　『アイデンティティ研究ハンドブック』（共著）ナカニシヤ出版，2014年
　　　　『「アイデンティティのための恋愛」研究と方法論に関する理論的考察』（単著）青年心理学研究，**33** (1), 1-20，2021年
　　　　『アイデンティティ研究のための伝記分析──生涯発達の質的心理学』（編著）福村出版，2023年

	シリーズ生涯発達心理学④
	エピソードでつかむ　青年心理学

| 2010年5月10日 | 初版第1刷発行 | 〈検印省略〉 |
| 2023年12月30日 | 初版第10刷発行 | 定価はカバーに表示しています |

	編著者	大　野　　　久
	発行者	杉　田　啓　三
	印刷者	田　中　雅　博

発行所　株式会社　ミネルヴァ書房
607-8494　京都市山科区日ノ岡堤谷町1
電話代表　(075)581-5191
振替口座　01020-0-8076

© 大野久ほか，2010　　創栄図書印刷・新生製本

ISBN978-4-623-05737-5
Printed in Japan

──────── シリーズ生涯発達心理学（全5巻／体裁　Ａ５判）────────

エピソードでつかむ
① 生涯発達心理学　　　岡本祐子・深瀬裕子　編著　　　本体2600円

エピソードでつかむ
② 乳幼児心理学　　　　斉藤　こずゑ　編著　　　　　　未刊

エピソードでつかむ
③ 児童心理学　　　　　伊藤　亜矢子　編著　　　　　　本体2800円

エピソードでつかむ
④ 青年心理学　　　　　大野　　久　編著　　　　　　　本体2600円

エピソードでつかむ
⑤ 老年心理学　　　　　大川一郎ほか　編著　　　　　　本体2600円

──────── ミネルヴァ書房 ────────
http://www.minervashobo.co.jp/